LOCUS

LOCUS

LOCUS

LOCUS

mark

這個系列標記的是一些人、一些事件與活動。

mark 47 吃的大冒險

Are You Really Going to Eat That?

作者：勞勃・沃許(Robb Walsh)

譯者：薛絢

責任編輯：湯皓全　美術編輯：何萍萍

法律顧問：全理法律事務所董安丹律師

出版者：大塊文化出版股份有限公司

台北市105南京東路四段25號11樓

www.locuspublishing.com

讀者服務專線：0800-006689

TEL：(02) 87123898　FAX：(02) 87123897

郵撥帳號：18955675　戶名：大塊文化出版股份有限公司

總經銷：大和書報圖書股份有限公司　地址：台北縣五股工業區五工五路2號

TEL：(02) 89902588 (代表號)　FAX：(02) 22901658

排版：天翼電腦排版印刷有限公司　製版：源耕印刷事業有限公司

初版一刷：2004年 10 月

定價：新台幣 350 元

Printed in Taiwan

吃的大冒險

Are You Really Going to Eat That?

Robb Walsh⊙著

薛絢⊙譯

目錄

第五卷　市郊的印地安那・瓊斯　309

第六卷　斯人而有斯食也　365

心口合一，吃遍天下

（中文版代序）

韓良露

週末下午躺在沙發上讀著新書《吃的大冒險》，越讀越開心，這本書的作者勞勃・沃許成了我最想邀他一起共進晚飯的人。

寫書的作者很多，有天才，有怪人，有你著迷卻不想在現實中碰見的人。好的旅行文學作者，有時最不宜與之共遊，只有飲食文學的作者，往往最讓人想認識。是不是因爲對美食有狂熱的人，通常是較熱情、較好奇的人，這些胃口常開的人，對世界與人生也較有好胃口。

《吃的大冒險》，就是一本對生命有好胃口的人寫的好看的書。作者是康乃迪克州人，那裡的人不少是盎克魯撒克遜血統，爲人較冷淡疏漠。但作者有一半的斯洛伐克、一半的愛爾蘭血統，天性狂烈浪漫，難怪他大學到了德州奧斯汀唸書後，就愛上了德州佬狂野粗獷的食物，索性就在德州待了下來，成為替奧斯汀及休士頓地方報寫美食評論的專欄作家。

這世界上寫美食評論的人不少，但寫得好看的人卻不多。通常寫得好看的人，往往也是博學多聞、興趣廣泛的人。這些人寫起美食文章，從不會只是替餐館宣傳打分數，也不會只純粹拿食物作文章，而能結合美食的滋味和人生的滋味。這些人的美食感懷之中有童年、愛情、親情、友誼、鄉愁、哲學、宗教、歷史、政治等等，上天下地，美食成了生命迷宮的通道，帶領作者穿越無數記憶的門扉。

《吃的大冒險》書中有不少的飲食經驗，對我起了時光重返的作用，我的弟弟曾在奧斯汀大學唸了四年博士班，我的阿姨長居休士頓，因此書中屢屢提到的奧斯汀、休士頓、聖安東尼奧的鄉土味覺，也都是我拜訪親人時的美味回憶。

我當然忘不了在聖安東尼奧河灣道上的餐館喝仙人掌瑪格麗特的滋味，也會嘛著口水地想到奧斯汀的戶外烤肉，還有被作者喻為食的民間藝術的休士頓炸牛排。

我跟隨著作者的尋味之旅，也再一次神遊了自己的回味之旅。當作者在墨西哥尋找世界上最辣的辣椒時，我想到了自己第一次在墨西哥市場看到一百多種辣椒時的驚訝。作者提到了紐奧良克里奧爾料理中的秋葵濃湯及窮小子生蠔三明治時，我也想起了自己在數年前的黃昏，在紐奧良波本街吃到的路易斯安那辣醬。作者跑到瑞士去探索葛呂耶乳酪的起源，我也可以替他做見證，我在佛羅山那一邊的法國貝桑松確實也吃過法國製的葛呂耶乳酪。

我一向很怕專門吃名牌餐館的美食家，他們總會讓我想到那些只穿名牌衣服的時尙人士。名牌餐館的食物偶爾吃吃尙可，吃多了是會倒胃口的。因爲飲食如人生，是不能天天大菜的。家常味才能過日子。本書的作者就是懂得庶民滋味的人，他走遍休士頓的大街小巷，專門去那些保持在地滋味的老餐館吃老菜。書中有兩篇有趣的文章，主題都在談什麼是平民食物。有一篇叫解讀測驗，舉出兩家餐館，一家是眞正的老店，破破爛爛的，賣著幾十年如一日的德州早餐；另一家是所謂的雅痞懷舊店，用漂漂亮亮的方式模倣老店，老食物改成現代口味。作者問讀者：你會選哪家？我和作者一樣，我們都選眞正的老店。如果你也是——那麼你才會眞正欣賞《吃的大冒險》這本書。

作者品味食物，有許多的領悟。他會說「最簡樸的食物能挑動最深的體驗」、「我從來都是藉食物體驗事情」、「撫慰心靈的食物是難以理喻的」。這些說法我通通深有同感，只有眞正懂得食物的人，才懂得食物是天與地之間的供品，是人與神之間的祭品。食物入對了人口，是會有天啓的。

勞勃・沃許很會說故事。像他在墨西哥參加鬼靈節後，讓他重新憶起他的妻子流產的胎兒，回返家園後他學會了祭祀親人之道。而他在查尋外祖母的聖誕晚宴的民俗源起，竟然發現他外祖母的原籍並非斯洛伐克，而是盧塞尼亞人，原來食物是人們尋找認同的最重要的依據。

這本書，顯現出他是個多麼有趣的人。他的飲食獵奇，絕非只爲口腹滿足，而是追求和世界文化的心口合一。當我們看到他跑到墨西哥，煞有介事地透過薩波特克人的考古飲食，大發對墨西哥原住民失落的文化的傷感。他在千里達，竟然有幸品嚐奈波爾妹妹的手藝，進而認識到當地西印度人的文化。他因爲聶魯達的詩，而興起念頭前往智利南方的小島尋訪康吉鰻羹的滋味。在明尼蘇達州的湖泊沼澤中，他探索野生的菰米與當地原住民文化及生態之間的關係。他的飲食之旅，可以讓讀者兼得胃口與頭腦之樂。

已經出了四本飲食書的我，原本有點厭倦了再寫和食物有關的文章，但看完了《吃的大冒險》，我再度燃起了熱情，因爲飲食文章可以觸及的領域是如此寬廣，值得我繼續尋味。

謝誌

感謝吾友堤姆・卡爾曼（Tim Carman）與麗莎・葛蕾（Lisa Gray）幫忙促成此書。感謝安娜・奧森福特（Anna Ossenfort）把它整理清楚。感謝大衛・麥考米克（David McCormick）與妮娜・柯林斯（Nina Collins）把它賣出去。感謝唐・瑟弗里恩（Dawn Seferian）買它。

感謝《休士頓週報》（*Houston Press*）的義無反顧。感謝我的兩位編輯羅倫・科恩（Lauren Kern）與瑪格麗特・康寧（Margaret Downing），感謝《新時代》（*New Times*）編輯克麗絲汀・布萊能（Christine Brennan）與麥克・雷西（Mike Lacey）的大力支持。

感謝《美國風》（*American Way*）助我到處旅遊。感謝丹娜・喬瑟夫（Dana Joseph）、吉爾・貝克（Jill Becker）、約翰・奧斯蒂克（John Ostdick）、伊蓮・森卡（Elaine Srnka）諸位編輯不吝幫忙。感謝《自然史》（*Natural History*）幫我開的〈象牙塔觀點〉專欄。還要感謝我在那裡的編輯理查・米納（Richard Milnet）與布魯斯・史都茲（Bruce Stutz）。

感謝《奧斯汀記事報》（*Austin chronicle*）的路易斯・布萊克（Louis Black）的驅策。感謝吉姆・沙辛（Jim Shahin）的教誨——即便我並未洗耳恭聽。感謝瑪麗恩・維尼克（Marion Winik）的好爲人師。感謝勞伯・布萊斯（Robert Bryce）的啤酒、同情、提攜。感謝帕布羅・強生（Pableaux Johnson）的指點迷津。

感謝凱莉・克拉斯麥耶（Kelly Klaasmeyer）的安慰鼓勵。感謝吾家兄弟們（Scott, David, Gordon, Ricky, Mike）適時的稱許與痛批。感謝家母爲我祈禱。感謝寶貝女兒凱蒂（Katie）與茱麗亞（Julia）與我居陋室而不改其樂。

自序

我吃東西向來不挑嘴。不過我承認自己還是有偏好的。例如，我覺得奧哈撒（Oaxaca）的烤蚱蜢就比鹽醃的毛蟲好吃（醃毛蟲味道頗似曬乾的番茄）。螞蟻的味道苦苦的，可是蟻卵湯卻很鮮美。還有，蒸魚配上一種用曼答甲蟲製的寮國醬，令我永生難忘；那雄甲蟲的麝腺產生的香味像極了藍黴乳酪。

讀者放心，本書不會講到吃蟲子。多年下來，我倒覺得這個題目並不多麼有趣。但是，早在一九九〇年代初，是我吃的蟲子、穿山甲等等奇特的食材引我一頭栽入一直做到現在未停的一件事：藉著吃來探索這個世界——其文化、歷史、感情。

國家公共廣播台（NPR）的韓森（Liane Hansen）曾經說我是「美食寫作界的印地

安那・瓊斯」，我也要努力做到不浪得此虛名。所以，讀者會在書中看到我實地所作的食品及文化報導，而地點之出人意表——包括了泰國的一處榴槤農莊、智利外海的一艘漁船，以及美國德克薩斯州的戴林頓的州立監獄。

我從來都是藉食物體驗事情。我外祖母的出生地是介於斯洛伐尼亞和波蘭之間的喀爾巴阡山脈地區。她的英語說得不錯，但是用糕點揮灑可比說起英語來得自在。她是慈愛的人，但是要藉烹飪表露這份慈愛。以前她來我們家作客的時候，我們給她預備一包二十五磅（十一公斤半）的麵粉，她就把整個探親假期耗在廚房裡。我一放學回家就聞到陣陣東歐菜香。當晚晚餐就可吃到一塊厚厚的「帕噶奇」，即是泡菜火腿餡的烤餅，另外還有剛出爐的甜味罌粟子餡的酥皮捲當作飯後甜點。外婆從不和我們提她的故鄉，我卻覺得我們六個兄弟和那個老家親近極了。

我母親遺傳了外婆表達親情的手藝，也繼承了外婆的全套東歐私房食譜。但是，我母親是受美國同化的移民第二代，她是不受斯拉夫風味局限的。她會剪下雜誌上的美食新點子照著做，也會實驗從市郊社區左鄰右舍打聽來的家常菜單。鮪魚鍋麵、美式蘑菇奶油湯，以及葡萄酒燒牛肉、雞肉扁豆糕、鑲料豬肉等創意歐式美食，都是我們家餐桌上常有的（不過不及泡菜出現的頻率高）。

我父親從韓戰退伍的那年我才兩歲。他一退伍馬上就投入餐飲業。在我成長的年代裡，他一直在通用食品公司（General Foods Corporation）的餐館及學校部門的業務部工作，外食乃是他的職務的一部分。如果他出差的時候帶著我，我就跟著他到處吃館子。他本籍愛爾蘭，家鄉菜不外乎大塊肉與馬鈴薯，但是他以多年與主廚共事所得的美食知識感到自豪。大約是我要進大學的那個時候，他順理成章轉入高羅兄弟釀酒廠（Gallo Brothers）工作。這家公司雖然不以高檔酒品聞名於世，我父親的職位卻要求他惡補了一番釀酒葡萄栽培法和釀酒學的課程。每當我們父子對飲之時，他的品酒經總是滔滔不絕。

我從十幾歲的時候就開始下廚了。因爲我是大哥，爸媽離家渡週末的時候我就得扛起打理弟弟們晚餐的責任。這件事我做得極有興趣，不久就找出家裡僅有的一本食譜來參考，並且試做自己發明的菜式。

我父親嗜好打獵，冰箱冷凍庫裡經常有他獵來的鹿肉、雉雞肉等野味。我媽卻不愛調理這些山珍野禽，所以就任它們凍在那兒，等到年度淸倉的時候再把它們全部扔掉。後來我得知，野味是美食家最愛的珍饈，便徵求我媽同意讓我拿它們當烹飪食材。十六歲那年的我就試做了用菰米和野菇爲塡料的烤雉雞。（那天晚上我的弟弟們卻叫了外送比薩。）

那一陣子，每年秋季都有一個週末是我跟著父親到緬因州的派卡氏狩獵營 (Packard's Hunting Camp) 去獵鹿渡過的。有一年在營中吃到了派卡太太的鹿肉糜餡餅，我就決定回家後自己做做看。我媽的食譜裡的甜肉糜餡餅做法繁複，要用到許多蘋果和蘋果酒。

那時候我剛考到駕照不久。我們家住在康乃迪克州，境內到處是蘋果園和蘋果酒作坊。新英格蘭區各州的果農們談起蘋果種類、哪種蘋果該怎麼吃、哪一家的蘋果酒品質較佳，可以辯上幾個鐘頭。

這些評論都令我聽得津津有味。所以我光是採辦肉糜餅的材料就花了將近一個月的時間，因爲我開著我媽的休旅車跑遍了康州，到處試吃試飲，隨時和蘋果農聊天。這一趟蘋果之旅比我後來做成功的肉糜餡餅可精彩多了。

我做的肉糜餡味道不賴，但是比大多數人吃慣的瓶裝甜肉餡口味油膩多了。一般人連切下來一片的量都吃不完了，更遑論在感恩節大餐或聖誕大餐之後當甜品吃，我調製了好幾加侖的肉餡，結果只用了三隻大餅的餡量，其餘都進了冷凍庫。以後我再沒做過甜肉糜餅，但是一直未改到處找農民聊天試吃的習慣。

我在德克薩斯州奧斯汀上大學期間，騎著機車跑遍那兒風味特殊的餐館、燒烤店、鯰魚現撈現吃攤、墨西哥小吃攤。後來我休學，跑到丹麥，騎著另一輛機車在丹麥的大陸區到處跑，尋找最典型的丹麥鄉村小店佳肴。我交了幾位丹麥女友，學會了用丹麥語品評黑麥麵包、鯡魚、丹麥火腿、丹麥乳酪。兩年後，我重回學校，在德州大學修了一個「斯堪的那維亞研究」的學士學位。

我是我父母兩系親族之中第一個唸完大學的。當時我想以寫作爲業，家裡的人都認爲這是胡鬧。結果我剛出校門就進了一家廣告公司，擔任文字撰稿工作。幾年後，我在康州哈特福開起自己的一家小公司。那時與我共枕的女友是一位很漂亮的餐飲專業人士，她的另一位共枕男友是外燴廚師大衛・葛拉斯（David Glass）。某日，她因爲把什麼東西忘在葛拉斯家裡了，就拉著我一起去找。當時葛拉斯不在家，他的廚房裡卻有幾大鍋小牛肉高湯，整個屋子裡瀰漫著巧克力的味道。

我和這位女友的交情不長，葛拉斯亦然。但是我對葛拉斯的廚房卻念念不忘。和女友分手後，一次假日，我請葛拉斯來爲幾位客戶外燴晚餐。我們共擬菜單的期間，他教我學會從不一樣的觀點來思考飲食。

葛拉斯那時候剛從巴黎學藝歸國，他師承的是名餐館阿謝特拉德（Archestrate）的主廚阿藍・桑德朗（Alain Senderens），也就是「新烹飪」（nouvelle cuisine）的大狂人。不過，一九八〇年間我熟識的朋友之中還沒有人聽過新烹飪這個名詞。

那一次晚餐，從第一道菜起——龍蝦肉沙拉加芒果泥配上雷蒙夏多奈白酒（Raymond Chardonnay），葛拉斯就令我與諸客戶心悅誠服了。飯後，我纏著葛拉斯要求他再教我幾招。他教我去買一本大衛・賴德曼（David Leiderman）寫的食譜《在美國做新烹飪》（*Cooking the Nouvelle Cuisine in America*）來看。書中的食譜很有意思，但眞正吸引我的是前面的序言。賴德曼概括了剛萌芽的這一派想法：採用當令的土產食材，回歸地方風味的簡樸……。這些要領現在大家已經聽得太多，都嫌煩了，可是那時候卻是一鳴驚人的。

一九八一年間，我把自己的廣告公司遷到加州拉法葉的一處山坡華宅，大衛・葛拉斯也成爲那兒的常客。加州東灣（East Bay）乃是新興美式烹飪的搖籃，我也和許多北加州人一樣，變成一個追逐美食的人。我和新婚的妻子，每逢週末就開著車到處跑，遊遍加州的農莊和漁人碼頭。我車中隨時帶著一隻鑄鐵的長柄小鍋，一把菜刀，以便走到哪兒就烹飪到哪兒。那時我心目中的美味大餐就是一瓶好酒、一個老麵發酵的大麵包，加上一些從海邊岩石縫現抓的淡菜。

一九八五年，我和妻子搬回奧斯汀，生了第一個小孩。當時的德州似乎沒人知道馬克．米勒（Mark Miller）正在加州掀起一股西南部烹飪新風潮，我覺得我該告訴德州老鄉這件事。我寫了一些專題，分送到每一家我認爲有可能刊登的報章雜誌。結果都是石沈大海。

過了幾年，我的一篇稿子裡的幾段文字在《奧斯汀記事報》上出現了。我打電話給這家另類週刊的主編路易斯．布萊克（Louis Black），問他付我多少稿費。他說會寄十美元給我，又說《記事報》需要的是短篇的餐館試吃評論。我三言兩語就和他談妥了稿約，心裡高興極了。

我的餐飲寫作生涯就這麼開始了，大概每寫一篇稿費二十美元。後來，篇幅越寫越大，而且內容包羅也廣了。沒過多久，我就只寫飲食，而完全不提餐館了。

我常寫的一個題目是辣椒，包括如何栽種、如何食用、如何用來烹飪，以及如何辨認不同的種類。我談到辣椒的精神藥物效用，引用了安德魯・魏爾（Andrew Weil）說的話——他那時候還不是自然健康論的權威。他曾把吃辣椒後的興奮狀態與吸食大麻和古柯鹼之後的反應相提並論。我不久便被人稱爲辣椒狂一族的作家。

爲了要找奧斯汀作家珍・安德魯斯（Jean Andrews）在《胡椒：馴化的椒類植物》（*Peppers: The Domesticated Capsicums*）之中所說的全世界最辣的辣椒，我跑到墨西哥的奧哈撒去。爲了要找不爲人知的沙爾沙辣醬汁，我跑到加勒比海地區去。一九九一年，我創辦了「奧斯汀記事報辣醬節」（Austin Chronicle Hot Sauce Festival），至今仍是全美國最大規模的辣醬比賽之一。我算是找到了人生的定位。

品嚐辣椒和追尋相關的刺激慢慢延續到其他類型的歷險。因爲尋找失傳的辣椒品種，導致我去研究墨西哥的謎樣文化，進而產生對中美洲歷史的濃厚興趣。我變成了烹調探險家——努力追查古代薩波特克人、馬雅人、阿茲特克人失傳了的食譜。我會把整個假期耗在中美洲古代廢墟裡，拿著破陶片和古代烹飪器皿請教考古學家。

後來，我開始幫美國航空公司（American Airlines）的機上刊物《美國風》（*American*

Way）撰稿。因爲經常要遠行到拉丁美洲、法國、加勒比海，我與妻子和老闆的關係都大打折扣。一九九四年間，我被廣告公司解聘，妻子也提出離婚訴訟。在孤家寡人的處境下，我決定做個全職的自由投稿飲食寫作者。

這是我所一直嚮往的職業：飛行世界各地以有趣的飲食爲題寫作。我的旅行開銷大部分由《美國風》和《自然史》（*Natural History*）負擔。工作雖然得意，收入卻不怎麼高。做了五年，到一九九九年，我窮到一文不名。所以，一旦有《辣椒雜誌》（*Chile Pepper Magazine*）主編的辦公桌職位可坐，我不得不欣然接受。我周遊列國的日子於是告終。

本書收集的四十篇是我自己的中意之選，另外附有二十則食譜。頭兩卷，〈饞人大追蹤〉和〈他吃的那個我也要〉，是我周遊世界尋找飲食刺激的五年中寫的。我在這些早期的文章中發現，怪異的食品本身未必有趣味，一定得是有趣的人吃了它，或是某人爲了有趣的原因吃了它，它才有趣。

寫作歷練漸漸多了，我又發現，不一定非得到鳥不生蛋的地方才會遇見有趣的人。〈鄉土原味〉和〈歐洲人的怪異癖〉這兩卷，記錄我在美國南方和歐洲邊走邊吃的歷程——努力想做到吃多少就理解多少。

我現在會懷念那些到處旅行的日子。那樣居無定所也教我學會享受安居一個地方的樂趣。在〈市郊的印地安那・瓊斯〉這一卷裡，我收集了一些近期給《休士頓週報》（*Houston Press*）寫的文章。也許是我年紀大了，近來發覺自己老家的市場和餐館幾乎和我在外國所見的一樣有異國風味。拜各國移民集中之賜，我不必走出世界就能和柬埔寨農人、越南捕蝦者、非洲籍廚師以及墨西哥每個省份的人暢談了。遇見我從未聽過的香藥草或是我從未吃過的蔬菜，總是令人興奮的，在自家後院就能看見這些東西卻更教人興奮。

所以最後一卷的標題是〈斯人而有斯食也〉。風味奇特的吃食雖然依舊令我著迷，我卻也從經驗中學到，最簡樸的食物能挑動最深的體驗。我可以老老實實說，是與鬼靈共享麵包的那一天使我改變了。

那個故事和最後一卷裡的其他各篇，敍述的是我最私人的飲食經驗。這些記述把我的吃之旅帶回原點。旅程開始是為了品嚐怪異的東西，之後慢慢轉變成探討各種文化如何在食物中體現，那也讓我對自己有了更深的認識。

本書所收集的這些文章，是爲了說明這個少見的行業，以及用以理解一個人怎會變成滿腦子只想著吃的東西。我和弟弟們（他們的情況比我好不了多少）相聚時，這是個熱門話題。

這也許多少和我外婆與我母親投注在每一頓飯之中的那股原始的愛有關係。她們把不能言傳的情意都放進烹飪裡了。如今我吃每一頓飯時都試著去徹底領會那些情和意。

有一點是我確知的：每當情感澎湃的時刻，我就特別想吃泡菜。

第一卷　饞人大追蹤

搜獵辣醬

這棟小房子看來像是就要從懸崖上滑下，掉進下頭的香蕉樹叢和香料藥草園圃裡。我敲了門，迎接我的是收音機播送的雷鬼音樂，同時還有幾個大嗓門的講話聲音。「請進，」有一個人終於壓過這些喧嚷對我說，「門沒關！」

屋內的幾位女士圍坐在一張廚房的桌子旁，正在笑著清理香藥草。從她們身後的窗子望出去，是千里達的巴拉敏丘陵（Paramin Hills）上滿覆陡坡的一片片綠園圃。屋內沿著牆邊堆著的，是我千里跋涉來找的寶貝：一箱箱的「正宗巴拉敏辣椒醬」。

希樂麗・波瓦松（Hillary Boisson）是這個「巴拉敏婦女團」的非正式領導人。她打量著我穿的T恤，想要弄明白這麼一個曬傷了的大個子美國人跑到她們姊妹淘的廚房來幹什麼。我的T恤上印著「奧斯汀第四屆年度辣醬比賽」。我就是因爲擔任這個比賽的主審，才有了與加勒比海風味辣醬的第一次邂逅。幾年來，這個比賽已經躋身全世界同類比賽規模最大之列，每年都有三百多種辣醬參賽。

過去幾年，加勒比海式辣醬一直出盡風頭。它們不像墨西哥式辣醬是用哈拉佩諾辣椒（jalapeño）、番茄、洋葱、大蒜等調製，而是用圓帽椒、木瓜、芒果、鳳梨的各式不同組合，加上現採的香藥草、薑、多香果香料（allspice）、芥末之類調味。可口至極。

當我愛上加勒比海式辣醬，就開始往超級市場裡去搜尋，結果發現樣式並不多。最有異國風味的幾種，例如「龍吐氣」、「天啓辣醬」、「巫毒大辣」，都是產量少的，要透過辣椒迷的圈內刊物《辣椒雜誌》和《愈辣愈妙》（*Mo Hotta Mo Betta*）的郵購目錄來買。

我輩之中最搶手的加勒比海辣醬，卻都是產量微乎其微的。所以我打定了主意，既然那些辣醬不能送上門來，我就親自出馬去找。我踏上加勒比海逐島搜獵行動已經三個星期了，爲了找這一處蔬果調味辣醬小工廠，我搭了氣喘吁吁的卡車爬上這近乎垂直的陡坡地，一路上全是嚇人的急轉彎。這些驚險卻是值得的。

「巴拉敏婦女團的集會已經有二十六年歷史了，」團員之一的維洛妮卡・羅曼尼

（Veronica Romany）對我說，「我們以前一起做手工藝品：編籃子、打鉤針什麼的。因爲我們種出來的香藥草和辣椒是全巴拉敏最好的，所以這幾年我們都在做辣椒醬。」

我當場買了一瓶正宗巴拉敏辣椒醬，並且立刻打開，用小指頭沾起一點來嚐味道，婦女團的人爲之大樂。這個辣醬有別於其他瓶裝辣醬的味道，但是我嚐不出那是什麼辛香藥草調成的。

「是幽靈班尼啦。」維洛妮卡笑道。

「幽靈班尼？」我聽得呆住了。

「看，就是這個。」她帶我走到一個裝著深綠色藥草的桶子前。我低頭往桶子裡一嗅：那氣味烈得像是被迎面打了一巴掌。

幽靈班尼原來就是拉丁美洲稱爲「庫藍特羅」（Culantro）的一種芫荽，在美國難得看見，氣味比一般的芫荽要濃。因爲味冠群倫，千里達菜系之中口味重的菜式都要用它來提味。而千里達「大力椒」（congo pepper）的劇烈辣味配上幽靈班尼正是相得益彰。

大力椒和千里達產的另外兩種辣椒，即圓帽椒（Scotch bonnet pepper）與哈瓦那椒（habanero），是同一個種屬（學名是 Capsicum chinense）：三種都是全世界最辣的辣椒。但是，雖然辣得人喉嚨冒煙，卻也是最可口的。這三種辣椒有水果的香醇，製作成辣醬帶著杏、桃、香櫞的味道，所以世人趨之若鶩。

我問巴拉敏婦女團能不能把她們做的辣椒進口美國。她們說從來沒這麼做過，搞不大清楚需要什麼手續。我環顧一下那間廚房便瞭解，只要一家超市的訂單，就能把全世界的正宗巴拉敏辣椒醬消耗得一乾二淨。

想買正宗巴拉敏的人，只能往辣醬行家的冰箱裡去找。

我希望我的冰箱裡除了正宗巴拉敏之外，還有「維京火辣」（Virgin Fire）出品的非主流經典之作。維京火辣的老闆巴布‧甘奈迪（Bob Kennedy）推出的辣醬系列包括名叫「菠蘿燙」的濃香甜味辣醬，以及名叫「龍吐氣」的岩漿似的超辣辣醬。這些秘方的調配製作地點是在美屬維京群島之中的聖約翰島（St. John）。

甘奈迪帶我去參觀他的辣椒農場，我們坐著他的吉普車跑在顛簸的泥土路上，順便遊覽島上風光。他告訴我，聖約翰島三分之二的面積是國家公園，其餘三分之一住著以怪胎自許的人物。甘奈迪在途中一處海灘停下車，指著一輛停放的吉普車，叫我看車後的標語貼紙：「聖約翰島美屬維京，島上人人缺一根筋。」

甘奈迪住的雙併式房子搖搖欲墜立於山坡頂，從那兒可以鳥瞰聖約翰島和隔海相望的托爾托拉島（Tortola）。他就在這兒的廚房裡製作維京火辣的各式產品，一次做三十加侖的量。經不起我要求，他交出一瓶越來越不容易買到手的菠蘿燙。

「今年的乾旱把我們害慘了，」他怨道，「水不夠用，到了必須用水車從聖湯瑪斯島運水過來的地步。」在缺水的維京群島製作辣椒醬是很辛苦的。甘奈迪的園圃是一片傷心景象，雨水不足已經導致供應原料的辣椒樹和果樹枯死。若用水車運水灌溉，成本又太高。

甘奈迪哀怨地說：「我們供應不了訂單的貨量，所以只好從《愈辣愈妙》的郵購目錄撤出來了。」他不想離開聖約翰島，但是他已經決定結束這兒的事業，到波多黎各重起爐灶，因爲那兒能有源源不斷的辣椒原料，還有一家裝瓶工廠。他預測自己很快就能對所有的菠蘿燙與龍吐氣的愛好者有求必應了。

在一灣之隔的聖湯瑪斯島上，理察・萊赫（Richard Reiher）的「維京群島藥草辣椒公司」也遭遇同樣的困境。不過萊赫有辦法搜刮到夠用的辣椒量。

人口比聖約翰島略多的聖湯瑪斯島上有風景優美的「法國城」，在這兒最老資格的酒吧「諾曼第吧」裡，萊赫與我同享冰啤酒時，遞給我一瓶他的銷路最旺的產品「天啓辣醬」。我正要開蓋子試吃，就被他制止了。他說，天啓辣醬是辣到發瘋的東西，是純辣椒加醋的烹飪聖品，不宜直接沾了往嘴裡送。不過他有另兩種產品極宜直接沾來吃，一是辣得過癮的「辣味薑醬」，另一個是味道近似特辣級印度咖哩的「咖哩蒜辣醬」。這兩種也是可遇而不可求的，所以我欣然各取幾瓶塞進衣褲口袋裡。

萊赫的藥草辣椒公司以外，聖湯瑪斯島上還有兩個專製辣醬的陽春公司，「熱浪」和「威利大叔」，顧客是每天都在夏洛特阿瑪利（Charlotte Amalie）靠港的遊船觀光客，銷路相當穩定。

不過，按萊赫所言，眞正上好的辣椒醬不在聖湯瑪斯島。「供水最足的幾個島出產的辣椒最好。上好的在海地、千里達、牙買加以及多米尼加（Dominica）。」

有人說，假如哥倫布重遊西印度群島諸地，他能認出來的地方只剩多米尼加，其他地方全都變了。多米尼加是小安地列斯群島（Lesser Antilles）之一，位於法語系的瓜地盧普（Guadeloupe）和馬丁尼克（Martinique）二島之間，因景觀未遭破壞而享有自然之島的美名，但常有人把它與海地的鄰邦——多明尼加共和國——搞混了。

在多米尼加是看不到觀光客的。外地來遊玩的人非常少，其中那些熱愛大自然的背包族幾乎一律是一抵達多米尼加就消失在大片無人開發過的雨林之中。島上的三百六十五條河形成許多壯觀的瀑布。有些還是在最近的颶風把濃密的樹林颳倒之後才被人發現的。

按理察・萊赫所說，這些豐沛的水源使多米尼加非常適於種植作物，而辣椒正是島上的主要農產品之一。這兒特產的一種辣椒叫作「皮門・彭打・馬・傑克」。（土語的意思是有關傑克先生尊臀的粗俗笑話。）這名稱不雅的辣椒的長相和味道都很像千里達的大力椒。

自一九四四年起，設在康福堡小村（Castle Comfort）裡的貝羅氏公司（Parry W. Bello & Co. Ltd.）就開始收購多米尼加島的大部分辣椒，並且製成加勒比海最暢銷的辣椒醬品牌之一。整個加勒比海地區，幾乎每個島上都能買到「貝氏特級辣椒醬」——用子彈形狀的瓶子裝的橙色酸辣醬，味道有些像「塔巴斯哥」辣醬（Tabasco），只是多了水果醇味。

貝氏辣醬比較近似量產的那種營利商品口味，略遜於我自己偏好的一類。所以我路過貝氏工廠去參觀時，沒抱太高的期望。貝氏公司少東費根（Michael Fagan）卻爲我導覽了廠內其大無比的辣椒碾軋作業過程，採買主任阿多尼斯（Justin Adonis）又帶我看了最近收購的一批辣椒。費根膚色略黑，鼻樑特挺，看來像有印地安人血統，其實是土生土長的紐約人，最近才回到多米尼加來負責公司業務。

我和他對坐時品嚐了貝氏的另一種辣醬，對貝氏產品的印象也有了一百八十度的轉變。貝氏因爲和一家叫作「恩可」（Enco）的英國食品行銷公司合作，成功開發一種美味的、濃稠的、有厚實感的、辣到極點的辣醬，原料包括辣椒、木瓜、洋蔥、醋，以及其他香料，品牌叫作「西印度辣椒醬」，目前是英國暢銷榜首的辣醬。

美國人很幸運，因爲貝氏也用自己的招牌在美國行銷這種辣醬，名稱改爲簡明的「貝氏辣椒醬」。一經《愈辣愈妙》推介，這種濃稠的、香醇的、自然變陳的、令人扁桃腺灼熱的辣醬，已經在辣椒迷之中流傳開來。

貝氏的研發實驗室裡，品管主任費立普（Allan Phillip）出示了一瓶剛研發成功的薑黃根與芥末配方的深黃色辣醬。費根希望以後能把它和別的辣醬產品都推入美國市場。貝氏公司不像一般小公司只能應付郵購的幾瓶需求，他們能輕而易舉一下子就運一整貨櫃的辣醬到你家門口。

不過他們在美國市場上已經遭遇到一點競爭壓力——對手竟然是一家炸雞連鎖店。千里達的皇家堡（Royal Castle）連鎖店是以炸雞聞名的，他們用來醃雞肉當佐料的「千里達哈瓦那辣椒醬」名氣卻更大。這種辣醬目前在美國的三十五個州均有出售，而且是好萊塢星球（Planet Hollywood）連鎖餐館的桌上調味料。（千里達並不通用「哈瓦那椒」這個西班牙名稱，美國人卻聽慣了這個名字，所以許多辣醬業者用它泛指圓帽椒、大力椒等同一種屬的辣椒。）

皇家堡的老闆是在美國出生的瑪麗·裴門特（Marie Permenter），她深知美國有那麼一股壓抑著的異國辣醬需求。既然現有辣醬成品，她決定一試出口生意。

有著美國口音和嫻雅儀態的裴門特，不太像一位辣醬大亨。她的「千里達哈瓦那」——用大力椒和一些千里達特有的香藥草配製成的綠色辣味佐料——的訂單卻在逐月成長中。如今，辣椒和香藥草等原料直接運到佛羅里達州的一家加工廠，再加入洋蔥、大蒜、薑等配料，然後裝瓶。千里達哈瓦那不像許多辣醬只知一味猛辣，而是能藉新鮮藥草香料把辛辣平衡得恰到好處。雖然是量產，仍能保持手工自製的那種風味。

皇家堡老闆的香藥草貨源和她鄰居的巴拉敏婦女團一樣，來自一群在巴拉敏丘陵上耕作小片小片園圃的農民。那些小園圃都在陡坡上，不能用耕耘機，也沒辦法引水灌溉，是很不划算的耕地。但是，雨季一來，丘陵上天天下雨。據裴門特說，種植在這些陡坡上的香藥草和辣椒有純淨的森林雨水，有千里達的陽光，是製作眞正優質辣醬的最佳原料。

辣醬搜獵之旅的最後一天，我在落日餘輝中開著車走在一條窄窄的島上公路，途中停下車來觀看陡坡下面幾百呎處的藥草圃上正要收工回家的農人們。他們看來就像在一片鈎織的綠色簾幕上爬動的螞蟻，人們為了製作美味的辣椒醬究竟有多麼不辭辛勞，看看他們便知。

我在過去三個星期中見到的人，有的已經坐擁跨國的辣醬企業，有的製作出可能馬上就會紅火大賣的辣醬，有的是才華洋溢的家庭大廚和聚在一起的姐妹淘——能為朋友和愛辣成癡的朋友做辣椒醬便心滿意足。他們都有自己的一片天，我想著，一面輕撫著即將成爲全美國唯一的這一瓶「正宗巴拉敏辣椒醬」，不禁微笑了。

注意：辣到極點！

在加勒比海逐島尋寶，發現到處都有獨門配方。我在聖約翰島吃到用夜晚開花的仙人掌果做的辣醬，在瓜地盧普吃到用青葱和荷蘭芹做的法式辣椒醬，在牙買加吃到的鮮薑是我最愛的辣醬原料，在千里達我認識了添加香藥草的辣醬。

以下是我這一路上巧遇的最佳食譜。讀者有口福了。不過要小心，每一種醬都非常辣。

木瓜辣椒醬

八至十二顆圓帽椒，去梗去籽
二個熟木瓜，刮皮去籽
六根小胡蘿蔔，切丁

二個洋葱，切丁
二顆佛手瓜
十二粒多香漿果
十粒胡椒粒
四小枝百里香，去莖
一盎斯新鮮薑末
半杯糖
四分之一杯蔗醋
一大匙油

油放入長柄淺鍋加熱。洋葱炒至透明，加入胡蘿蔔、佛手瓜、多香果、胡椒粒、百里香、薑。煮五分鐘，不斷攪動。再加入木瓜、糖、辣椒。糖融爲漿狀時，加醋續煮，至胡蘿蔔丁變軟（約煮五到十分鐘）。過濾盛入瓶內。

芒果涼拌醬

二個熟芒果，去皮去核，切丁
三大匙剁碎的新鮮薄荷葉
半個紅洋蔥，切碎
二個萊姆，榨汁
一個柳橙，榨汁
半個圓帽椒，去籽去莖，切成細碎
半茶匙鹽
一茶匙鮮薑汁

用一隻玻璃皿，將所有材料放入拌勻，放入冰箱。搭配燒烤海鮮吃。

瓜地盧普甘椒醬

四分之一個圓帽椒或哈瓦那椒
二個洋蔥，切碎
一杯切碎的帶莖嫩洋蔥
三粒大蒜，切碎
一杯純橄欖油
鹽與胡椒隨意

將材料拌在一起，裝入瓶子，蓋緊，放入冰箱。

原載《美國風》一九九五年十月一日

千里達之夜

熱帶地方是沒有黃昏的。下午六點太陽西斜後就突然變成夜晚。靠近西班牙港（Port of Spain）市中心有女王宮邸大園（Queen's Park Savannah），沿著邸園大片綠草的板球場和花園的這邊街上，賣椰子的正在收攤。我及時趕上向他買了一個，他從冰箱裡挑了一顆綠椰子，一手托著，另一手揮刀一斬，削掉了椰子殼上頭的一塊，乾淨俐落。然後他咧嘴微笑，把椰子遞給我。

天色完全暗下來以後，掛在我脖子上的照相機也成了無用之物。當天下午我一直在馬路對面的「皇家植物園」裡拍照片，此刻我坐在一條板凳上等著吃蠔。眼前的景象卻是我無法拍下來的：一個拉斯塔信徒（Rastaman）肩膀上扛著手提立體音響，穿著淺藍校服的兒童們咯咯歡笑著；一棵正開滿花的樹下睡著一個黑人男子。

人家告訴我，夜晚降臨時，椰子販收攤，接班的就是點著一種名叫 flambeaux（火把）的幽暗油燈賣蠔人。可是此刻除了路燈什麼燈光都沒有。我擔心賣蠔人不來了，就問了一位路過的女士。憑我對當地語僅有的幼稚園程度，大致聽出她的意思：因爲某種公共衛生上的顧慮，賣蠔目前已屬非法。

我大失所望。大遠跑來這裡，我就是想爲千里達這章的香辣菜式食譜找些題材。體驗過千里達的每個人都告訴我，一定不能錯過邸園旁的賣蠔人，因爲他們自製的辣醬是遠近皆知的。甚至千里達籍的作家奈波爾（V. S. Naipaul）也曾在他的名作《畢斯瓦斯先生的房子》（*A House for Mr. Biswas*）之中提到賣蠔人。小說中的主角厭倦了平淡的素食，從他生活的印度裔家宅奪門而出，跑到這兒來吃辣醬蠔。結果他吃過量了，大鬧胃疼。

我沒吃到蠔，此刻倒開始覺得犯了偏頭痛。我一肚子不高興地走回旅館，胸前晃來晃去的照相機讓我覺得自己只是個觀光客。我吃不到辣醬蠔，哪有臉面談千里達美食？我心裡嘀咕起來：我跑這一趟爲的是什麼？一個外國人只憑千里達五天之遊就能自稱當地美食專家？

回到旅館後，我讀起奈波爾的另一本書《世間之路》（*A Way in the World*），藉此抒發鬱悶。書中講到外國的旅遊作家乘遊輪到千里達停上一夜就寫起千里達遊記。我原以爲奈波爾會痛批這種傻瓜相機式的遊記對不起千里達，不料他竟表示歡迎。

他拿這種遊記作者與哥倫布相比（當年哥倫布從外海的船上遠遠望見千里達的三個山坡，所以將這個島命名爲「千里達」（Trinidad），西班牙語的意思是「三位一體」）。奈波爾筆下的人物曾坐在哥倫布所命名的「帆船」懸崖上，顯然這個懸崖從海上遙望很像一艘帆船，書中人物自己坐在那兒卻看不出哪一點像船。他於是明白，哥倫布的視角看見的是島上居民自己看不見的景象。奈波爾要說的是，旁觀者清，與日常生活細部枝節無涉的外人有時候更能看清全局。

讀了這些，我覺得自己應該好過一點了。在步向旅館酒吧途中，我卻依然覺得有虛此行。美食的味道畢竟是必須親自體驗的。我在酒吧裡對另一位住房客人——多倫多來的一位電話公司主管——訴苦，我說我品嚐了西班牙港市內一些餐館和小吃攤的美味，還參觀了谷奴皮亞（Cunupia）一處辣椒農場，走了一趟巴拉敏的香藥草田，可是連一道咖哩菜也沒吃到。

我對他說，我應該到一個印度裔千里達人家裡品嚐一下著名的西印度群島式咖哩菜。我想找一位計程車司機，請他帶我回家吃一頓家常菜，我願意付一切費用。要不然，我可以去拜託酒吧裡的服務生幫我這個忙。

我和這位電話公司主管邊聊邊喝著蘭姆甜酒，他的一位女性友人翩然而至。她的名字叫蘇，是美國德州人，在這家旅館大廳經營一家精品店。「這是我在千里達的最後一晚，還吃不到咖哩菜。」我說著，故作悲哀地趴在吧枱上。

「這倒巧了，」蘇說，「我等一下就要去一個印度裔家庭吃晚飯。你願意的話就一起去，他們不會在意的。」我聽了先是一震，然後趁她來不及改變原意，趕緊接受了邀請。我回房匆匆淋浴刮鬍子，對著鏡中的自己笑起來，想不到竟能撞上這種好運。

「莎維蒂里（Savitri）是烹調高手，」我們在旅館大廳等車子的時候蘇對我說，「她娘家在千里達是很有名的。她是奈波爾的妹妹，你曉得奈波爾這位作家嗎？」

我吃驚得連話也答不出來。我若是奈波爾筆下的人物，一定會認爲這個巧合必是某種神祕的徵兆。

奈波爾描寫千里達印度人的那些美好的書，是洞悉加勒比海文化之謎的見識。當初到這兒來討生活的那一代卑微的印度人，在歐洲人的蔗糖農場上做工，如今他們的後代繼承了他們昔日東家掌握的千里達。印度移民在這兒開創的世界是他們始料未及的；他們爲了等待重歸故國而暫時忍耐的生活，竟變成他們永久的文化。

印度語、種姓制度，以及傳統印度教的繁雜儀典，早在移民勞工初期就因爲不切實際而被棄而不用了。但是，神祕主義的生命觀至今仍然未改。

有些千里達人顯然信奉著一種本土的印度教——即是印度迷信與其他文化的神話寓言的融和。坐車前往莎維蒂里位於西班牙港市郊住宅的途中，我看見一幢房子既掛滿聖誕節燈飾，院子裡又有印度文經幡在一根根矗立的竹竿上飄揚。我感到不解，就請教司機。據他說，在千里達家宅的客廳裡，印度教神像和聖誕老人是和平共存的。

莎維蒂里和麥爾文・阿卡爾（Melvin Akal）夫婦的豪宅在高級住宅區華爾山邸園（Valsayn Park）之中。豪宅裡面陳列著印度雕像和傲人的現代藝術收藏。多數客人都在游泳池旁的庭院裡啜飲雞尾酒，我卻跟莎維蒂里在廚房裡轉來轉去。

「我們今天只有羅堤（roti）。」莎維蒂里一面忙著準備晚餐，一面客氣地說，羅堤是一種印度麵餅，千里達人說的羅堤卻不只是麵餅而已。全島各地有上千家羅堤店，你若是點一客羅堤，端來的是一大塊餅，裡面夾滿咖哩肉和其他餡料。

她說的「只有」羅堤，對我而言卻像在印度天堂裡打開一包包的耶誕禮物！

莎維蒂里邊揉麵團邊說明各種不同的羅堤做法。加料的叫作「埔利」（puri），「達爾」（dahl）的意思是指剝了莢的黃金豆（yellow pea）瓣，所以「達爾埔利」就是「加黃金豆泥」。此話有理，我想起在著名的「巴特拉吉」羅堤店廚房裡的一幕。我曾到那兒參觀，看見一位女士將一把黃色的糊狀東西塞進揉好的麵團。然後把麵團擀開，塗上澄化奶油，再放進平底鍋裡煎。成品就是摻了黃金豆泥的美味麵餅，口感甚佳。

「要做阿魯埔利（加馬鈴薯）羅堤也可以，」莎維蒂里說，「還有帕拉塔羅堤，是酥皮的；撒達羅堤是原味羅堤。多斯蒂羅堤是雙層羅堤，我現在做的就是這一種。」

她的做法是，用印度的澄化奶油抹了一個麵團，把另一個麵團疊在上頭，把兩個一起擀薄。我急著想看這樣重疊擀出來的麵團會有什麼效果，只見她把薄餅往圓形的電烙鍋裡一放，後果立見分曉。

原來麵餅入鍋以後便從周邊漸漸分離了。莎維蒂里把薄鏟伸進分離處，重疊的麵餅就一分爲二，成了兩張更薄的餅。她用奶油把兩張都塗了，餅烙熟之後，她把兩張餅各對折兩次，再放進鋪了餐巾的籃子裡保溫。

客人到齊後，女主人把羅堤端上自助餐桌。我們吃的開胃菜是撒希納（saheena）——是芋頭葉包著黃金豆餡，以及卡卓里（cachourie）——是剝了莢的黃金豆加洋葱和番紅花煎成餅，香脆的卡卓里是用莎維蒂里自製的火辣醬料佐味。她的這個庫其拉（kuchela）辣醬原料是青芒果絲、辣椒、辛香料。青芒果沒有甜味；這個醬料吃起來味道就像辣而脆的酸醃包心菜絲。她做的羅望果酸辣醬是巧克力色的，用的是未去籽的羅望果和辣椒。以上這些都只是開胃小菜而已。

正菜有煎秋葵；番茄「綽卡」（chokha），乃是烤過的番茄加洋葱、大蒜、蒔蘿、胡椒煎炒而成；蒸南瓜；菠菜煮大蒜及洋葱；咖哩青芒果；咖哩馬鈴薯及四季豆；咖哩雞；黃豌豆糊（配米飯）、黃瓜、優酪乳；當然還有羅堤。咖哩雞非常味美——嫩嫩的帶骨雞肉盛在深黃色的湯汁裡。

莎維蒂里在咖哩的旁邊擺了一碗醋拌辣椒泥，是用千里達土產辣椒做的。「這不算是辣醬，」她說，「只是醃辣椒，用來拌別的東西提味。」這個辣椒泥本來是爲了一年四季都能吃到辣椒而設計，也是加勒比海所有辣醬的老祖宗。「我可能按當天菜式的味道決定另外加上芥末和洋葱，或加上水果和薑，」她說。這天晚上的辣椒泥是配咖哩用的。千里達的咖哩一般調味都不重，所以放一碗辣椒泥在旁邊，以便喜歡重辣口味的人自取。

當晚的貴賓蒞臨後，我又往奈波爾筆下的千里達神祕大雜燴更邁近一步。眾賓客都在引頸期盼的這一位貴賓，乃是著名的千里達籍通靈者尙•哈里班斯（Sean Haribance），大家圍繞著他，熱烈得近似膜拜。賓客們沒有把這件事當作飯後娛樂，大家都深信哈里班斯先生能預見未來。

因爲客人們爭相趨前，我正好趁此把自助餐桌上未吃完的美食掃淨，並且纏著女主人打聽烹飪祕訣。可是，一旦通靈大師給在場的其他人都看完手相了，大家就起鬨非要我也給他看一回。反正我要問的私房食譜都已經到手，就欣然配合了。

哈里班斯先生仔細看過我的手掌後，說我是個非常聰明的人，也是出色的作家。（說得甚得我心。）我將有長久而多產的寫作生涯，六年以來的任何努力都將足夠我畢生之用。最後，我要發表的這本食譜將是暢銷鉅作。

我會相信通靈現象嗎？一般情況下是不會的。但是回想一下，幾小時前我還在爲了沒嚐到眞正千里達口味而垂頭喪氣，然後就有一位精靈聽到了我心中的願望，把我送到這個神妙的晚餐宴上，讓我在奈波爾的妹妹親自教誨下學到羅堤的藝術和咖哩的學問。

看來，我必須修正以往不信靈異的態度。何況，這一晚的經歷給我賺到版稅，可是再實在不過的。

莎維蒂里雙層羅堤

把雙層餅一分爲二是需要多練幾次的技術，但這是值得一練的家常功夫，因爲這是做出很薄的餅的最簡便的方法。

一杯中筋麵粉
一杯全麥麵粉
四分之一茶匙鹽
一茶匙發泡粉
四分之一杯澄化奶油

一杯溫水

把乾的材料都放進攪拌處理機，加一茶匙半的澄化奶油和麵。和麵過程中慢慢加水，至形成麵團後，再和麵三十秒。

把麵團分成小球，麵團大小視你家的烙鍋面積而定。千里達人用大的圓形電烙鍋做羅提，所以擀出來的餅直徑有九吋。按這個食譜可以做六個九吋的羅提，或十個五吋的。

把小球麵團放在揉麵板上，壓扁成圓形片。取一片在一面塗上澄化奶油後，再取另一片疊上。把疊在一起的兩片擀成餅。

烙鍋加熱至水滴會在鍋中跳起來。用澄化奶油輕輕刷過鍋子一遍，將擀好的餅放入。在餅面上塗一遍油，再將餅翻面。烙至餅面起泡，邊緣開始分離，以木鏟伸入裂縫，輕輕把重疊的餅分開。以刷子沾油將兩個餅的內面塗油，繼續烙至餅呈褐色爲止。

將餅對折放入舖了餐巾的籃子內保溫。立即送上飯桌，與夾餅餡料一起食用。

原味羅提

與上述做法一樣，只是不用疊成雙層的手續。烙出來的餅較厚。

加料羅提

做起來要一點功夫。我在「巴特拉吉」羅堤店看見的那位女士，能把一團黃金豆糊塞進麵團揉好，再擀成中間夾著豆糊的一張餅。我自己試做則是每每一擠就把豆糊噴得老遠。

五吋大的加料羅堤所加的料不能多過一茶匙。把冷藏過的豆糊餡捏成小球塞進麵團包好，小心擀開，再按上述烙法烙熟。

澄化奶油

做印度菜也可以用蔬菜油，但不及澄化奶油地道。除掉其中的乳質固體後，油可以耐加溫。

把一整方塊奶油放入厚的小深鍋用小火燒。融化後從爐上取下，放涼五分鐘。把表層的浮皮撇除。把澄清的淺黃色油倒入容器（即澄化奶油）。沉在鍋底的乳質固體倒掉不用。

剝莢黃金豆

黃金豆泥在千里達印度烹飪中的地位就等於拉丁美洲的蠶豆。黃金豆泥配白飯是一道主菜，芋頭葉包豆泥是一種開胃菜，揉在麵團裡可做成加料羅提。

一杯乾的剝莢黃金豆
二顆帶莖嫩洋蔥
一茶匙薑黃
半茶匙黑胡椒粉
鹽隨意

黃金豆撿好洗淨，浸在水中泡二小時。將水倒掉，淘洗豆子後放入深鍋，加三杯水，除了鹽之外，其他配料全部加入，煮沸後改小火慢煮四十分鐘，不時加以攪動。

豆子煮軟後，改爲大火，頻頻攪動再煮十分鐘，至豆子膨脹變厚。將豆子放入篩網或碾磨機製成軟泥。加鹽調味。

咖哩粉

千里達人最愛用的咖哩粉有三種：酋長（Chief）、大公（Rajah）、包頭巾（Turban）。講究的廚師卻會用自製的咖哩。自己來烤咖哩子、磨粉，風味更足。以下的材料如果不能找齊也無妨，少一、兩樣仍能做出味香的咖哩粉。如果沒有添加黃色用的薑黃，製成的咖哩粉叫作「馬薩拉」（masala）

四份芫荽籽

三份葫蘆巴籽

二份土茴香籽

二份芥籽

二份茴香籽

二份茴芹子與八角（或二者選一）

五份薑黃粉

把香料籽放入十二吋的炒鍋，用中火炒至香料開始冒煙釋放出香味，約四分鐘。用咖啡研磨機把炒好的材料磨成粉。加入薑黃拌勻。

咖哩雞

千里達的印度教徒不吃牛肉，穆斯林不吃豬肉，所以大家最常食用的肉類是雞。這一道菜用放養的或圈養的土雞肉較佳。注意椰汁不可買錯，加糖的椰奶是調酒用的。

三磅重的小雞二隻，每隻切成十塊

一個萊姆，榨汁

半杯澄化奶油
三瓣大蒜，剁碎
三顆帶莖嫩洋葱，切細
半茶匙新磨好的黑胡椒
二茶匙咖哩粉
三枝百里香
一盎斯鮮薑，去皮切細
一杯椰汁
一顆佛手瓜，去皮，切塊成一吋大小
二根胡蘿蔔，切片
一個馬鈴薯，去皮，切塊成一吋大小

雞肉放入熱鍋，加一半的油與大蒜煎至皮發黃。關火取下，撒上萊姆汁放著。

另一半油放入燉鍋加熱。放入嫩洋葱、胡椒、咖哩、百里香、薑，燒至嫩洋葱呈鮮綠色。將雞肉加入，蓋上鍋蓋小火煨約十分鐘。再加入椰汁、佛手瓜、胡蘿蔔、馬鈴薯。蓋上蓋子再煨三十至四十分鐘。端上桌，一旁備好辣醬以便加味。爲六人份。

原載《美國風》一九九六年三月一日

終極咖啡

牙買加的藍山（Blue Mountain）之中的隱密一角躲著咖啡種植者亞歷克斯・特威曼（Alex Twyman）的家。特威曼原籍英國，人稱「咖啡怪客」，住在四千二百呎（一千二百七十多公尺）高的一間簡樸的鐵皮頂屋子裡。想喝到他的咖啡眞是不折不扣的高攀。

我和許多美國人一樣，近十幾年對喝咖啡這件事可越來越講究了。在過去的二十年間，我們這些人變成品嚐咖啡的行家。買咖啡也變成和買酒一樣得精挑細選。我們不再是採買時順便買一磅咖啡，而是在可那綜合（Kona blend）、肯亞特級（Kenya AA）、哥斯大黎加（Costa Rica）、蘇門答臘陳味咖啡之中選來選去。

這些品種之外，還有神祕性一直濃郁不散的牙買加藍山咖啡。一般咖啡專賣店裡的以上那些名種咖啡，每磅大約售價在六美元到十四美元之間不等。牙買加藍山卻可能貴到三十五美元一磅！如果在東京買，一磅藍山得花六十美元。堪稱世界上最昂貴的咖啡。

我愛咖啡，但不曾想過要花三十五美元去買一磅。某日，在咖啡專賣店排隊時一直盯著那有魔法的名字，終於心防瓦解，買了半磅回家。這的確是好咖啡，醇而不烈，出人意料地溫和，香味十足，也沒有我常喝的其他咖啡那種留在嘴裡的酸味。可是也就是咖啡而已。我頗感失望。

於是我打電話請教了幾位咖啡專家，看看我是不是什麼地方搞錯了。擔任「星巴克」(Starbucks)二百六十五家咖啡連鎖店採買主任的歐森(Dave Olsen)說：「一般的藍山咖啡要價過高，烤的火候卻太低，噱頭的成分居多。」但是他又說，真正上乘的牙買加藍山咖啡是喝過就終生難忘的。

美國專業咖啡協會(Specialty Coffee Association of America)的執行長林戈(Ted Lingle)說：「好的牙買加藍山咖啡味道與眾不同的，比其他咖啡既溫和又香甜。但是，關鍵在於能不能買到如假包換的牙買加藍山。」顯而易見，咖啡的品質天差地別，甚至同一個產地來的咖啡也有高下之分。專家們都說，一旦喝過真正頂極的牙買加藍山，就知道它爲什麼是世界咖啡之冠了。

我的不畏險阻精神不遜於我對咖啡之熱愛。所以，我抱著不喝到終極咖啡誓不歸的決心來到了牙買加。

馬維斯邦莊園（Mavis Bank Central Factory Ltd.）是個稍不注意就會錯過的地方。它躲在山路下面斜坡上的濃密樹叢之中，路過時根本看不見。我們是聞到烤咖啡的香氣才發現已經走過頭了。於是我們調頭折回去，才看見它在公路的下面，工廠是一些圍著大中庭而建的幾棟老式磚房，中庭舖著正在乾燥的咖啡豆。

所有的藍山咖啡都是透過包括馬維斯邦在內的四家商號才得以問世。這四家咖啡加工廠都不可收購正式確認的藍山產區以外的咖啡農產品，藍山區的種植者也不可以把咖啡豆賣到別的地方。自第二次世界大戰結束，牙買加咖啡工業理事會（Coffee Industry Board of Jamaica）成立，就開始實施這個辦法，以確保藍山咖啡的高品質。

馬維斯邦的廠長葛藍特（Norman W. Grant）帶我參觀了作業設備，說明「紅果」——即咖啡樹的果實——如何變成綠色豆子，繼而進行烤製。參觀中最重要的部分就是試飲。

咖啡業的品管過程並不科學，也不是機械化的。收購的每一批咖啡豆經過烤製、研磨後，取出的樣品要和沸水一同放入杯子裡，然後訓練有素的咖啡試味者就來「啜飲」。

「啜飲」還說得太婉轉了。葛藍特在一個可旋轉的桌上擺了七種咖啡樣品，先用湯匙撇掉浮在面上的咖啡粉末，繼而品評香氣，然後用力吸入滿滿一口咖啡，力量之強，非常人所能。這樣猛力的、發出了哨音地吸上一口，據葛藍特說，是爲了使食道壁上沾一層咖啡粉。

我試吸一口，就咳了起來。再試幾次，抓到了一點竅門，但始終沒有葛藍特的那股勁。我們試的七種樣品的品質差距是非常大的。

第一種很好。第二種極優，有水果和花的芳香，口味純淨而甘美，喝一口就立刻明白牙買加藍山爲什麼號稱世界第一。其餘五種相形之下顯得平淡無奇。但是這七種都將成爲某種牙買加藍山咖啡口味的成分。

回到首府金斯敦（Kingston），我和幾位餐館老闆敍談中提到在馬維斯邦的經歷。我說不能買下最極品的藍山咖啡是件憾事，一位儀態優雅的女士聽了，不動聲色地拉我到一旁，說出了亞歷克斯・特威曼的名字。「這人是個怪物，」她說，「可是他那兒正有你要的東西——牙買加最好的咖啡。他的陳味咖啡香極了。」放陳了的咖啡會好喝嗎？我有些納悶，但隨即想起在咖啡專賣店看過「蘇門答臘陳味」，也許咖啡也能和酒一樣越陳越香吧。

幾天後，我爬上彎彎曲曲的山路，來到特威曼家門口。由於他家沒有電話，我做了硬闖的不速之客。他與妻子陶樂絲（Dorothy）正坐在客廳裡。從這沒有華飾的小客廳可以看見天邊彤紅與銀白的雲，以及雲影襯托的山峰。從客廳的窗口往下看，是陡得嚇人的山崖。山坡上到處是映著夕陽的咖啡樹。

出生於倫敦的特威曼在牙買加已經住了三十五年。他曾以測量員爲業，並以特立獨行的思考遠近馳名。「要不要喝杯咖啡？」他問我。他煮咖啡的當兒邊還說出一個國際政治的怪現象。

「牙買加咖啡賺的錢全給日本拿去了。」他說。日本人以每磅七・五美元的價碼買走咖啡總收成的百分之九十，牙買加咖啡工業理事會向農民收購的價錢只有日本人的一半。日本人把買回去的咖啡豆在東京烤製，然後以每磅六十美元出售。特威曼認爲這簡直豈有此理。「這是日本殖民主義嘛！」他吼道。

「法律規定，」他抱怨地說，「我只能按收購價賣咖啡豆，根本不管它在世界市場上有多高價值。」他認爲他的農莊出產的是最頂極的咖啡豆，他希望能掛自己農莊的標籤來賣，不願意別人拿它們去混上藍山地區的次等貨出售。

他小小的房間飄起馥郁的、暖洋洋的新煮咖啡香味。他又說：「我們這個地方的氣候和別的地方不一樣，所以我的咖啡從開花到可以採收，要十到十一個月。一般平均只要五個月。我的咖啡豆因爲成長時間長，所以豆粒比別處的大而且硬。」

特威曼曾在一九八〇年代初期申請許可執照，想要自己烤製咖啡豆並直接賣給日本和美國的買主，結果被咖啡理事會駁回了。從那時候開始，這位倔強的英國人就開始把咖啡豆放陳了。

「我本來沒有要放陳的意思，」他說，「純粹是爲了賭氣，老子的咖啡豆誰也不賣！」他從一九八二年起就不再把咖啡豆賣給理事會了。他把咖啡豆儲藏在金斯敦市內的一處倉庫裡，希望等到能憑執照自己直接來賣的一天。

咖啡煮好了，我饞涎欲滴，特威曼卻接著解釋放陳的道理。起初他擔心儲存會破壞咖啡豆的品質，所以去找資料研究了一下。結果發現，放陳的咖啡一度是高檔商品。委內瑞拉和蘇門答臘的咖啡豆陳放五年或更久，能以最高檔次的價格出售。「我們發現陳放可以提增咖啡的風味，」特威曼說，「可以使味道更芳醇。」

陶樂絲替我的饞蟲解了圍。她輕聲提醒丈夫，我們正等著一嚐這芳醇味道呢。特威曼倒了一杯給我。平時我喝咖啡是習慣加奶和糖的，此時卻一律免了。這咖啡的渾厚香氣恰似精純巧克力的香。雖然因爲是中度烘焙而味道濃烈，喝到喉嚨卻是甘美圓潤而又溫柔。眞是不同凡響。

「這咖啡不是平常拿來喝的那種。」特威曼說，「而是宴客時最後才和你珍藏的白蘭地一起端出來的咖啡。」難怪牙買加藍山咖啡的神話歷久不衰，是的，咖啡眞能好到那種地步？如果花三十五美元能買到一磅特威曼的咖啡，算是撿到便宜了。他若眞能如願直接賣自己的咖啡，你能在附近專賣店買到的恐怕還不止這個價錢。

不過，特威曼此時儘管坐擁上萬磅全世界最優質的咖啡——可能是全世界僅有的藍山陳味咖啡，限於牙買加法令規定，他連一盎斯也不能賣。

陶樂絲又端起咖啡壺，問道：「誰要續杯嗎？」

原載《美國風》一九九三年十二月一日

卡布里多大王

「卡布里多」意指烤全羊，名稱源於西班牙語 cabrito（小山羊）。在南德州，卡布里多乃是家人聚會時的一項傳統美食。我初試烤全羊那天，與會的人有五十位，是我太太娘家親戚和一些老友，爲了慶祝我兩個女兒的生日特地搭機前來，我卻把全羊烤砸了。

我們擬定烤肉宴客之時，我和太太卻認爲不妨把卡布里多也列入，以增添趣味。於是我逛到聖安東尼奧的一處墨西哥肉品市場，買了一整隻小山羊。對於習慣買乾乾淨淨小塑膠袋包裝肉品的人而言，接過一個重二十磅的動物死屍簡直是莫大震撼。打開自家冰箱看見最下層的一個垃圾袋裡扎出剝了皮的腿，也教人很不是滋味。

宴客的前一天晚上，我把卡布里多和一些胸肉、烤豬肉都放進一個租來的、其大無比的燻爐裡，讓這些肉燻一整夜。第二天卻發現燻了的卡布里多很難吃。客人們都寧願吃別的烤肉，準備的食物也夠所有賓客吃到飽，可是我一直垂頭喪氣。朋友們故意開玩笑逗我，搞得我如坐針氈，決心好好研究一下如何烹調卡布里多。

山羊肉以前曾是歐洲窮人的主要肉食；哥倫布於一四九三年第二次遠航時把山羊和綿羊引入了美洲，隨行的西班牙畜牧者養綿羊取羊毛，養山羊供肉食、乳酪、羊乳之需。

到了十八世紀，綿羊、山羊、牛傳入了墨西哥北部和德州南部的教區。按一七六五年間的西班牙皇家普查記載，聖安東尼奧教區擁有的綿羊山羊群總數爲一萬二千頭。由於教區範圍廣大，畜群分散各處，牧牛羊的人便開始採行騎馬放牧。騎馬牧童（西班牙文稱爲 vaqueros）於是形成了馬背牛仔文化，享用卡布里多便是這種文化的一部分。

要明白卡布里多的由來並不難，要找到卡布里多的食譜卻大爲不易。我最欣賞的兩本墨西哥食譜的作者李克・貝勒斯（Rick Bayless）和黛安娜・甘奈迪（Diana Kennedy）雖對卡布里多美味大表讚賞，卻都不說該怎樣做出這種美味。不過，兩人一致表示，最好吃的卡布里多在墨西哥的蒙特瑞（Monterrey）。

那次烤肉宴失手過了一年後，太太問我父親節那天要怎麼過。

「我們到蒙特瑞去渡週末吧。」我說。

「蒙特瑞有什麼好玩的？」她問。

「那兒是革製品中心，」我找了理由，「你可以帶著女兒們去買鞋。」

太太存疑地打量我。

「你怎麼會想到爲了我們買鞋跑那麼遠？」她追問。

「我是聽說那兒的卡布里多還不賴，所以想順便去學上一兩招。」我說。

太太的眉頭皺了起來。跟著我出去找廚藝資料的那種苦頭她是嚐過的。「所以我們這三天就得頓頓吃卡布里多了？」她接著問。

「也可以吃到別的東西啦。」我向她保證道。

我說蒙特瑞的卡布里多還不賴，這就好像說夏威夷的沖浪環境還不賴。其實蒙特瑞是世界卡布里多的首都。再也沒任何其他地方像這裡一樣處處離不開山羊肉。我們抵達蒙特瑞還不到兩小時，就吃了卡布里多大餐。地點是蒙市最高檔的餐館，位於埃達爾哥高原上的「大叔」（El Tio）。用餐的大廳是戶外庭院，有樂隊現場演奏，兩個女兒興奮不已。她們跑去看花園和瀑布，我則拿起菜單問侍者什麼是「卡布里多・阿爾・巴斯多」

（意即「牧羊人式的卡布里多」）。

墨西哥內陸常見的山羊肉吃法，是用酪梨葉或香蕉葉包起來蒸。墨西哥北部的牧羊人卻沒辦法照樣做，因爲當地沒有這些芳香的葉子，而且缺水。所以他們想出簡單至極卻又恰恰適合沙漠地區的料理方法：用牧豆樹枝爲柴，把小山羊架在炙叉上烤。

經我一問，侍者便引著我到露天的廚房去看牧羊人式卡布里多的製作過程。在磚砌的天井裡，一個圓形的穴裡升著簡單的透天營火，整隻整隻的小山羊用鉤子掛在長長的金屬桿上，靠近火烤著，距離剛好夠把肉烤熟，把皮烤脆。

卡布里多散發著很濃的野味香氣，這是它通常都在戶外料理的原因之一。氣味雖強，多汁的肉卻極嫩，而且味道出人意外地清淡。要訣在於保持炙叉上的羊肉和火之間恰到好處的距離，能把肉皮烤脆，卻不會把骨頭烤焦。招呼我們侍者說，在蒙特瑞點烤全羊肉需說明要的是哪個部位。「佩爾那」是多汁的後腿肉；「帕列塔」是乾而脆的前腿肉；他自己最愛的是「里諾納達」，也就是靠近腰子部位的那一塊。我就請他把每個部位都給我們來一點。

太享受了。露天升火烤肉的所有特性，卡布里多一應俱全：皮脆，肉質嫩而可口，味道濃而帶著炭香。我也覺得里諾納達——長條柔嫩的一塊背脊肉——最好吃。骨頭上連著幾根肋條，我把它們一一瓣下來，啃上面的細肉和脆皮。女兒們愛吃佩爾那——她們說那是「棒棒腿」，太太比較喜歡脆脆的前腿肉。一家都吃得盤底朝天。

第二天早上，我忍著不到外面去吃，規定全家人都在旅館裡吃了吐司、果汁、咖啡的早餐。吃畢，我們到蒙市佔地數畝的「大廣場」(Gran Plaza) 上散步。女兒們喜歡海神大噴泉；我則是在欣賞那些現代風格顯著的建築。我們在一個長條椅上坐了一會兒，瞻仰矗立在沙漠地平線上的整片純藍的瑪德列山 (Sierra Madre)。我教大家看其中一個形狀怪異的山峰——希拉峰 (Cerro de la Silla) ——意思是「馬鞍峰」，這個山峰乃是蒙特瑞市的象徵。

「我們今天要幹嘛？」小女兒問。

我還沒來得及回答，她姐姐就說：「我知道，我們要去吃卡布里多，對不對，爸爸？」

「對，寶貝。」我安慰她，「要先舉行買鞋典禮，然後才吃。」

蒙特瑞的高價消費區佐那羅莎 (Zona Rosa) 大概有三分之一是鞋店吧。我們逛了至少五家，太太和女兒們試穿了無數雙各式各樣的靴子、高跟鞋、平底鞋、便鞋、涼鞋。

每次她們問我覺得深紅的好看還是淺紅的好看，我都裝出用心在看的樣子，但是恐怕裝得不像。因爲我實在不明白，與我同是一家人的她們怎會覺得試穿幾十雙鞋子是件樂事。女士們終於買夠之後，我們把堆成小山似的一盒盒鞋子先送回旅館，然後全家擁入一輛出租汽車出去吃午飯。

打從我們來到蒙特瑞的一刻起，我就問遍遇見的每一位計程車司機、飯館侍者、鞋店售貨員，蒙市什麼地方可以吃到最棒的卡布里多。他們不約而同給了這個答案：「卡布里多大王」（El Rey del Cabrito）。還沒走進「大王」，你就知道他們對於卡布里多有多麼鄭重其事了，門口的櫥窗正展示著二、三十隻架在炙叉上燒烤的全小羊。

「裡面的氣味有點怪怪的。」走進門時大女兒說。

她說得沒錯。大餐廳裡到處瀰漫著烤羊肉味。卡布里多大王的菜單上除了有我們在「大叔」吃過的所有樣式，還有「卡布里多弗利它答」——是文火煨的卡布里多開胃菜；「馬奇托斯」——火烤小山羊肝；「卡貝西塔」——小羊頭。我們每一樣都點了——羊頭除外。

「卡布里多大王」會成爲蒙特瑞人的最愛，原因顯而易見：份量特大，價格卻比「大叔」之類的高檔餐館便宜。這兒的「里諾納達」碩大無比，肉質鮮嫩，火候拿捏得恰到好處。不過，眞正驚人的是「馬奇托斯」。上菜時是用金屬大盤盛著嗞嗞作響的羊肝片，下頭舖著一堆炭烤洋葱，我有點遲疑——那東西看來既怪異又不可口。

我太太卻突然吃興大發。她一邊暢談肝與洋葱在世界文化中的重要地位，同時一口啤酒一口羊肝地吃著喝著。我警覺到自己再不開動恐怕就吃不到了——羊肝外皮很脆，裡面柔滑濃醇。我正在品味這奇妙卻強烈的混合風格，太太那邊伸來一隻叉子，取走了最後一片羊肝。

那天下午我帶著女兒在旅館的游泳池裡戲水，太太卻在房間裡休息——她說自己吃得太脹了。稍晚，全家一起在樹蔭籠罩的埃達爾哥小廣場上散步。又走到馬路對面，到華麗的安琪拉飯店（Hotel Ancira）去品嚐濃縮咖啡與冰淇淋。安琪拉飯店的大廳地板舖著棋盤式的黑白大理石，那兒有些養在籠子裡的鳥兒，還有一位名叫魯本（Reuben）的侍者，都令我的女兒們傾倒。魯本是了不起的鳥鳴模仿者，學鳥兒啁啾聲時頸上繫的領花隨著喉節顫動。我在零售攤買了羊乳糖來配咖啡，邊還在餐巾上比劃著回家後要如何在後院建一個烤全羊的火爐，我太太卻唱起反調。

「我今天晚上不能再吃卡布里多了，」她宣布道，「再聞到山羊肉味道我會反胃。」這全是烤羊肝害的。

雖然還有卡布里多斯（Los Cabritos）、卡布里特羅（El Cabritero）、帕斯多（El Pastor）等等名店，但一切到此爲止。我們妥協之下選了「皇家」（El Regio），這家館子裡有十二人的墨西哥樂隊，供應著墨西哥東北部的各式地方美饌，還有在室外烤的卡布里多。太太點了無骨牛胸肉，我點的是煨小山羊肉片配新鮮番茄和綠辣椒的酸辣醬。我把這種吃法也列入我的卡布里多食譜當中。

「我搞不懂，你怎麼能頓頓都吃同一種東西。」太太搖著頭說。

「這是我所謂的透徹研究，別人也許要說這是不知節制的吃，」我答道，「同理，就像你所謂的鞋子大採購……」眼見她瞪過來的目光，我馬上住了口。

「所以啦，我們能相處得這麼好，也許正是這個緣故。」我改變口徑，「因爲我們倆都是做事非常徹底的嘛。」

原載《美國風》一九九二年十月二十二日

古早味

調製墨西哥傳統的奧哈撒南瓜湯（sopa de guias）的方法是，南瓜切片，把南瓜藤葉子切碎，把藤莖的皮剝掉後也切碎，就像切芹菜一樣。將三種材料放進鍋裡煮，再加一點「契比爾」（chepil，一種像芥末的野生草本植物），再加整隻玉米橫切的一些圓片。煮了一陣子後，再往鍋裡加一些南瓜花。瓜葉使這道湯有菠菜味和菠菜綠色，瓜梗吃起來脆脆的，瓜花增添甜味。這道湯既好吃又有意思，吃的人會覺得彷彿吃掉了整棵南瓜株，加上周圍野地上的零星植物。

「古代薩波特克人（Zapotecs）有時候也會往湯裡加一點龍舌蘭上的蟲子。」烹飪講師蘇珊娜・崔林（Susana Trilling）說。她是「心之季節」（Seasons of My Heart）烹飪學校的主持人，學校設在奧哈撒的一個村莊裡。崔林找來一位薩波特克本地的女士擔任助手，教我們一道配南瓜湯吃的佐味菜，叫作「特克拉優達斯」（tclayudas），一般常用這個名稱指奧哈撒地方特有的大號玉米餅，在此指抹了豆糊的玉米餅。

這位年長的奧哈撒女士肩上圍著黑灰色相間的披巾，跪在地上磨黑豆糊，用的是架在三腳檯上的石頭磨盤，和一根石頭的擀麵棍。磨好的豆糊抹在玉米餅上，放入灶裡烘乾，便成為脆皮烤餅，放上幾個星期也不會變味。雖然沒有人能確知上述的南瓜湯和玉米餅究竟有多久遠的歷史，品嚐它們卻能使人發思古之幽情。事實上，現代的薩波特克烹飪與古法烹飪是相當近似的，所以考古學家為了想理解兩千年前遺留下來的陶器破片，都紛紛研究起薩波特克的烹飪。

「薩波特克文化的精髓留傳至今的，比其他被征服消滅的各族為多。」溫特博士（Marcus Winter）如是說。他是墨西哥國家人類學及歷史研究所（INAH）的奧哈撒區研究中心考古部的研究員。西班牙人入侵時期的中美洲，是在阿茲特克人統治之下的。阿茲特克人雖然曾於十五世紀侵犯過薩波特克人的領土，卻從未眞正佔領過奧哈撒。不過，西班牙人征服中美洲後，阿茲特克人的納瓦特爾語（Nahuatl）成為中美洲大部分地區的官方語言。奧哈撒城鄉地名原來的薩波特克稱呼改了，取而代之的是納瓦特爾語或西班牙語地名。薩波特克的食物名稱也跟著改了。例如「特克拉優達斯」的「特克」，可以看出納瓦特爾語的端倪。薩波特克人自己卻有另外一個名稱，他們說的豆糊玉米餅發音近似「黑特」。

薩波特克語雖然沒有文字，卻仍是墨西哥境內通行最廣的語言之一。按一九九三年的「墨西哥全國普查」，奧哈撒省說原住民語的人口超過一百萬，其中三分之二是薩波特克人。奧哈撒山岳起伏的鄉野使侵略者卻步，也阻擋了外來的影響，這使得薩波特克文化在相當孤立的環境中大致保持不變。而薩波特克食品之所以沒有改變，卻不僅僅基於這一個原因。溫特博士說：「經濟因素影響很大。食品沒有變，是因爲這兒的居民仍舊在吃他們自己栽種的作物。」

在距離奧哈撒市不遠的庫里班村（Culipán）有一個古舊的修道院，現在是一個研究實驗所，我便是在這兒與溫特見面。我們走過的一個個房間，都有年輕人在埋頭研究這些年來自阿爾班山（Monte Albán）廢墟出土的陶片。「我們想要了解這些陶器當年的用途，」溫特說，「所以我們跑到薩波特克村莊裡，去記錄現在的人怎樣使用器皿和炊具。」

他引我走進一個房間，裡面放滿上百件阿爾班山出土、且業已綴補還原之奧哈撒獨特風格的灰色陶器皿。

溫特認爲，阿爾班山出土的大量城市初期（公元前五百年至公元前二百年）不同形狀及大小的碗，證明人們的飲食習慣突然有了改變。我細看著這些灰色陶器，不禁想到如今墨西哥餐桌上仍然常見的那些小碗盛的辣醬、醃辣椒、酪梨醬以及辛香料末。其中有些比較大的器皿很像薩波特克婦女現在還在使用的陶砂鍋，這種鍋叫作「卡促埃拉」，可用來直接放在煤上燉豆子、辣醬、肉菜及南瓜湯用。

「你想這個是作什麼用的？」溫特問我，拿著一個飛盤大小的盤子，中央立著一個和烈酒玻璃杯差不多大的高腳杯，「看起來像放蠟燭的，可是我想中央這個小杯子是放辛香醬料的。」

「也許是放辣椒粉。」我猜道。

在陳列陶碗的這個房間外頭走道的另一邊，溫特博士從一些硬紙箱裡找出一些陶片給我看，就是憑著這些陶器殘片，人們開始對兩千年前的墨西哥飲食有了一點概念。其中一塊是弧形玉米餅陶鍋，西班牙語叫作 Comal。就是在阿爾班山城市初期，這種玉米餅烙鍋成爲奧哈撒谷地家家戶戶使用的東西。

用來做玉米餅的玉米，必須經過石灰處理。我問溫特是否知道，這種化學加工法是什麼時候在中美洲興起的。他說目前尙不確知，但是有一個巧合値得注意：玉米烙鍋漸漸普及的時候，大約也是大規模建築物逐漸出現的時期。「阿爾班山古建築使用石灰砌牆，」溫特說，「假如說用石灰浸泡玉米的方法是從此時開始，我可一點也不覺得意外。」

陶土烙鍋中央是平的，向外至邊緣漸呈弧形。它的尺寸和形狀都和現今製作奧哈撒玉米餅用的金屬鍋一模一樣。考古學家藉著觀察現代人使用烙鍋的方式，推斷它爲什麼要設計成這種形狀。古時候和現在一樣，做成餅形的玉米糰要放在鍋中央熱的地方烙熟，然後挪到部位較高的鍋壁上靠乾——成爲烤餅。

現代的美洲人愛吃烤餅，是因爲它沾了厚厚的醬汁也不會變軟。在古代的中美洲，它最大的優點是久放不壞。一般玉米餅放兩、三天就會生霉，乾烤的玉米餅卻能放好幾個星期。「乾烤玉米餅算是最老資格的保久食品之一，」溫特博士說，「有了這種食品，阿爾班山的人就可以在行囊裡帶上夠吃許多天的糧。遷徙的能力是那個時代求發展的關鍵，而乾烤餅則是遷徙能力的關鍵。」有了可保久的食物，才可能跑遠路去做買賣、到外地去栽種作物、去參加一連熱鬧幾天的節慶。我聽著溫特說話，腦中又浮起幾天前吃的那個豆糊玉米烤餅。

溫特給我看的另一個（阿爾班山出土的城市初期）器皿，對於墨西哥食品的影響不下於烙鍋。這是圓形的器皿，皿壁厚厚的，叫作蘇奇爾基東谷皿，是按出土處的奧哈撒小村所命名的，它同時也是幾件完整的出土古物之一。溫特指著內壁一處明顯的磨損處讓我看。硬的糧食用石磨碾磨，比較軟的就用這個來搗碎。它的功用和現代的調理機相似，可以把多樣食材一起搗碎製成醬。「我們已經知道古代人有酪梨吃，」溫特說，「因為我們發現了酪梨籽的化石。我們猜想他們也吃剝皮綠番茄（miltomates 或 tomatillos）和辣椒。」器皿上的殘餘物研究將來會提供更確切的古代中美洲佐料醬食譜。

「城市初期在阿爾班山產生的變革是非比尋常的。」溫特說。大規模的建築物、天文學、銘刻的象形文字、烹飪新方法，似乎都是在公元前兩百年產生，並且從古中美洲最古老的城市阿爾班山傳佈到其他文化當中。「阿爾班山之於古代的特奧堤瓦康（Teotihuacán），就好像古希臘之於羅馬。」溫特說。

開車離開庫里班村途中，我感歎著墨西哥飲食的歷史淵源。一般人談到哥倫布以前的美洲烹飪，往往都把重心放在阿茲特克人身上，可是阿茲特克遲至十三世紀才進入墨西哥谷，只比西班牙征服者早三百年。而薩波特克人的飲食革新卻是耶穌紀元以前的事了。更驚人的是，在與外界隔離的奧哈撒村莊裡，至今仍能找到純正古中美洲風味的美食。

古味酪梨醬

兩千年前的酪梨醬可能是這個味道。剝皮綠番茄的酸味正可彌補古人沒有檸檬的缺憾。高山辣椒（serrano）是子彈形狀的綠色辣椒。

許多美國人爲了講究「低脂」，放棄了油煎玉米餅，而改吃乾烤的。這些「新主張」的烤玉米片與源自阿爾班山的烤玉米餅是相同的。

三個大的剝皮綠番茄

二個酪梨

半個高山椒，切碎（用哈拉佩諾椒亦可）

一小盤烤玉米片

在小的深鍋中放四杯水，煮沸。放入剝皮番茄，關火。讓剝皮番茄在沸水中浸五分鐘，或浸至軟化爲止。取出番茄，放入攪拌機打成泥後放入冰箱冷藏。

將酪梨對切，用湯匙挖出果肉。酪梨肉與切碎的高山椒放入大碗中拌勻，加入冷的番茄泥，再拌至均勻。

端上桌配烤玉米片吃。

原載《自然史》一九九九年四月

野中之野

這是在明尼蘇達州中部的沼澤地，我們在綠頭鴨湖（Mallard Lake）上划著獨木舟，船頭在高而細瘦的草莖中間劃開一條路，船過之處水無痕，草莖又緩緩合為一片綠幕。我在獨木舟上站起來看，四周湖面好似綠草如茵的平地。同船的唐・魏鐸（Don Wedll）是「千湖奧吉布瓦保護區」(Mille Lacs Ojibwe Reservation）的自然資源專員，他為我導覽，並解說菰米這種水生草本植物的生命周期。

收割時期菰米籽會掉落在湖水裡，魏鐸說，這些籽在水裡發芽，到了四月就有綠葉冒出來。綠頭鴨湖水深平均三至五呎（〇・九公尺至一・五公尺），菰米生長大約一個月，葉子就高及水面了。到了六月，葉子長得像一條條綠緞帶，會在水面上舖開，這是飄浮期。到了七月初，在空氣中生長的葉與莖開始高出水面，並且開花。此時是七月下旬，湖面看來就像一片綠草地。

八月裡，菰米長出紫紅色的籽實，水面以上的菰米株可以高達八呎（二・四公尺）。籽實在九月間成熟後會「脫落」，從株莖上掉下來。奧吉布瓦印地安語的八月叫作「馬努米尼克・吉契斯」，意思就是「收米月」。昔日的奧族人會在這個時候來到湖畔紮營，白天的時間都在採收菰米並進行處理。

如今的奧吉布瓦族人仍然會到綠頭鴨湖這樣的地方來採收野菰米，兩個人一前一後共乘一隻獨木舟，後面的人站著瞭望導航，前面的用兩根棍子，把菰米株搆向舟身，再將成熟的實粒打在獨木舟的地板上。「奧吉布瓦族的採取方法很沒效率，」魏鐸說，「讓很多野菰米的籽實都掉到湖底，但也提供了下一次的收成。」菰米湖原本是由阿爾岡昆族（Algonquian）的其他部落所佔據，奧吉布瓦人居於東邊的森林地區，十八世紀中葉，奧吉布瓦人才將這片湖沼地區據為己有。

年成若好，明尼蘇達州的湖泊河川菰米總產量大約有一百萬磅（四十五萬公斤）。自然生長的野菰米產量卻不會增加，不但不會增加，野生菰米生長的沼澤地反而正在減少。

魏鐸估計：「這一百年來，菰米沼澤面積大概縮小了二分之一。」興建水霸、水位改變、房地產業開發，以及水質優養化，都影響天然菰米的生長。但曾幾何時，這些湖沼地也曾是豐收驚人的。

「以前的人怎麼吃菰米？」舟行過湖面時我問道。

「怎麼吃嗎？」魏鐸笑了。「可以用水煮來吃，可以放進熱鍋，做成類似爆米花的點心，還可以加楓糖和野莓煮成布丁。但是最爲人們津津樂道的吃法是，與野味小火燉成的菰米濃湯。明尼蘇達州所有餐館菜單上都有這一道，名稱是野菰米湯。只不過大多數餐館用的菰米都不是野生的。」

「你在雜貨店買的那種黑黑的米不是眞正的野菰米。」魏鐸聲明，「在這種湖裡採收的菰米，和人工種出來的菰米差別可大了。」

人工種植的菰米開始上市，是在一九六〇年代晚期。當時明尼蘇達農民在傳統稻田中首度成功栽培出菰米，成熟的菰米可以用收割脫穀機採收。加州的農民於是跟進，不到十年，農民收成的菰米就比野生的收成多了十倍。如今，商店裡賣的菰米幾乎一律是爲出售而栽培的成果。

「在明尼蘇達州以外的地方幾乎不可能找到天然菰米，除非你到印地安保留區去買。」魏鐸說，「我們這兒仍然可以吃到。」

農民種的菰米剛推入市場的時候，售價和手採的野生菰米是一樣的。這種利潤使菰米成爲普及的栽培作物，菰米田的面積大增。至一九八五年，加州栽培的菰米達到八百三十萬磅（約三百七十萬公斤），明尼蘇達的產量有五百萬磅（約二百二十萬公斤）。因爲供過於求，一九八六年的菰米價格慘跌。

菰米成爲栽培作物，對於奧吉布瓦人造成經濟上的打擊，有人認爲奧族人精神上也受了打擊。例如，一九八八年出版的一本《菰米與奧吉布瓦人》（*Wild Rice and Ojibwe People*）之中，小湯瑪斯・弗能（Thomas Vennum Jr.）描述了菰米在奧吉布瓦文化、神話、宗教儀式中的重要地位：「它曾被賦予精神意義，當初被發現也是有許多傳奇故事。它既是糧食，也是儀式中的用品。……因此，許多奧吉布瓦人認爲，非印地安人把這項資源作商業利用是莫大的褻瀆。」

摩特・萊戈（Mert Lego）曾任李區湖保留區（Leech Lake Reservation）奧吉布瓦族菰米總監。他說：「人工栽培的菰米一度使我們關門大吉。現在我們捲土重來了。」爲了要改變人工種植的菰米行銷方式，萊戈帶頭採取過多次法律行動。明尼蘇達州的新立法——也是奧吉布瓦族發起的立法——規定，州境內出售的菰米都必須在包裝上標示「手工採收」或「人工種植」的。其實這還未能符合奧吉布瓦人的要求。萊戈說：「我們一直想禁止他們用 wild 這個字（菰米英文名稱 Wild rice 的字面意思是『野生米』），可是我們無能爲力。其實人工種植的米不是野生的，不過，這其實也不是米，是一種草。」

明尼蘇達大學的農藝學家爾文・歐爾克博士（Ervin Oelke），從一九六八年就與菰米種植者合作，對於名稱之爭十分清楚。他能體諒奧吉布瓦人的立場，並且也認爲用「野生米」的名字行銷人工種植的作物也許有誤導之嫌。可是這個名稱是一個瑞典人在一七五三年間決定的。歐爾克莫可奈何地聳聳肩說：「林奈（Carolius Linnaeus, 1707-1778）叫它野生米，我們還能怎麼樣呢？」

「本來的奧吉布瓦語名字是馬努敏（manoomin），意思是好漿果，」歐爾克解釋，「最初的歐洲殖民者叫它野生燕麥、烏鴉燕麥、水草——好多不一樣的名稱。後來定下來的名字是法語的『野生米』。到了十八世紀，野生米已經是貿易貨物之中一個項目的固定名稱。」

「科學界也有人覺得用『野生米』的名稱不妥，」歐爾克說，「我們作研究的人討論過在『野生』和『米』之間加一條短線的做法，作研究的人擔心的主要是可能造成混淆。因爲，我們如果叫菰米是野生米，那麼野外自然生長的眞正米類植物又該叫什麼？」

林奈拿到別人從美洲攜回的菰米標本後，選定了野生水稻（Zizania aguatica）的名字。北美洲產的其他菰米品種還包括瀕臨絕跡的德州中部流水菰（Z. texana），以及一度在美國南部普遍生長的一種菰米（Zizaniopsis miliacea）。現今植物分類學家區分了明尼蘇達州和威斯康辛州的菰米產地品種，南邊的是植株較高，葉片較寬的水生菰（Z. aquatica），北邊的是籽實較粗短的 Z. aquatica angustifiolia。

菰米是北美洲唯一的原生穀類。一般農作的穀類是用精選過的種子栽種的，菰米本來就是自然生長的，所以一直保持原生品種未變。奧吉布瓦族的發言人爲了區別原生菰米與栽培菰米，曾經聲稱歐爾克等農藝研究者作了基因改造。

「所謂改造，其實是很微幅的，」歐爾克回應，「按確切統計，只改造了兩個基因。」這種基因改造影響的是籽實脫落的性能，改良品種的菰米是農藝學家所說的「籽實不脫落」菰米，結實後留在植株上的時間變長，可便於用收割機來採收。

「各地湖水裡自然生長的菰米基因本來也有差別，」歐爾克說，「老一輩的人會說某些湖裡生長的菰米比較好，有些湖裡的菰米採收起來比較容易。我們曾經提議要研究各個湖裡菰米的品種差異，印地安人卻反對。他們說：『你們只會拿研究得來的資訊去改良你們的栽培品種』。」

「每一次要把一種植物從原生環境拿出來加以利用，就會遇上這種道德上的兩難。」歐爾克說，「身為一個科學研究者，我想知道的是，這種食用植物的適應力會有多強。在氣候冷得不適於其他穀類生長的地方種植它，也許能成為重要的糧食來源。菰米非常適合在天冷的沼澤地生長；甚至可以一路往北到加拿大的北部。就科學的立場而言，這是我們應該使用的資源——這是哲學的觀點。從另外一個角度看，要考慮的是我們想要幫助的人：明尼蘇達州的農民和奧吉布瓦族人的經濟利害。把菰米推廣到全世界，對他們會有什麼影響？」但種子的流向是你沒法控制的，據歐爾克說，如今遠在匈牙利和澳洲都有人工種植的美洲菰米。

匈牙利產的菰米尤其令奧吉布瓦族人不悅，因為產品的包裝上寫著「印地安米」，而且促銷文宣上還有印地安人划著獨木舟的圖片。萊戈說：「我們兩年多前提出法律訴訟，卻一直沒有下文。」

栽種的菰米和野生菰米究竟有沒有品質上的差別？我問魏鐸。為了回答我的問題，他帶我去了千湖保留區賭場的餐館「北方燒烤」(Northern Grill)，這兒可以吃到手採的野生菰米。我點了菰米濃湯和烤魚菰米飯。菰米濃湯很好吃，不過我不覺得和平時吃到的菰米有多大差別。烤魚菰米飯雖然只是白煮的，卻令我大開眼界。米粒有我預料中的核桃香味，但是比我以往吃過的都鬆軟，每一粒都裂開了，裂開的兩邊捲曲，使米粒看來好像一隻隻小蝴蝶。整盤米飯裡沒有一粒是閉緊的。這米飯的質地有義大利麵的那種嚼勁，確確實實是我吃過的最美味的菰米。

「水田種的菰米和湖裡長的菰米的眞正差別，其實只在處理的方式上。為出售而栽種的菰米大都烘乾至發黑為止。印地安人卻說，只有懶人才吃黑菰米。黑掉的菰米比較耐放；煮的時間要比較長，而且永遠煮不軟。」

按傳統的奧吉布瓦處理方法，採收下來的菰米要放在陽光下晒乾，然後用鍋子以文火烘至外皮裂開為止。之後，將菰米放在舖了鹿皮的穴裡，由穿著乾淨鹿皮靴的人來踩，使外殼脫落，這個過程叫作「米上舞」。末了，要把踩過的菰米在空中翻揚，讓風把米皮吹掉。目前仍有少數奧吉布瓦族人用這古老的方法處理菰米，他們稱這種成品爲「家鄉味菰米」，奧族人莫不偏好這種米。

我打了電話向貝絲・納爾遜（Beth Nelson）請教栽種的菰米爲何是黑色的問題，她乃是明尼蘇達州栽培菰米理事會的執行長。她的回答是：「因爲市場需求的是黑色菰米。」人工栽培菰米的主要市場來自銷售混合米的公司，他們指定要黑色。

這個說明也不無荒誕的道理。我自己就曾經在超級市場裡拿起小包裝的混合米搖晃，想要看清裡面的黑色米粒多不多。我想別人一定也和我一樣。假如業者用的是淡色的菰米，即便這種菰米風味更佳，銷售的行情反而會不好，因爲買的人無法一眼就看出來自己花錢買到的東西是不是貨眞價實。

但是野生菰米跟人工栽種菰米的區別眞的就只有顏色而已嗎？難道土壤、氣候以及農業化學藥劑不會產生一些影響嗎？

一位明尼蘇達州的主廚向我打了這個比方：「就像坊間販售的普通雞肉和放養土雞肉之間的差別一樣，阿嬤家後院活蹦亂跳的土雞肉嚐起來當然比一般市售的雞肉味道要好很多。市售栽培菰米的品質可靠，不過如果你想要一點特別的，想嚐嚐我們祖父嚐過的滋味，那就一定要試試野生菰米。」

我微笑地聽著這位主廚繼續他那一番情感澎湃的說法。我還是實話實說：若論味道與口感，我喜歡淡色野生菰米甚於黑色菰米。而我嚐過的栽培菰米又只有黑色的那種，我必須說我還是比較喜歡野生菰米。

煮熟的野生菰米

一杯野生菰米加半茶匙鹽以及三杯滾水烹煮二十五分鐘，煮至軟。栽培米則必須煮上四十五分鐘或更久。

菰米濃湯

李區湖野生菰米公司在每個包裝袋上都附有菰米濃湯的基本食譜。

二杯煮熟的菰米

四分之一杯牛油

半杯切碎的嫩洋葱
四分之一杯麵粉
三杯雞湯
半杯雪利酒（不用亦可）
一杯摻牛奶的稀奶油
一湯匙切碎的荷蘭芹

用三奈特容量（約二・八公升）的深鍋將牛油溶化，加入嫩洋葱，加麵粉攪動。雞湯（與酒）邊倒入邊攪，煮至滾。加入熟菰米。改小火慢炖十分鐘，偶爾攪動。加入稀奶油與荷蘭芹，立即上桌。

原載《美國風》一九九七年三月一日

第二卷　他吃的那個我也要

臭水果

「再吃一點，吃嘛，越吃會越愛吃。」泰國籍的主人們微笑著鼓勵我。面前的盤子上擺著好幾塊軟軟的、淺黃的榴槤，那也是我所吃過最滑膩最甜的水果。我已經吃了一瓣了，只覺一股蛋發臭了的氣味強烈難擋。強忍住要作嘔的反應，我取了第二瓣再吃了一口。

我覺得自己在出醜。我正在泰國前任國防部次長普拉巴蓬・維加吉瓦（Prabhadpong Vejjajiva）府上的大客廳裡，這座富麗堂皇的府邸位於盛產榴槤的昌達布里區（Chanthaburi）的一個榴槤農莊的中央。府邸的名號「巴恩・克拉敦・東」，意思是「金鈕扣之家」。金鈕扣乃是一種成熟期早的榴槤，曾經爲這位前副部長賺了不少錢。有個美國人第一次吃榴槤的消息引來一群圍觀者。整個客廳裡只有我面前擺了一盤榴槤，我膽怯地試吃時有人拿起照相機來拍。

榴槤（荷蘭文叫作stinkvrucht，即「臭水果」）是那種乍看令人厭惡卻有人非常喜歡吃的東西。西方人初嚐榴槤的模樣，是亞洲人眼中十分好笑的事。而我因爲過度自負，使這個笑果加倍。我是身經百戰的美食作家，愛吃熟過頭的乳酪、辣死人的辣椒，而且把吃蟲子、吃寄生於船底的甲殼動物、吃羊腦都視爲職責所在，所以自以爲能在初次品嚐榴槤的情況下當眾吃完一整個。結果很丟臉，我連兩一瓣都吃不完。

榴槤的長相（以及氣味）與我能想到的任何歐洲水果都不像。整個的榴槤果體積和人的腦袋差不多，外皮佈滿堅硬的棕色棘刺，看起來像是一隻刺蝟。光滑而發出臭味的果肉有粉紅、淺黃、橘黃等多種。籽包在果肉裡，果肉區隔爲五個部分。我吃的這種榴槤是有小瓣的，但是有些品種沒有。植物探險家歐提斯·巴瑞特（Otis W. Barrett）曾經形容榴槤散發的香氣像是包含腐爛洋葱、松脂、大蒜、林柏格乳酪，以及某種辛辣樹脂的成份。

榴槤的原產地是婆羅洲和蘇門答臘，大約是在四百年前成爲緬甸重要的貿易商品，並且受到緬甸王室的眷寵。榴槤有上百種栽培的品種，買賣最熱絡的三種是成熟時令早的金鈕扣、成熟期居中的金枕頭，以及成熟期晚的瑪東（Matong）。行家們偏好的是瑪東。

世人所吃的榴槤大多產自泰國和南越。現在亞洲各地的買主卻漸漸指名要買「新加坡榴槤」，這令普拉巴蓬・維加吉瓦以及泰國其他種植榴槤的人相當困擾。據他說，這種情形是精明的行銷策略造成的。新加坡這個小島國供應定單之迅速、送貨不踰期限、能將產品促銷到全世界，可是大大有名的。這也是爲什麼他們向日本及他國銷售「新加坡榴槤」可以寫下這麼好的成績。「其實新加坡根本不產榴槤！」普拉巴蓬・維加吉瓦共憤憤不平地說。

我如果說榴槤是東南亞的熱門水果，還嫌輕描淡寫了些。榴槤在泰國號稱「水果之王」。每年的採收季，來自日本和亞洲其他國家的觀光客就到泰國的榴槤產地參加榴槤之旅和榴槤嘉年華。據我猜想，也許是因爲這些觀光客對榴槤愛不釋手，所以多家航空公司都有著名的「禁止榴槤登機」規定。聽說有些大飯店和大眾運輸工具上也有「榴槤免入」的標示。

在美國的公共場所吃榴槤倒不成問題——目前尚沒有問題。不過美國人也許要有心理準備，說不定哪一天自己的社區裡就會出現榴槤了。按泰國外銷產品部的統計，美國目前已是全世界冷凍榴槤的最大買主，而且榴槤市場正在擴大中。以一九九六年計，美國人在進口冷凍榴槤上花了將近六百九十萬美元。一九九九年的進口量增加到八百八十萬美元。進口冷凍榴槤大多在美國大都市由亞裔經營的市場出售，風味遠不及新鮮榴槤。

截至目前為止，新鮮榴槤進口美國仍然行不通，因為榴槤耐不住必要的檢疫過程。不過，想吃新鮮榴槤的亞裔美國人不必灰心，將來榴槤也許能在美國栽培成功。

正在修讀夏威夷大學（University of Hawaii）博士學位的蘇摩絲克・薩拉佩琪（Surmusk Salakpetch）說，她已經看見榴槤樹在夏威夷生長茂盛的狀況。她目前仍在昌達布里的「園藝研究中心」工作，地點距離金鈕扣之家的農莊不遠。薩拉佩琪也是泰國出版物《榴槤生產科技》的作者之一。她聽說，夏威夷一些舊的甘蔗農莊已有改種榴槤的打算。

假如榴槤農業眞的在夏威夷扎根，我不知栽培的會是正宗榴槤饕客鍾愛的臭氣特強的品種，抑或是美國人比較容易接受的氣味較淡的品種。現在雖然已有無臭味的品種生產上市，卻一直乏人問津。亞洲人還是比較喜歡有股臭味的榴槤。新加坡人和馬來西亞人甚至特別愛吃一種醃過的榴槤，味道比新鮮榴槤還臭。

榴槤的臭味是一種酶製造的。這種酶能分解蛋氨酸與胱氨酸，這兩種氨基酸都含有硫，分解之後變成氣味濃烈的硫化物和二硫化物。爲求進一步理解這些化學成份，我請教了在美國農業部所屬西部研究中心（位於加州）工作的化學家，朗・柏特瑞博士（Ron Buttery）。據他說許多普遍的水果的氣味都含有硫化物。例如葡萄柚就含有微量的。

這種硫化物是現今所知最刺鼻的有味物質。柏特瑞博士在檔案中翻了一陣，找出一份榴槤氣味的研究報告。據該報的研究者奈夫（R. Näf）與維魯茲（A. Velluz）指出，榴槤含有四十三種硫化物。其中主要爲乙基丙基的二硫化物（洋蔥之中亦有）、二烷基二硫化物（大蒜中亦有），以及二乙基二硫化物。柏特瑞還說，臭鼬用的也是類似的硫化物。

我很意外自己會對榴槤有這樣的反應，那作嘔的感覺完全不由自主，想忍也忍不住。一位在美國生活的泰國籍朋友用他自己對乳酪的反應爲例，教我看清了箇中道理。他說，他在泰國渡過的童年時期從未吃過乳製品。對他而言，乳酪的氣味臭到極點，即使他有心要品嚐含有乳酪的食物，卻不能捏著鼻子硬塞。

爲什麼會這樣？某些文化中生長的人所喜愛的臭味食物，爲什麼會令在另一些文化中生長的人感到噁心？我拿這個問題請教保羅・羅曾博士（Paul Rozin），他是賓州大學（University of Pennsylvania）教授，專研生物文化形成的飲食習慣及其好惡的心理學。

「榴槤和藍黴乳酪都有腐爛的氣味，讓大多數的人感到厭惡。」羅曾博士說，「但是這種反感不是與生俱來的。我認爲，這種作嘔的反應是每個人在可能像是幼兒期受大小便訓練的後天學習過程中養成的。」他指出，嬰兒會玩自己的排洩物，一般動物也不會對糞便特別反感。我們在社會化的過程中學會厭惡有腐敗氣味的東西，如果又臭又稀軟——像藍黴乳酪和榴槤果肉，反感就格外嚴重。

羅曾又說，許多文化中都有少數幾種有腐敗臭味的東西成爲人們偏愛的美食，這又要令人費解了。例如歐洲人愛吃乳酪、亞洲人愛吃腐魚醬和榴槤、伊努伊特人（Inuit）愛吃放臭的鯨魚肉，這些東西雖然難聞卻不難吃。食物本身並沒有氣味散發的那種腐壞性質，所以吃的人會覺得是享受——是吾人生理反應說不，頭腦反應卻說ＯＫ所帶來的享受。羅曾稱之爲「心理駕馭生理的經驗」。

「所以這是尋求刺激的行爲了？」我問。

「這當然和尋求刺激相關，」他說，「但是尋求刺激只說出過程，沒點出原因。」

「那麼原因是什麼？」我又問。

羅曾說，許多事物是乍看時會想避開的，可是人類總能對這些事產生強烈的喜好。像是坐雲霄飛車、看悲傷的電影，以及吃藍黴乳酪和榴槤。

「是我們自己瘋了，」羅曾咯咯笑了，「還有什麼好說的？」

原載《自然史》一九九九年九月

天國的滋味

康吉鰻羹之頌（聶魯達著）

在風暴搖盪的
智利
海
住著玫瑰色的康吉
巨鰻

生著雪般的肉。
在智利的
燉鍋裡，
沿著海岸
誕生了燴魚羹，
濃而鮮美
是人類得的恩賜。
你拿一條康吉鰻，剝了皮的，
到廚房裡
（它斑駁的皮脫下
像一隻手套，
離開海的深紫
暴露在世界前），赤裸的，
柔軟的鰻

閃爍著，
準備好
伺候我們的胃口。
現在
你拿
大蒜，
先，撫摸
那寶貴的
象牙色，
嗅
它發怒的芳香，
然後混入剁碎的蒜
與洋蔥
和番茄

直到洋蔥
是黃金的顏色。
同時蒸起
我們華麗的對蝦
等到
它們
軟了，
當味道
沉入湯汁
融合了
海的烈酒
和洋蔥的明亮釋出的
清水，
你便放入鰻

使它能浸入光輝
能漬入
鍋中的油中，
皺縮而飽和了。
現在就只剩下
滴一團奶油
進入這一鍋
沉重的玫瑰色，
然後緩緩地
送
這寶物到火上，
直至魚羹
溫暖了
智利的精華，

到桌上，
剛剛結合的，
陸與海
的味道，
從這一道羹
你便能認識天國。

從遠處看，碼頭上七十多艘木質漁船上下顛動的景象就像一個只有三隻蠟筆的小孩子著色的圖片。每隻船都是船身淺黃、甲板是矢車菊藍、鑲邊則是綠的。這是契洛埃島（Isla Chiloé）北邊海岸的安古德鎮（Aicud）來的漁船的識別色。

我走過碼頭，迎面遇上的是一頭愛爾蘭獵犬在那兒打哈欠，伸懶腰。水面平靜，晨霧和海水一樣是灰色。我站著張望，一隊潛水伕走來，每人都拎著一個調節閥和一隻裝了麵包和檸檬的塑膠袋。

有人招呼我上船。我踏過另外三條船的藍色甲板，躲過燃燒木頭的陣陣白煙，才走上這條命名「瑟巴斯琪娜」（Sebastiana）的船。大副邀我一起到主甲板下面的小艙裡，這兒有一個大肚子的爐子，他撥了爐火，燒起一壺水。在啓動引擎或檢查壓氣機之前，必須先打理第一件要務：煮咖啡。

船上的兩位潛水伕覺得好玩又好奇地打量著我，搞不明白我爲什麼跑到南智利這個偏遠小島來和一艘撈蛤的船出海。大副遞給我一杯咖啡，撈蛤的船隊陸續出航了，我便試著向同船人員說明自己跑到安古德來做什麼。我的西班牙語並不靈光，其實就算讓我用英文解釋，也不見得能講得多麼明白。

我到這兒來的眞正原因是聽多了海鮮的故事。開端是在幾年前，一位南美藉的朋友把智利的海鮮捧到天上。「那是全世界最好的，」他說得信誓旦旦，「各式各樣的魚、蛤蚌、蝦、螃蟹應有盡有，很多是你從來沒見過、從來沒聽過的。」聽著他講，我腦中浮起《海底兩萬哩》（*20,000 Leagues under the Sea*）之中的那些奇幻動物，好像每一個看來都很美味。

又認識了一位從火地島（Tierra del Fuego）回來的朋友，他放了智利漁人的幻燈片給我看，談起靠智利這邊的巴塔哥尼亞（Patogonia）有個小村子，村民的生計全靠採集一種叫作「皮可洛可」的貝類來維繫，這皮可洛可乃是人間美味，全世界只有那個地方有。我要他形容一下它的模樣。「看起來有點像介乎螃蟹和藤壺之間的東西，」他說，「可是味道比較像龍蝦。」

之後不久，我就瀏覽各種智利旅遊指南，看到其中描寫的那些養蠔場，那些美妙的叫作「庫藍多」的海鮮野宴——各種蛤蟹放在地上挖的一個大洞裡蓋上葉子燒來吃，我就垂涎三尺。

然後我就看到了聶魯達的這首食譜詩〈康吉鰻羹之頌〉(Ode to a Caldillo de Congrio)。全詩寫的是一道樸素的農民魚羹，結尾卻說「從這一道羹／你便能認識天國」。我再也按捺不住了。假如眞有一個人間的海鮮天堂，上天爲鑑，我是非去走一遭不可的。

剛抵達聖地牙哥的時候，這個城市之美差點讓我偏離追求海鮮的軌跡。古老的西班牙式建築和優雅的公園，都令我想到巴塞隆納，不同的只是聖地牙哥市四周環繞著安地斯山脈的雪峰。路邊咖啡座上有衣著考究的美貌女士，朝著駕駛本田Acura和ＢＭＷ而過的英俊青年拋媚眼。

拉丁美洲國家的首都以往給我的印象都是窮苦與富裕並行、犯罪猖獗、公共設施破舊。這種先入爲主的觀念，使我在毫無心理準備的情況下面對這麼富饒優美的一個拉丁美洲都市：聖地牙哥是忙碌卻又整潔的，有衝勁卻近乎無犯罪的。

腹中的咕嚕作響教我很快就把市中的美景拋到腦後，想起我的晚餐之約。我與聖地牙哥的幾位頂尖美食專家都有共餐之約，此乃是我的一項戰略。當晚我來到熱門的餐館「阿基・埃斯達・扣扣」(Aguí Está CoCo)，與智利首席的餐館評鑑者羅拉・塔碧亞 (Laura Tapia) 同桌。談話中，她指點我在聖地牙哥該去什麼地方吃、該點些什麼吃。

此刻在餐館裡，我已不必等她指點我，開口就點了「皮可洛可」的開胃菜。端上來的一盤是條狀的海鮮肉配牛油醬汁，肉上面還架起兩隻鉗爪似的突出物。我舉叉吃了一口那白色的、有龍蝦風味的肉條，一面觀看著這兩隻附屬物，猜不出活的整隻皮可洛可會是什麼樣子。但是我已經可以確定，長在這對鉗子上的豐腴白肉是我新添的最愛。

「這是爪子嗎？」我問塔碧亞。

「不是，是尖嘴。」她答。

「皮可洛可長得什麼樣子？」我再問。

「嗯，它們是住在小公寓裡的。」她再答。顯然是翻譯沒弄對意思。我看著那尖而彎的嘴，想著小公寓，猜不出皮可洛可的長相。

塔碧亞從她自己的盤子揀出一個蠔給我。

她說，世間如果眞有海鮮天堂，不會在聖地牙哥，而是在更南的契洛埃島，這蠔就是契洛埃島來的。「注意它個頭小，肉唇是黑的。」她說，「這種蠔是全世界最好的。」蠔肉非常好吃，但是我因爲塞了一嘴的牛油醬汁皮可洛可，品味不出它的妙處。

我按照塔碧亞的指示，吃遍聖地牙哥一家家頂級餐館。我嚐到了「婁可」——即南太平洋的鮑魚；「仙多拉」——阿拉斯加的大王蟹；「藍戈斯塔」——智利龍蝦，每一樣都好吃，但是和我在北半球吃過的沒有多大差別。

全新的經驗不多，其中之一是「瑪恰」，即一種味道甚猛的紅肉淡菜。可惜智利烹調習慣是加乳酪烤來吃，讓帕爾瑪乾酪（Parmesan）掩蓋蛤肉的衝味。倒是在一家餐館吃到一客瑪恰濃湯，衝得過癮，很讓我的味蕾痛快了一回。

這道湯雖然精彩，我仍期待嚐些更不一樣的。

「你愛吃酸橘汁醃魚嗎？」雷內・阿克藍（Rene Aklin）問我。雷內原籍瑞士，是聖地牙哥的一位名廚，也是智利鮭魚養殖的先驅人物。智利的養鮭業只有十來年歷史，如

今卻是全世界第二大的，每年出口鮭魚超過一億六千五百萬磅（約七千四百餘萬公斤）

雷內身材厚壯，態度樂天，愛用英語講笑話。他約我在一個開在私人住宅裡的小館「安娜瑪麗亞餐館」（Restaurant Anna María）吃午飯，在這兒他點了酸橘汁醃魚和一瓶智利釀造的索維儂白葡萄酒（sauvignon blanc）。

「這個很好吃。」我邊吃邊說，語氣不很欣喜若狂，那是因爲我在德州家裡一天到晚在吃橘汁醃魚。我忍不住說出了心裡的話：菜單上沒有特別的、我從未見過的東西嗎？

雷內眼睛閃閃發光，他招呼女侍過來，點了一個「艾利佐」。端上桌來的是一盤看似駝鳥舌頭的東西，濕濕的、紅紅的、尖尖的、滑滑的，我伸叉子去取，那東西便溜來溜去。好不容易送了一塊到嘴裡，我嚼著。味道像無機物，有金屬似的苦味，卻有義大利冰砂入口即化的質感。雷內頑皮地看著我的面孔，帶著「活該你自找」的笑容說：「是海膽。好吃嗎？」

「不好吃？」我說了老實話。就在這時候，女侍從我們旁邊走過，她手中的托盤熱氣騰騰，人已走過，濃香不散。雷內也聞到了香味，我和他一同轉望著，就好像那女孩是磁鐵似的。

是大蒜、橄欖油，還有引人好奇的魚味加在一起的香。雷內伸長了脖子，然後滿臉笑容地說：「啊，這下可有你從來沒吃過的東西了。」他伸出手指比手勢，女侍走過來，他便了一碗「普伊斯」。

普伊斯端上來，是用小陶碗盛著，碗裡滿是熱呼呼的橄欖油，還有蚯蚓似的東西。「是幼鰻。」雷內又忍不住笑了，一面就叉起滿滿一叉子的鰻肉。我也舉叉子取，但動作比較斯文，先嚐了小小的一口。

太棒了，味道像胡瓜魚，鬆脆，有蒜香，調味清淡。我隨即大口大口地吃，努力不去細看透明魚體的五臟六腑。

雷內被我對鰻肉的熱烈反應感動了。「你何不到聖地牙哥的大市場魚販攤子去看看，」他說，「平常看不到的東西那兒都有，你也可以到波多蒙特（Puerto Montt）和契洛埃島去走一走，看一下智利的海鮮產地。」

星期六早上，陽光從鑄鐵的穹窿頂樑斜射下來，使聖地牙哥中央市場的大廳浴在溫柔的光線裡。我看著魚販把貨物從卡車上卸下來，擺開攤子，展示出教人嘆爲觀止的多樣智利漁產。

我只覺得自己好像在觀察外星來的海洋動物。一排排數不清的攤子上有大王蟹、紫蟹和龍蝦、各式各樣的蚌蛤，以及三種顏色的康吉鰻。海膽、泥巴塊似的貝類、數十種魚類都堆積如山。雷內給了我一份各式魚鮮的譯名對照表，但是眼前有很多是根本沒有英文名稱的。

終於，我來到一個滿是皮可洛可的攤子。我當下就明白了「住在小公寓裡」的意思。皮可洛可原來就成群附著在岩石上或船底的藤壺，體積比我以往所見的同類東西大，卻是這種藤壺類無疑。柱形的甲殼寬有三吋（約七公分半），殼的開口處伸出我先前見過的那個尖嘴。我原本誤以為是鉗子的兩個彎的尖端，現在看來倒像一對暴牙，尖嘴的中間飄揚著一條長長的羽毛般的東西。

「樣子很奇怪，是不是？」魚販用西班牙語對我說，一面愛憐地捏捏那尖嘴。這隻皮可洛可立即把原來伸出來的嘴縮回殼裡。我吃過的那白色條狀的肉，就是藏在這長條的、骯髒的、形狀不規則的、鈣化的殼裡。我想從記憶中找出和皮可洛可相似的東西，結果只想到雪歌妮・薇佛（Sigourney Weaver）在《異形》系列電影裡戰鬥的那個怪物的嘴巴。

我在這皮可洛可攤子前面站了半個鐘頭，呆呆看著那數以百計的尖嘴伸出來縮進去，那怪狀的羽毛似的舌頭向我招展，我簡直像被催眠了。

終於，我的目光又被一位衣著漂亮戴著便帽拿著手杖的年長紳士吸引過去。他站在一個賣「艾利佐」的攤子前面用早餐，攤子老闆把一些海膽的硬殼敲開再遞給他，他便用手指把海膽肉摳出來，津津有味地吃著。他面帶微笑地邀我分享，我雖然已經知道自己並不愛吃那東西，仍舊吃了一些。也許我以後會吃慣這種味道，但此刻仍覺得像在吃碘酒冰砂凍。

我想找些別的味道把留在嘴裡的苦味去掉，便逛到市場一角擺了桌椅的地方，點了一杯濃咖啡。這個飲食店叫作「奧古斯都店」(Donde Augusto)，雖然是早上，許多桌位上都坐了穿著晚禮服的人們，吃著魚羹生蠔，喝著啤酒。

「那是一般的早餐嗎?」我問侍者。

「不是，是對付宿醉的藥，」他微笑著說，「那些人是在外面玩了一整夜的。」

我在魚市場裡再逛了兩、三個鐘頭，才返回「奧古斯都店」來領教他們的午餐招牌菜，其中之一就是聶魯達說的「康吉鰻魚羹」。

這道熱羹，有洋葱、大蒜、辣椒和大片燙煮的鰻肉，是我在智利吃到的最得意的美食之一。也許是聶魯達的詩使我吃了有如登仙界之感，但我完全擁護他的看法。

我正在筆記本上寫著感想，一位魁梧的白髮男士走來與我同坐。他是奧古斯都・巴蓋茲・撒里納斯（Augusto Vasguez Salinas），人稱「唐・奧古斯都」，是這家飲食店的老闆，因爲經驗老到，所以也是聖地牙哥市最懂海鮮的人士之一。他在聖地牙哥中央市場工作了四十年，十一年前開始經營這家館子。

「智利海鮮的風味是舉世無雙的，」他讚道，「我們的海岸線有三千哩（四千八百餘公里），海產種類比世界上任何國家都多。

「你在聖地牙哥市看到的海產種類是最多的，因爲聖地牙哥付得起最高檔的價碼。可是聖地牙哥不靠海，你要想體驗正宗的智利海鮮，就得趕在剛撈上來的那一刻吃。明天你就搭飛機到南部去，跟著漁船一起出海。」

我聽得連話也答不上來，腦中想著自己坐在一條智利拖網漁船甲板上吃生鮨魚壽司的模樣。這時候唐・奧古斯都已經叫侍者取來他的大哥大。

結束手機上的談話後，他對我說：「都安排好了。明天早坐飛機到波多蒙特，我的朋友海米（Jamie）會去接你，然後帶你去逛契洛埃島。」

契洛埃島是智利文化的泉源。西班牙人征服了南美洲人多數原住民族群後，這兒仍有很長一段時間一直是印地安人文化的重要據點。這兒的印地安原住民至今仍然沿襲祖先的習俗，以撈捕蝦蟹等維生。幾百年前，契洛埃島的居民只需等潮水退去，便可拾回要多少有多少的蟹蛤等。如今海邊的蛤床和淤泥灘早已枯竭，必須靠潛水者入海去撈了。

昨天我去了契洛埃南邊海岸上的小鎮蓋雍(Quellón)。鎮上的大街就像以前西部片中的荒涼小鎮，拴在斑剝木造店鋪門前的馬兒迎風搖晃，呼出來的氣在冷空氣中變成白煙。大街只有一側蓋了房子，這些房子面對的是一道防波堤，堤下是一大片漁船停靠區。停靠這兒的船隻都在以南上百哩的群島區裡作業，其間有上千個小島都是杳無人煙的。

從蓋雍回來的途中，我造訪了契洛埃的新類漁民。「契洛埃漁海」（Pesquera Mar de Chiloé）是一個長條海水灣裡的鮭魚養殖場，漁民們拉起其中一個養殖欄，讓我看裡面的一群銀色鮭魚苗。每個深水養殖欄裡有六千條魚苗，用的是挪威太平洋鮭卵，在南半球養殖達兩年後，平均每條可達九磅（約四公斤）重。

環保人士一向不贊成養殖漁業。鮭魚養殖者卻說，養殖漁業可以防止世界海洋大規模的過度捕撈。養殖漁業或許是未來的風潮，契洛埃島印地安人的採集蝦蟹貝類的文化卻依然故我，相形之下，呈現奇特的對比。

海米帶我逛過一遍後，就帶我回他家裡享用傳統的契洛埃盛餐。他的岳母和夫人做了一道遠近馳名的智利海鮮「庫藍多」：蛤蜊、淡菜、豬肉、香腸、雞肉、馬鈴薯、肉餃全放在一起蒸食，讓各種香氣融成一鍋無醬汁的炖湯。這道菜和美國新英格蘭地區的戶外燒蛤，都是早期歐洲殖民者向原住民學來的烹調法。上菜時，每人都有一碗稀的「沛布勒」醬汁配著吃。醬汁是用檸檬汁、水、洋葱、芫荽葉、細香葱、辣椒做的；用湯匙舀著像喝湯一樣地享用。

海米雖然覺得我爲海鮮著迷的態度有點怪，他卻是位好心周到的導遊。第二天早上他送我到了碼頭，便把將與我同船的人拉到一邊說明我的狀況。他們的反應有的是不以爲然，有的幾乎憋不住笑出聲來。採集蟹蛤是這些人的日常生活，有人要爲這件事跨越南美洲跑到這兒來，他們覺得匪夷所思。

總之，現在船到了海上，潛水者下到二十呎（六公尺）深的水中去工作，我們坐在隨波浪起伏的船上等候。大副在艙裡看電視播出的遊戲比賽節目，我在前甲板上晒太陽。想到昨天吃的庫藍多，蛤蜊有香腸味，香腸有蛤蜊味，我嘴裡湧起唾液。我這才想起，今天早上沒吃早餐，我餓了。

我可以看得出來潛水者在水中的位置，因爲他們呼的氣吐成深綠色的大泡泡浮上水面。他們不帶深潛的呼吸器，不穿浮力背心。他們和舊式帶頭盔潛水的方式一樣，空氣管連接到船上的氣壓機。

「瑟巴斯琪娜號」的底艙裝了幾百磅的蛤蜊之後，潛水伕又在採一些我聽也沒聽過的海產。天空已經變藍了，太陽驅散了晨霧，安吉德來的船隊已經開始調頭回碼頭了。

終於，潛水的人們浮上來，把他們採獲的東西往船上抛。他們採來的是在聖地牙哥魚市場看過的好似泥巴塊的介殼類，一簇簇的。大副說它們是「皮烏雷」，並且幫我在筆記本上寫了 piure 這個陌生的字。我摸了它們，有點像硬掉的海綿，按下去有一點點軟度。

我們的船收好裝備，和其他的船一同調轉回碼頭的方向。這時候大家都拿著檸檬和麵包聚攏來。他們把蛤蜊撬開，灑上檸檬汁，吃起生猛海鮮。這些剛離海底的蛤肉，涼涼的，加上海水的鹹和檸檬的酸，肉質鮮嫩而清脆。有人把「皮烏雷」一切兩半，棕色的外殼裡面有幾枚較小的蛤，每枚裡面有一小團鮮紅的肉，潛水伕們都毫不猶豫把它拋進嘴裡。然後，他們邀我也嚐一嚐。

這味道很衝，雖不像海膽那麼苦，卻有奇特的刺鼻魚腥。「死人也給熏活過來啦！」有一個人用西班牙語說。我也有同感。我連吃了兩個大蛤，想把皮烏雷的味道壓下去。可是隨後又吃起皮烏雷。他們問我是不是喜歡上這味道了。我笑著答，肚子餓了，什麼味道都愛。

我來到這兒，是爲了尋找不一樣的味道。現在卻覺得品嚐新鮮味道不是多麼重要。和這些現代採蛤人共度一天的經驗，比吃到他們採來的任何奇特海產都更新鮮、更教人興奮。

我們和其他漁船並排回航，一面吃著蛤蜊和皮烏雷，順手把蛤殼扔回大海。頭頂上是巴塔哥尼亞的碧藍天空，一波波卷雲遠望好似白浪。契洛埃島綠絲絨般的崖岸就在船右舷幾百米之遙，每有巨浪拍岸，那綠色就閃爍點點。

在平靜的灰色海面上，滿載蛤穫回航，這單純的日常作業使我體驗到的古老文化洗禮，和我腳下的柴油引擎震顫是一樣實在的。我想聶魯達的魚羹頌就是採蛤人的謳歌。我望著他們，濕濕的潛水服還穿在身上，正吮食著海水般冰涼的蛤肉。我深刻體會到我所嚮往的「天國的滋味」，原來就是別人每天都在吃的那一頓午餐，這正是神的賞賜啊！

原載《美國風》一九九六年一月十五日

仙人之果

我在蒙特瑞往墨西哥市的直達火車「巨山號」（El Regiomontaño）上醒來，火車正爬上聖路易波多希（San Louis Potosí）郊外的山坡。我拉開臥舖的窗帘，早晨的陽光逼得我瞇起眼睛。這乍來的光亮，把窗外的景象像照片般印入我的記憶。只見一位穿著白衣的農人朝著火車望，他背後是梯田般整齊的仙人果農地，一株株樹木高度的仙人掌沿山坡排成行，斜射的朝陽下，鮮綠的圓形莖片和胖胖的紫色果實都在發亮。

幾天後，我在墨西哥市佔地廣大的「優惠市場」（Mercardo Merced）逛著參觀農產品，那張照片又在我的記憶中出現。一位女士站在那兒，旁邊整齊堆成一大落的，都是仙人果枝幹上採下來的一個個厚莖片，總重大概有幾百磅。這位女士戴著橡膠手套，用一隻削馬玲薯皮的刮刀耐心地刮著厚圓片上的刺。

仙人掌莖在美墨邊界兩邊通用的名稱都是nopalitos，可以當蔬菜食用，一般做法是與洋葱、大蒜或乳酪同炒。不過，炒來吃之前，必須加以處理，把一簇簇的小刺刮乾淨，這些刺的末端還帶著鉤。

我在旁邊的菜攤子上買了一顆紫色的仙人果，這是已經除了刺的，中間也切開，吃起來很方便。墨西哥人稱仙人果爲「土那」(tuna)，它的味道有點像香瓜，果肉裡面有很多籽。我嚐了之後才知，急忙想把籽吐在紙片裡，引起四周的仙人果販子一陣大笑。一位滿臉是笑的土那販子用啞劇的動作示範給我看：籽不能吐掉，要嚥下去。這些籽並不小，而且嚼不碎，結果我只得像吞藥丸似的硬嚥下去。

回家途中，車子駛過南德州仙人果叢生的廣大地區，我又想起那農人在仙人掌田中的身影。我在德州墨西哥風味的館子裡吃過土那餡的墨西哥捲餅，也在一些超級市場裡看過仙人果，但是從未在美國見過仙人掌農莊。美國有這種農莊嗎？抑或是，德州即便到處長著仙人果，卻要向墨西哥進口？

到家後，我撥了幾個電話，打聽有沒有人了解仙人掌農業。農產業界的朋友推薦了一位傑・麥卡希（Jay McCarthy）。他是聖安東尼奧市的一位主廚，據說他正在用仙人果和仙人掌莖片創新菜式，打算出一本仙人掌食譜，餐飲業已經有人稱呼他「仙人掌大王」。所以我便在夏末時節來到聖安東尼奧拜訪他，聽他講講爲什麼愛仙人掌成癡。

麥卡希是瘦高個子，一頭捲髮，講起這故事連他自己都覺得好玩。他是在牙買加長大的，那兒的酒吧和餐館當常會擺出盛著蘭姆酒和水果的大玻璃瓶，既是裝飾，也是用來調潘趣酒的材料。麥卡希在聖安東尼奧的河濱道（River Walk）開的餐館也是這樣裝飾，他用的是大約五加侖容量的大玻璃瓶，既然位處美國西南部，他覺得不妨用墨西哥龍舌蘭酒取代蘭姆，最適合泡在龍舌蘭酒之中的水果，自然就是非仙人果莫屬了。

於是他訂購了幾箱土那。紫色的土那在龍舌蘭酒裡泡了沒幾天，就把酒液染成深的腥紅色，在有陽光的吧檯上煞是好看，麥卡希用這帶仙人果味的龍舌蘭酒，加上打成泥再濾渣的果肉，成爲血紅色帶酸味的雞尾酒，令他十分滿意。他將這冷凍仙人果調成的瑪格麗特雞尾酒（margaritas）命名爲「仙人掌麗特」，並且列入菜單。

這客雞尾酒很快就成爲全聖安東尼奧的熱門話題，麥卡希的餐館每星期供應的仙人掌麗特可能多達一千五百杯。所以他每星期需要用五十箱每箱十五磅（六・七公斤）重的仙人果。在墨西哥仙人果採收季的七至九月，這不成問題，每箱售價只在十二至十五美元之間。但是，旺季一過，一箱可以貴到六十美元，而且還不一定買得到。

可是麥卡希非得找到仙人果不可。於是他去找其它的貨源，而且探聽到彼得・費爾克博士（Peter Felker）。費爾克在國王城（Kingsville）的德州農業機械大學（Texas A&M University）任教，正在研究如何使仙人果成爲德州的商品作物。當時他已經協助農民實栽農機大學研發的無刺仙人掌莖的新品種。

麥卡希告訴我，費爾克每年主辦一次對仙人掌農業有興趣人士的座談會。再過幾星期就是今年的座談會了，按麥卡希的意思，我既然想多了解仙人掌的栽培，就該去參加。因此，到了開會的日子，我開車來到國王城，客串了座談會一員，在會中還認識了來自以色列、墨西哥、南美洲的仙人掌專家。

我在會中得知，仙人掌果雖然是世界各地半乾旱地區（年雨量在十至二十英吋間的）的食物來源，美國的相關科學研究卻大多以如何消滅這類植物爲主。費爾克的仙人掌座談會走的是另一種方向，他邀集了農民、牧場主人、科學家、餐飲專業人士，一起把仙人掌當作一種農產品來研究，而不當它是礙事的東西。

羅伯・米克（Robert Mick）是來自辛頓（Sinton，在德州南部港市 Corpus Christi 的郊外）的農人，他說：「我剛種了十畝的食用莖仙人掌。八十年前，我爺爺曾經耗了十天功夫清除我家農地上的仙人果，現在我倒要種它。」種仙人果是不需要上乘農地的。農民會對栽種仙人果感興趣，主要原因就在於，次等土地種別的作物會失敗，種它卻能成功。甚至在貧瘠的、多岩石的土地上栽種，每畝地也能有多達一萬八千磅（八千一百公斤）的收成。

「我覺得前景大好，」費爾克對我說，「畢竟德州有七千萬畝的仙人果是自然生長的。我們已經在研究十多種會結果實的仙人掌，要看看哪些品種最能耐過德州的冬天。」

座談會期間，費爾克博士和尤洛吉歐・皮米彥塔博士（Eulogio Pimienta）到德州農機大學的實驗農地去巡查，我也跟著去了。皮米彥塔博士是墨西哥的瓜達拉哈大學（University of Guadalajara）的生物學系主任，也是一位仙人掌遺傳學專家。兩位博士切下仙人掌莖查看病害原因。

「人工栽培仙人掌在墨西哥有多久歷史？」我問皮米彥塔博士。

「據人類學家估計，大概有六百年吧。」費爾克幫我翻譯道。我注意到，他們兩位工作中手指一再被刺扎到。

「你們一年之中扎進肉裡的仙人掌刺一共有多少?」我請教兩位專家。

「數也數不清,」費爾克說,「我們應該教一般民眾的是,怎樣把扎進肉裡的刺拔出來。要用鑷子夾出來!你用手指捏住它的時候,第一個念頭會是想用牙齒把它咬出來。假如你眞的去咬,結果很可能就扎到舌頭。這種錯你犯了一次就學乖了。」

目前費爾克仍在尋找能耐華氏十度低溫的結果實仙人掌品種。這也許得花上好一陣時間,原因之一是,要實驗的墨西哥仙人果品種太多了。有白色、淺黃色、紫色、粉紅色、綠色果實的,都十分普遍。截至目前,費爾克博士要實驗無性繁殖的就多達一百三十種。

爲了要舒緩農業要務的嚴肅氣氛,鎭上還特別在座談會後舉辦仙人掌烹飪比賽。因爲我是美食評論家,所以也被推出來幫忙評審。參賽者做得不好的很少(例如有仙人掌莖配罐裝炸洋葱和罐頭湯的),大多數的菜式都相當好,最出色的是一道仙人掌莖與柳橙、墨西哥涼薯拌成的沙拉。其他奪魁有望的如仙人掌莖餡餅,味道很像酸的蘋果派。以及一道蝦與仙人掌莖配番茄醬的燉菜。仙人掌莖的口感有一點像四季豆,但吃後口中留有宜人的酸味。我本來期望有人用仙人果做燉菜，但是沒人這麼做。

事後我們坐在大眾公園的野餐桌位上享用仙人掌美食，我終於為自己的疑問找到答案。美國究竟有沒有仙人掌農莊？有的，而且不僅僅限於無刺無果實只食用莖片的品種。我在墨西哥從火車窗口看見的那種仙人果園，美國也有。這令我意外，但更意想不到的是美國人栽種仙人果的緣起。

「西南部的人大都以為，吃仙人果的全是西班牙裔。」吉姆．馬拿塞羅（Jim Manassero）說，他是加州的「達里戈兄弟農產公司」（D'Arrigo Bros）的執行副總裁，「其實不然。義大利人從十六世紀起就開始種植仙人果，樹苗是水手從美洲帶去的。義大利語叫他印地安無花果（fichi d'india），在西西里是非常普遍的水果。」

達里戈兄弟農產公司是二十世紀初期在波士頓成立的，創辦人是在義大利移民社區推小車賣水果蔬菜的兩兄弟。後來生意興隆了，到一九五〇年代，兄弟中有一人到加州收購農地，為的是要種植義大利顧客需求量大的花椰菜和仙人果。那時候美國農人還不種植這些作物。

仙人果的生長季長達兩百七十天，如今加州仙人果田每年的收成量在三百萬磅（一百三十五萬公斤）左右，主要都是賣到紐約、波士頓、多倫多的義大利社區。因爲需求量大，仙人果田的面積正在擴大。

此外，西南部烹飪風興起以來，仙人果也開始突破族裔文化的局限。會出新點子的主廚示範過仙人果瑪格麗特、涼拌醬、果凍、冰砂之後，大家都想在家裡自己照著做。生產果汁的努德森（Knudsen）推出的「萊姆仙人掌飲」（lime cactus quencher），已經把仙人果帶入主流市場。這種果汁是用淺黃仙人果製作，據努德森的一位發言人說，它的口味很像瑪格麗特。

來自洛杉機的農特產品批發商凱倫‧卡普蘭（Karen Caplan）認爲，仙人果有可能繼奇異果之後帶領美國的新一波水果風尚。不過她贊成先改名字。奇異果本來的英文名稱是Chinese goosberry（意即「中國醋栗」），改了新名字之後才成爲市場上的寵兒。仙人果的英文本名是prickly pear fruit（即「刺梨果」）。她認爲，刺梨果、土那、印地安無花果等名字，都不會在美國造成流行。

卡普爾建議，爲使仙人果聽來更具吸引力，農民以後應該改cactus pear（字面意思即「仙人掌梨」）。至於仙人果裡的那些硬籽該怎麼處理，這位行銷專家沒說。

麥卡希的仙人掌麗特

十顆大的紫色仙人果
一瓶（七五〇毫升）龍舌蘭白酒
碎冰
萊姆
橘味烈酒（三次蒸餾）或橘味白酒（Cointreau）

仙人果去皮後，放入大玻璃罐，倒入龍舌蘭酒，將仙人果完全蓋住。輕蓋好蓋子，放三至四天。

每杯瑪格麗特用一顆仙人果。果肉打成泥，濾去籽，將籽丟棄不用。

濾好的果肉放入調酒器，加入二分之一碎冰，二量杯（一．五盎司）泡過仙人果的龍舌蘭，一量杯的橘味烈酒或是白酒，一個萊姆的果汁。調好後即可飲用。

原載《自然史》一九九六年六月

玫瑰本色

菜端上桌，我的女客輕輕驚歎了一聲。再過幾天就是情人節了，我今天做的是鵪鶉配玫瑰花瓣醬。羅拉・艾斯基弗（Laura Esquivel）的小說《巧克力情人》（*Like Water for Chocolate*）使這道菜大大有名。書中的墨西哥女廚師蒂塔（Tita）做出來的每一道菜都是她的情緒表露，她就是用她不該愛的情人佩德羅給她的玫瑰做出醬料的。我做這道菜時，覺得自己有點像在調製巫婆的魔法藥。其中法力最強的就是紅玫瑰。

以花爲食材的烹飪並不稀奇。其實，花常常是必不可少的材料。普羅旺斯魚湯（bouillabaisse）如果不放橘黃的番紅花絲，就不能叫作普羅旺斯魚湯了。酸辣湯不放金針，味道也會大打折扣。在紐奧良，敬業的酒保一定不會忘記在端上拉摩斯杜松子酒（Ramos gin

Fizz）之前添一點橙花水。但是，上述這些餐飲之中看不見眞正的花。《請勿吃雛菊》（*Please Don't Eat the Daisies*）這本食譜上就曾經說過，把整朵花放進嘴裡實在有點奇怪。

大嚼玫瑰花尤其會覺得奇怪，因爲玫瑰的浪漫意涵太濃了。男人送女人玫瑰的時候，大概不會預期她用這玫瑰來做沙拉。事實上，玫瑰在古代就是可以當做食材的。古羅馬人在歡宴中撒玫瑰花瓣，不但遍撒宴客廳，也撒在餐桌上、飯菜上。現今中東地區的烹飪不但要用玫瑰水、玫瑰露，也仍然在使用新鮮的、乾燥的、蜜餞的玫瑰花瓣。又如，希臘的果仁千層酥的正宗吃法是必須加玫瑰露的。

玫瑰雖然是花店裡最常見的一種花，美國人卻根本不會吃玫瑰。不吃也好，因爲現在的內吸性農藥已經把玫瑰汚染成重毒之物。《可食用花卉：從花園到味蕾》（*Edible Flowers: From Garden to Palate*）的作者凱西·威金森·巴拉許（Cathy Wilkinson Barash）曾說，就算你能食用現代品種的玫瑰，吃了大概還是會感到失望。「伊麗莎白皇后（Queen Elizabeth）這個品種是淡而無味的，」據她說，「熱帶玫瑰（tropicana）完全沒有味道。」她自己以有機方式種植烹飪用的玫瑰，爲了要找味道好的，她已經試吃過十多種。「我偏好的食用玫瑰是水濱玫瑰（Rosa rugosa），這是大西洋許多海岸上野生的，」她說，「香氣很濃，吃起來就跟它聞起來一樣的好。」

讀者若想自己在家裡種植有機的食用玫瑰，巴拉許建議種大衛・奧斯汀（David Austin）培育的品種，那些都是古老園藝玫瑰的返祖型。「我覺得他培育的老品種之中最好的是葛楚德杰柯（Gertrude Jekyll）。」她表示。至於現代育種的玫瑰，味道最好的是林肯先生（Mr. Lincoln），這是一種深紅絲絨色的玫瑰，還有蒂芬妮（Tiffany），是淡紅色的。涼拌酸卷心菜絲加蒂芬妮花瓣，是巴拉許最愛的涼拌菜之一。

許多講究浪漫氣氛的年輕創意主廚現在都很愛用花爲食材。達拉斯市的「桂冠餐廳」（Laurels）的執行主廚丹妮兒・柯斯特（Danielle Custer）便是一位。她說：「我用浸漬玫瑰花瓣的油來拌沙拉，我做的龍蝦濃湯上菜時也會撒一點玫瑰花瓣。」多虧有機農業，可食用花卉才會再度登上我們的食譜。美國的主廚們採用的無農藥食用玫瑰，大多數來自加州的有機園圃，都是採下後空運到各地食品特賣店，每五十朵姆指大小的花售價是十七美元上下。

好吃的玫瑰花味道像什麼？「我不認爲玫瑰花吃在嘴裡眞的會有什麼味道，」柯斯特說，「但是會有香氣和一種質感，還有爲視覺帶來的聯想，所以會有很大的感官享受，幾乎——幾乎有催情作用。」

《巧克力情人》之中，蒂塔燒的鵪鶉配玫瑰花瓣醬當然有這種作用。她的姐姐葛楚蒂絲吃了之後，「漸漸覺得一股強烈的心跳脈動傳透四肢。」葛楚蒂絲流著帶玫瑰味的汗珠，到後院裡用木板圍起來的淋浴棚淋浴。「她的身體散發的熱太強了，以至於木板壁迸裂燃燒起來。」淋浴棚著了火，葛楚蒂絲混身熱透又散發著玫瑰香，呆站在後院裡。這時候潘秋．畢亞（Pancho Villa）的一名部下騎著馬衝進這後院。「他並不放慢奔馳，以免浪費分秒，傾下身子，一把摟住她的腰，抱她坐在自己前面，兩人面對面坐，帶著她走了。」裸體的葛楚蒂絲便和這激狂的兵士在疾奔的馬背上做愛。這個故事給我們的教訓是：烹花吃花者愼防惹火燒身。

我燒這道鵪鶉是完全按蒂塔的食譜做的，只不過玫瑰材料用得更多。我不但按食譜用了玫瑰花瓣和玫瑰水，還用了十二朵小小的花苞裝飾盤邊。與我同享這一餐的年輕女客並沒有使我的房子著火（我還是預備了一罐水在旁邊，以防萬一）。但是玫瑰的奪目美艷與濃郁香氣的確令她兩頰泛紅。

鵪鶉配玫瑰花瓣醬（取自小說《巧克力情人》）

我用的玫瑰水是在本地的中東精品店買的。由於火龍果的季節已過，我用深紅的仙人果泥替代。用冷凍覆盆子亦可。

六隻鵪鶉
三湯匙牛油
鹽與胡椒適量
一杯純雪利酒
六朵有機紅玫瑰的花瓣
七粒剝了皮的栗子（煮過或烤熟或用罐裝者）
一瓣大蒜
半杯火龍果肉或紅仙人果泥（用覆盆子亦可）
一湯匙蜂蜜

半茶匙洋茴香，磨碎
半茶匙肉桂粉
十四茶匙玫瑰水

沖洗鵪鶉後拍乾。用大煎鍋以中火將牛油融化，鵪鶉煎至各面均呈淺棕色。加入雪利酒、鹽、胡椒，改小火，蓋上鍋蓋慢燒十五分鐘。將鵪鶉翻面，再蓋上燒十分鐘。取出鵪鶉，留著鍋中的湯汁。

冷水沖洗玫瑰花瓣。取一半之量放入攪拌機，加入其餘材料及湯汁，打成泥。倒入小深鍋中，小火煮五分鐘。試味後酌加鹽、胡椒、蜂蜜。將醬汁倒在鵪鶉上，再撒下剩餘的玫瑰花瓣。

原載《自然史》一九九九年五月

摩根特愛鮮味紅藻

魚味的蘆筍？淡菜汁燒菠菜？主廚戴爾・尼可斯（Dale Nichos）不知該如何形容盤子裡這個有褶邊的黑色植物的味道。養殖者用「海歐芹」的名字來行銷，其實這是海洋生物學家大約二十年前在芬迪灣（Bay of Fundy）發現的一種紅藻的突變型。

據廣告傳單上說，這種海藻會因烹調方式不同而有多種味道，可能像蛤蟹類，也可能像歐芹。尼可斯是新斯科細亞省（Nova Scotia）的哈利法克斯飯店（CP Hotel Halifax）的主廚，我們正在他的廚房裡進行小小的味覺測試。我們倆都覺得這廣告有一點誇大其詞，不過我們也認爲，魚排或燒烤大比目魚配上「海歐芹」的酸蛋黃醬味道很不錯。把這帶鹹味的暗綠色海藻煎一下，再剁一剁，加到酸蛋黃醬裡，味道很像培根加魚味的菠菜。

《海藻及其用途》(*Seaweeds and Their Uses*)的作者查普曼(V. J. Chapman)認爲：「『海藻』這個名詞本身毫無分類學的價値，卻是十分通用的，可泛指常見的綠藻綱(Chlorophyceae)，紅藻綱(Rhodophycyae)，褐藻綱(Phaeophyceae)這三種大型的固著性海底生的藻類，也就是泛指綠色、紅色、褐色等三種海藻。」這本書也列舉了海藻從古到今的商業性用途。

對於懂得精打細算的人而言，海藻一向有「不用白不用」的那種吸引力。農人、搜尋食物的人、漁民都曾經採集各種不同的海藻，並試圖銷售。海藻可以做肥料、是鉀的來源、能成爲人類的主食等說法，都曾盛行過。近來，學術界又積極行動，發表研究報告說大規模海藻養殖場可能消耗碳，從而扼止溫室效應。

健康食品店擺出螺旋藻(藍綠藻，spirulina)等含海藻的補品，說它們能增進免疫功能。主流的營養專家不信這種說法，但指出海藻含有豐富的礦物質，以及胡蘿蔔素和維生素C。營養專家也提醒一般大眾，海藻的鹽份高，必須維持低鈉飲食習慣的人應該避免。

食用海藻的最早記錄，是公元前八百年的中國詩歌。日本人製作海苔用的紫菜，最初是中國人在養殖。它在冰島的歷史中也佔有重要地位，是冰島人僅有的少數蔬菜來源之一。紫菜會在海中的枯枝或石頭上生長，以前曾是搜尋食物的人在採收。

到了一九四〇年代，英國的藻類學家凱絲玲・德魯（Kathleen Drew）發現了紫菜的生命周期。她的研究成果促成了海藻養殖業。「她在日本的地位和聖徒一樣。」約翰・范・德・米爾（John van der Meer）在電話那頭笑著說。他是加拿大海洋生物科學研究所（Institute of Marine Biosciences）的研究部主任。「聽說紫菜養殖者造了神社拜她。」他說，「日本的海苔業每年有十億美元的生意。現在情況怎樣我不確定，但是，五年前的日本海苔業超過全世界魚類養殖和蟹貝類養殖加起來的總值。」

「北美洲的海藻業是第二次世界大戰開始的時候起步的，」范德米爾又說，「美國用的石花菜本來都是日本產的，那是微生物學需要用的，所以，戰爭爆發後必須另找來源。」結果就刺激了美國的褐藻膠與角叉膠的工業發展。這些發展又帶來現今各式各樣的實際應用，包括麥當勞的特濃奶昔使用的增稠劑，以及調酒用的小橄欖中間塞的甜椒。

我在電話這端的默然，證明我從來不知道有這種事。我似乎聽到他在那邊用力一拍自己膝蓋的得意反應。

「調酒用的小橄欖？」我好不容易說出話來。

「因爲橄欖和甜椒的季節太不容易協調一致。」范德米爾解釋道。所以食品科技專家就把紅辣椒打成泥漿，添加了褐藻膠，做成一張張有彈性的甜椒，再切成細條，以便塞入橄欖的中心。以海藻爲原料的膠製品也是冰淇淋、香腸、糖果、牙膏用的添加物，有增加濃稠度和柔滑感的效用。

我們絕大多數人都不知道，自己竟然從小到大都在吃海藻。不過，無僞裝的海藻食品登上西方社會的餐桌仍是比較最近的事。我在波士頓的「利格海產」(Legal Seafoods)吃到的龍蝦不是用荷蘭芹裝飾，而是用海藻。我便請教那兒的顧問主廚賈斯波・懷特(Jasper White)是什麼原因。他說，他覺得這樣裝飾滿好看的，而且海藻放在龍蝦的水族箱裡可以永久保鮮，荷蘭芹存放在冰箱裡既佔地方又不耐久，不馬上用就會變黃。

主廚尼可斯和我試吃味道的那種「海歐芹」也是主廚們常用的裝盤飾品。那是掌狀紅藻(學名 Palmaria Palmata)的突變後代，在新斯科細亞的溫室鹹水養殖箱中培養，似乎是出現在西方傳統食譜中少數的可食用海藻之一。愛爾蘭人從很早以前就在吃紅藻了，有一道愛爾蘭式的洋芋泥更是少不了它。在新斯科希亞省和美國緬因州，乾燥的紅藻常常是當作雞尾酒的鹹點心吃的。加拿大沿海各省的酒吧老闆都免費供應這種鹹點心，讓人吃多了就想喝酒。據促銷廣告上說，海歐芹是加拿大國家研究委員會（National Research Council）發現的侏儒紅藻。

「大概是二十年前的事，」范德米爾回憶著說，「彼得・沙克勞克（Peter Shacklock）和基斯・摩根（Keith Morgan）那時候都在國家研究委員會工作。芬迪灣一家採收紅藻出售的業者送來的樣本，由他們兩人進行揀選分類。他們發現一些可以分類到很細的有褶邊的紅藻。這是正常紅藻植株的突變形態，是從本來平坦的藻株上增生出來的有褶邊的小枝。我們把它掐下來，加以繁殖。到現在它維持這種形態已經有二十年了。」

「我們作研究實驗的時候就拿它當點心。」范德米爾覺得新鮮的海藻比乾燥過的好吃。摩根自己特別喜歡侏儒紅藻（那時候並未如此命名）的味道。范德米爾笑著說：「我們索性就叫它『摩根特愛鮮味紅藻』。那時候是我們這兒的一個笑談。」有褶邊的小枝紅藻味道比較甜，而且不像正常紅藻那麼厚，所以口感較佳。「除了我們偶爾拿它來當零嘴，那東西在我們的養殖樣本蒐集之中待了十五年都沒動靜。」

之後，創業家艾德・凱爾（Ed Cayer）登場了。他到這兒來參觀，問有沒有人用這東西做什麼。然後他就註冊了「海歐芹」這個名字，開始進行養殖。國家研究委員會可以從總銷售額抽特許使用費。

范德米爾並不怎麼看好這項產品和它的銷路。「現在才剛起步，不過我不認爲海歐芹以後可能找到多大市場。」他指出，海藻業也許看來像是新點子，其實是一門很老的生意，而且成績一直不好。加拿大的海藻角叉膠就因爲競爭不過菲律賓，在一九八〇年代垮下來。巨藻（海草灰）以前曾被用爲碳酸鉀原料，後來這個用途又式微了。

想要讓西方人愛上海藻的口味，也許不是件容易的事。但是范德米爾認爲加拿大有一種可食用海藻產品潛力極大。一家叫作「阿卡地海生植物有限公司」（Acadian Seaplants Limited）的業者在養殖一種無性繁殖的角叉菜，俗名「愛爾蘭青苔」（學名 Chondrus crispus）。這種角叉菜以前是專供製造角叉膠的，經過軟化、乾燥、著色的加工手續，可以成爲 marista 的仿製品，這是日本人的一種海產蔬菜，過度撈採的情形非常嚴重。食用者只需將這種乾燥處理的粉紅色仿製品還原即可，目前在亞洲的銷路很好。「這可是價值上千萬美元的題目。」范德米爾很引以爲榮，這種可口的產品能問世，是加拿大國家研究委員會的功勞。

我問他海藻還有什麼別的發展前景。「聽說日本人正在研究的一種微海藻，可以用來清除廢氣之中的二氧化碳。」他說。

「大量養殖海藻眞的可以減緩地球增溫嗎？」我又問。

「我覺得那種說法是增溫過頭了。」他答。我好像又聽見他在電話那一端拍了自己的膝蓋一記。

紅藻洋芋泥

我在新斯科細亞買了一包紅藻。吃在嘴裡味道就像在嚼碘酒味的口香糖。我讓孩子們吃，她們不愛吃，說氣味好像魚食。我特別去看了一下魚食的製造原料，果然有海藻粉。

我用牛油煎煮過紅藻，再拌入洋芋泥，孩子們卻都愛吃。

一磅半（六百七十五克）馬鈴薯

半品脫（〇・二三公升）的熱牛奶
四分之一杯牛油
四分之一杯乾紅藻（壓緊的一杯）
鹽與胡椒適量

馬鈴薯去皮，放入水中加鹽煮軟。將水倒掉，放回火上燒一分鐘至乾透。加入熱牛奶搗成泥。用小深鍋溶化牛油，加入紅藻。攪動至乾燥的藻還原。將牛油燒的紅藻倒入洋芋泥中打勻，即可食用。

原載《自然史》一九九九年十一月

乳酪新主張

哈爾・考勒（Hal Koller）那棟古老的白色農舍和紅色的大穀倉，座落在起伏山坡地的一處陡崖上。假如眼前的這個畫面上再加上一些黑白相間斑紋的乳牛，那就是典型的威斯康辛州酪農場的明信片了。考勒在星星草原（Star Prairie）的酪農之中卻是與眾不同的，他不養牛。

「每次我說我養綿羊來擠羊奶，別人就會露出怪表情。」考勒一邊帶著我參觀，一邊說著，「有人還會問『你是說山羊吧？』我聽了眞想回一句：『噢，原來我養的是山羊啊！』」

威斯康辛州的小型家庭酪農場養山羊，已經相當常見，這是因為喜歡吃羊乳酪的人越來越多了。但是養綿羊取乳在這兒仍是新鮮事。如今綿羊乳的售價高到每一英擔（約五十公升）七十五美元，是牛乳的五倍左右，考勒的鄰居即便投來異樣眼光，他仍然樂此不疲。

他說，許多美國人會覺得酪農產綿羊怪怪的，要是說到他們吃的羊乳酪，就不覺得怪了。大多數人並不知道，他們最愛吃的羊乳酪其實是用綿羊乳做的。美國的進口羊乳酪之中用綿羊乳製作的包括經典的義大利佩哥里諾羅曼諾（Pecorino Romano），西班牙的曼加羊乳酪（manchego），希臘、保加利亞等國的羊乳酪，以及法國的洛克福（Roquefort）。以一九九〇年計，美國進口的綿羊乳酪大約有五千萬磅（二千二百五十萬公斤）。

我看著考勒的牧羊犬把羊趕到一起，然後便和考勒一同上車前往威州的史布納（Spooner）去了解美國的綿羊酪農業運作。途中考勒說起他自己決定養綿羊的緣故。「在威斯康辛，務農的人一定得找些擠牛奶以外的事情做，否則小農場遲早會垮掉。」他說，「家庭農場現在不能和大規模的酪農企業競爭了。十年前，從我家開車到埃摩瑞（Amery）一路上有八個家庭酪農場，現在只剩一個了。」

到了威斯康辛大學的史布納農業研究所，法裔的研究員伊夫・貝傑（Yves Berger）

帶我們參觀綿羊乳酪實驗作業。考勒羨慕地看著所裡最新型的擠乳設備，我則請教貝傑綿羊酪農業在中西部內陸地區興起的由來。

「一九七〇年我還在唸研究所的時候，我在明尼蘇達大學和比爾・波伊藍（Bill Boylan）作研究，」柏格說，「比爾爲了想增加綿羊繁殖數目，研究了十二種不同的綿羊。結果發現，有些最多產的品種，例如芬蘭羊（Finn），產乳量不夠哺餵小羊所需。比爾跑了一趟歐洲再回來後，在一九八五年想到要建一個擠乳坊，以便確定每一種綿羊的產乳量究竟是多少。他的目的是要培育一種既多產又有充裕乳汁的母羊，並沒有打算要投入乳品業。但是，一旦得到了這麼一大堆綿羊奶，他可不願意就這麼扔了。就是在這個時候，他發現當地的乳酪業者都急著要買綿羊奶。起初是誤打誤撞的，但是後來就漸漸有計劃地發展起綿羊乳品業了。」

「我聽說比爾・波伊藍的羊乳場的事，還有羊奶有市場，我就開始養多塞特綿羊（Dorset）擠奶了。」考勒打岔說，「可是，一百二十天的產乳季，我只收到大約一百磅（四十五公斤）的綿羊奶。」一九九一年間，明尼蘇達大學幫忙考勒取得一群英屬哥倫比亞綿羊，這是混種的綿羊，一半是東菲里西亞（East Friesian，是北歐的乳綿羊），一半是阿考特黎多（Arcott Rideau，是加拿大的肉食綿羊）。考勒將這一批羊與中西部內地一向爲肉食畜養的多塞特綿羊交配，生下來的品種產乳量是原先的兩倍。

波伊藍退休後，明尼蘇達大學也不再經營綿羊乳品業，威斯康辛大學就把貝傑請到史布納農業研究所來，繼續研究乳品綿羊。貝傑的研究生涯早期曾在法國拉法吉（La Fage）的綿羊乳品研究站工作，距離出產羊乳酪的洛克福大約十哩之遙。將來，他希望能比較一下東菲里西亞的雜交品種和拉高奈（Lacaune，即洛克福羊乳酪的羊乳來源）綿羊的雜交品種有何不同。

「我認爲綿羊乳品工業在威斯康辛是非常有前途的。」貝傑說，「這兒有很多小的牛羊農場和小的乳酪工廠都需要走向多樣化。朝這個方向努力的並不只有威斯康辛一州，現在佛蒙特州、紐約州、英屬哥倫比亞都在製造綿羊奶乳酪了。」

「美國人會接受綿羊乳酪嗎？」我問。

「我想會的，」柏格說，「十五年前美國沒人吃山羊乳酪，現在到處都在賣。美國人的口味在變，像洛克福之類的美食羊乳酪，大家都愛，只是供應量不夠多。」

「如今山羊乳酪的市場已經到達一個高峰，我想綿羊乳酪會是乳酪業的下一個浪潮。」

吉姆・派斯（Jim Path）說。他是威斯康辛大學的乳製品研究中心（Center for Dairy Research）的乳酪推廣專家，正在協助威州的乳酪製造者從量產的一般乳酪轉換到獲利較大的精品乳酪。但是他也強調，並不鼓勵每個人進入山羊綿羊乳品事業。因爲走這條路永遠只有家庭工業的規模，不能和龐大的牛乳業相提並論。「我倒覺得綿羊乳酪在美國的發展不應該不如山羊乳酪。例如史考特・艾瑞克森（Scott Erickson）和其他許多乳酪業者，現在生產的綿羊乳酪已經不輸其它國家了。」

我又跑到威州桑默塞特（Somerset）的「鱸魚湖乳酪工廠」（Bass Lake Cheese Factory）去找史考特・艾瑞克森，問他乳酪業者爲什麼對綿羊乳這麼感興趣。「綿羊奶的脂肪含量和乳質固體含量，都是牛奶的兩倍。」艾瑞克森說，「所以做出來的乳酪也是牛乳酪的兩倍之多。」綿羊奶和牛奶的差別還不僅止於乳質固體的含量。

「如果放在顯微鏡底下看，會發現綿羊奶裡面的脂肪粒大概只有牛奶脂肪粒的一半大小，」他又說，「所以綿羊奶質感比較柔滑，而且比牛奶容易消化。」也因爲如此，艾瑞克森可以把綿羊奶冷凍儲存，直到存夠四千至六千磅（一千七百至二千七百公斤），再一起進行加工。「牛奶是不能冷凍的，因爲脂肪粒會迸破。綿羊奶的脂肪粒小，冷凍起來沒問題。」

說到綿羊奶的風味，艾瑞克森口若懸河：「我們說那是脂酶之味。」脂肪酶會分解奶中的脂肪，製造游離的脂肪酸。「綿羊乳裡面的脂解游離脂肪酸，有一種獨特的刺鼻味，做乳酪的人特別愛那種香氣。是一股讓人聯想到義大利佩哥里諾乳酪的那種腐敗味。義大利人製作巴爾瑪乳酪的時候會添加脂酶精，就是爲了仿造這種味道。」

艾瑞克森參加了威斯康辛大學的「乳酪大師親授營」，有世界各國來的乳酪師傅示範製作技術。艾瑞克森從一位義大利師傅那兒得到靈感，做成一種用籃子成形的綿羊乳酪，他將這成品命名爲「棕色籃子」（Canasta Pardo），結果在「美國乳酪學會會議」（American Cheese Society Conference）上贏得首獎。

「只要嚐過這種乳酪，就一定會上癮。」艾瑞克森邊說邊切著他取名爲「玫瑰」（La Rosa）的籃子成形的綿羊乳酪。乳酪體積大約與酵頭麵糰相等，外表是紅褐色的，有成形時籃子留下的一條條凹凸痕。切開來後，裡頭是乳白色，質地密實卻又呈碎粉之狀。我嚐了一小片，以爲舌頭會感受辛烈的刺激，結果卻發現它比洛克福和佩哥里諾的味道都溫和些。它特有的脂酶味明顯可辨，但不是強烈掩蓋別的味道，碎粉的質感吃在嘴裡十分柔潤。這的確是不同凡響的乳酪，我就和艾瑞克森商量賣一點給我。

「對不起，我只有這麼一塊。」艾瑞克森笑著說，「我們的綿羊乳酪全都在熟成中。我們要放上至少五個月時間，熟成完畢後，再以每磅十三美元出售，外加運送裝卸費用。」我仍依依不捨望著那有籃子形狀的乳酪。

「我們做了一種混合乳酪，叫作卡撒里（Kassari），」艾瑞克森說，「是用百分之二十五綿羊乳和百分之七十五牛乳做的，仍然有綿羊奶的味道，但是價格便宜得多。我現在就可以賣一點卡撒里給你。」乳酪專家預言，由於混合牛羊乳的乳酪價錢比較便宜，味道也不那麼重，以後將是美國自製綿羊乳酪之中最先被消費者普遍接受的。

我買了一些卡撒里，並且苦苦哀求艾瑞克森割愛一點「玫瑰」，他也終於答應了。上車前，我溫柔多情地把這塊有芬芳腐味的玫瑰放在前座，以便我隨手可取。回家的長途開車路上，我小口吃著乳酪，一面想著美國乳品業中心的威斯康辛州，如果風景明信片上的牛群換成了羊群，會是什麼模樣。

原載《自然史》一九九八年二月

化腐朽爲神奇

在遊覽勝地凱路阿可那（Kailua-Kona）這家便利商店裡已經排了一長隊的買客，好不容易輪到我了，我一口氣說出自己要的東西：「十元的汽油、大杯咖啡，還有……」我掃視店內，尋找一份速簡早餐。櫃檯上有一個大大的玻璃展示木箱，一般店裡都用這種展示箱擺出早餐玉米餅或加料的牛角麵包之類，這兒的卻擺著不一樣的早點。

「拿一個這個。」我衝口說道。

「一個史班姆（Spam）飯糰。」店員應道，遞給我一個厚厚的方形飯糰，上面舖著史班姆罐頭肉片，還有一片海苔包著。

我要趕赴高爾夫球之約。將車子加速上了高速公路之後，我便啜飲著咖啡，看著這史班姆飯糰。在夏威夷清早的淺紅日光下，它看來倒也不賴，況且我正餓著。一口咬下去，煎過的史班姆之中的辛香料和油脂漬透了黏黏的白米，有一種油辣的香甜味。我三口兩口吃完，灌下咖啡，比預定的時間早到了高爾夫球場。

夏威夷諸島每年吃掉四百三十萬個史班姆肉罐頭，比美國的任何一州都多。夏威夷人早餐吃史班姆壽司，中午的便當裡帶著史班姆配白飯，晚餐吃燒烤史班姆與夏威夷鳳梨。山姆・蔡（Sam Choy）是夏威夷最有名的主廚之一，他的熱門餐館裡就供應史班姆的菜式。如果你拿這個題目逗他，他的反應會和大多數夏威夷人一樣，可能讓你吃不了兜著走。

到了夏威夷以外的地方，史班姆乃是荒誕揶揄的靶子。史班姆罐頭包裝是深藍底色襯著一塊粉紅色壓製成形的肉，肉上有淺黃色的大字，旁邊綴飾著丁香花。活似一幅靈感來自安迪・沃荷（Andy Warhol）的自嘲畫。單是「史班姆」這個名稱，就足以成爲笑料。在三十多年前的BBC喜劇節目《蒙蒂派桑飛行馬戲》（*Monty Python's Flying Circus*）之中，餐館裡的侍者頭戴維京海盜頭盔不停地唱著「Spam, Spam, Spam, Spam」（譯註：此名是spice ham〔香料洋火腿〕合成的字），不理會倒霉的顧客們。美國各地舉行的「切史班姆」、「吃史班姆」、「史班姆烹飪」的比賽中，參賽者都卯足了勁在那兒故意耍寶。豪爾摩公司（Hormel，即史班姆的出品者）也很能自我調侃。他們授權一家郵購公司出售史班姆領帶、史班姆拳擊短褲，以及印著維京海盜裝扮的侍者和他唱的音符的T恤。自嘲也是有促銷效果的，豪爾摩於一九九四年賣出第五十億個史班姆罐頭。只要美國人保持每秒鐘吃掉三・六個罐頭的記錄，豪爾摩樂得跟大家一起笑。

但是，在史班姆每人平均消耗量第二大的夏威夷（第一名是關島），人們不覺得這些有什麼好笑。夏威夷也有史班姆烹飪比賽，可是參賽者都是一本正經在精心烹飪。

我到大島（Big Island）上山姆・蔡開的餐館來拜訪蔡老闆，他表示：「我覺得在館子裡端出史班姆的菜式是很光彩的事，我才不管大陸地區的美國人怎麼想。老實說，我希望以後能出一本史班姆食譜。」

「史班姆食譜不是已經出了嗎？」我問。

「是啊，可是我想把它提到美食的層次。」蔡說著，不帶一絲一毫嘲諷的味道。在他投入發揚夏威夷烹飪風潮期間，史班姆肉登上了他的菜單。發起夏威夷烹飪風潮的主廚們，本來的主旨是把夏威夷本地美味的魚和水果在烹飪中發揚光大。山姆・蔡是諸位高檔餐廳主廚之中唯一土生土長的夏威夷人，他卻主張，史班姆也應算是夏威夷的傳統食品。他和大多數夏威夷人一樣，從小就吃史班姆罐頭肉，不會因爲美國大陸地區的同胞嘲笑而戒吃。

我訪談過的夏威夷人大多數是與蔡主廚有同感的。這件事說來似乎很不搭軋，明尼蘇達州奧斯汀生產的一種罐頭肉，在夏威夷文化裡生了根。

史班姆風行夏威夷諸島的原因何在，說法很多。多數人認爲應追溯到第二次世界大戰之始，因爲美國軍方經常供應史班姆罐頭肉給兵士、水手、基地員工，促成廣泛的消費。也有人說，因爲那時候電冰箱不普及，史班姆在熱帶型氣候的夏威夷便於保存。還有一種說法指向畜養家畜，因爲夏威夷農業一向以蔗糖和鳳梨爲主，供應的肉量始終不足。

三種說法都有些道理。但是，二次大戰已經結束了五十多年，夏威夷家家有電冰箱了，外地來的冷凍肉品也不貴，爲什麼夏威夷人依舊偏好史班姆罐頭肉？

我再回山姆．蔡的餐館去品嚐他的獨家美食，才找到了答案的眉目。這一次蔡老闆去了歐湖島（Oahu），由他在餐館擔任總理的妹妹克萊兒．蔡（Claire Wai-sun Choy）接待我。她給我點了奶油玉米醬史班姆、家常木瓜果醬史班姆、史班姆飯糰，並且陪我聊了一會兒史班姆話題。我不大好意思承認這些菜式都不能令我口服心服。

克萊兒起身到冰箱那兒去拿了一碗淺紫色黏稠的東西，放在我的面前。

「你吃過波伊嗎？」她問。

「沒有，」我說了老實話。我知道波伊是用芋頭根做的澱粉漿，是夏威夷自古以來最重要的食品。但是沒人告訴過我，波伊的口感和漿糊一樣。

「波伊就像優格，」克萊兒說出她的見解，「它本身的味道是很糟的。」我嚐了一點這冰冰酸酸的黏東西，做了個怪表情，以示同意她的看法。「如果你把波伊配上別的味道吃，情形就不同了。」她遞給我一盤芋葉蒸碎豬肉，我便照她的指點配著吃。包芋葉蒸的豬肉味道好極了，配著波伊吃，波伊也變得好吃了，本來的酸味變成甜的了。甚至，蒸豬肉配波伊吃起來比光吃豬肉味道還好。克萊兒又教我再配著生魚沙拉吃，我試了。

「現在再配這個吃。」她說著，把那盤史班姆和木瓜醬推到我面前，我切了一大塊史班姆，放進嘴裡嚼，味道和平時吃來無甚兩樣：太鹹、太油，又太甜。

「再吃波伊。」克萊兒說。我舀了一大杓波伊也放進嘴裡，和史班姆一起嚼。熱的史班姆肉的鹹甜油味完全被黏稠冰涼的波伊抵消了，味道比波伊配燕豬肉、波伊配生魚沙拉還好吃。我的大驚小怪反應過去後，我又再吃了一大口這奇妙的組合，終於體會了夏威夷人老早就發現的竅門。我不禁綻開笑顏。

克萊兒沒什麼大不了地聳聳肩說：「配波伊吃，就是又熱又脆的史班姆最好。」

原載《美國風》一九九八年三月十五日

饕客不怕死

在「吉胡里店」(Gilhooley's)，每一顆生蠔上面都放了幾塊冰保鮮。我把碎冰挑開，朝著蠔肉上擠了幾滴檸檬汁，用小叉子叉起它，毫不留情地把這甩動的一粒肉送進嘴裡。那滋味之鮮美——淡淡的海水鹹味加上肉的甜，那口感之妙——帶給舌尖柔滑的感官享受，世上沒有第二個。吃生蠔是人世間最完美的體驗。我只要有一口氣在，就不會放棄吃生蠔。(讀者也許會想，我那口氣不在的時候也許不遠了。)

休士頓一位理髮師傅馬修斯(Mike Matthews)因爲吃了有細菌(細菌學名Vibrio vulnificus)污染的生蠔致死，導致訴訟官司。這件事最近在這兒又引起有關蠔的許多討論。雅布理(Jim Yarbray)前不久的一封致編者的信中說，每見到有人吃生蠔，他只有兩個字奉送：笨蛋。有數以百萬計的美國人與他所見略同。不論生吃或煎著吃，美國人現在消耗的蠔已經比以前少了。前幾年的蠔銷售量一直只有一九八九年的一半。雅布理在信中概括這種謹慎態度的原因是：「不論風險多麼小，都不值得為吃美食賠掉性命。」

我不同意這種說法，所以讀者可以把我歸類為他前面所說的笨蛋之一。美國的生蠔吃客將近兩千萬，每年為享受這美食而導致死亡的大約有二十人，所以因吃蠔賠掉性命的可能性是百萬分之一。依我的看法，吃生蠔是值得一賭的。這就如同逆向的賭樂透：只要賭了就贏，唯一的例外是，你中彩了——可是隨即嗚呼哀哉。我也樂意一賭只有三分熟的嫩漢堡，這又是我在吉胡理店裡點的另一道美味。

是一位大名賴白克（Ken Ryback）的讀者介紹我來的，因為我在文章裡抱怨如今找不到外焦裡嫩的漢堡了。他在信上說：「到聖里昂（San Leon）的五一七號路上的吉胡理店，你點三分熟的漢堡，他們會問你：『冷的三分熟還是熱的三分熟？』你要點熱的；因為冷的會打馬虎眼。」

我把車子開進吉胡理店未舖柏油的貝殼停車坪，還未走進店裡，就開始愛上這地方。這兒的露天酒吧擺著東倒西歪的庭院桌椅，到處草木叢生。室內全是老舊木頭的裝潢，老舊家具，椽木上若不是掛滿各種證照，好像就要散掉似的。這是兒童不宜的場所，部分原因顯然就是牆上裝飾的那些有傷風化的藝術品和美女露點照片。不過，眞正令我心跳加速的是這兒的菜單。你要是想在美國吃到一頓既有生蠔又有三分熟漢堡的午餐，也許找不到第二個地方了。這家店的全名是「吉胡理生冷酒吧」（譯註：Gilhooley's Raw Bar，raw 亦指「粗俗、下流」），我想倒不妨改名爲「笨蛋會館」。

我們爲了追求樂趣而冒的風險，也許遠超過一天到晚吃生蠔這種可能致命的食品。你滑雪嗎？騎越野單車嗎？騎馬嗎？駕駛帆船嗎？笨蛋！你不曉得這些活動可能害你送命嗎？根據國家安全委員會（National Safety Council）的資料，因駕駛帆船意外事故死亡的機率（五〇九二分之一）要比吃生蠔送命的百萬分之一的機率高得多。你每次去游泳都想到因而溺死的機率嗎？你爲什麼不會想？游泳溺死的機率（七九七二分之一）比吃蠔而死的機率高出一百倍。

如此看來，吾人的生活眞是危機四伏。不過我不怕這些危機，在五、六、七月裡，不服用抗胃酸劑的時候尤其不怕。

害死馬修斯的那種細菌，在墨西哥灣非常普遍。赤腳漫步沙灘時若是踩到尖利的貝殼，就有可能感染。墨西哥灣地區的每一顆蠔之中多少都存有這種細菌。冬季的含量相當低，夏季的就高多了。所以有上面的「五、六、七月」之說。相關的研究想要確知多高的細菌含量算是危險，但由於絕大多數人對於多高多低的含量都沒反應，很難確定。目前已知的高危險群是肝臟有毛病的人、免疫系統失調的人，另外，服抗胃酸劑的人可能也包括在內。

美國食品及藥物管理局的「墨西哥灣岸海產實驗所」(Gulf Coast Seafood Laboratory)的研究人員發現，抗胃酸片與蠔中毒有關聯。在正常情況下，胃酸足以殺死蠔中的有害細菌。胃藥一旦中和了胃酸，細菌安抵腸道的機會就大增。這項發現也使我懷疑，抗胃酸藥說不定也與細菌引起的其他食物中毒案例有關。這又像是雞與蛋的問題了：你若不幸食物中毒，該怪罪細菌還是胃藥呢？

我的三分熟加起司的漢堡來了，服務生是位性感的、說話大大剌剌的女士，身著緊繃的胸兜，露著一大截腰腹，正好展示她肚臍上穿洞的飾品。漢堡是在木柴火上煎的，下面的這一層麵包已被肉汁浸透，我把服務生一同端來的番茄、洋蔥、生菜、醃黃瓜都夾進去，再用刀一切兩半，肉的裡面是鮮紅的。麵包上沒有美乃滋，沒有芥末醬，沒有番茄醬，什麼調味醬也沒有。我想找那位服務生要一點醬料，卻不見她的人影。就在等候的時候，我先咬了一口漢堡，立即把要醬料的事拋到九霄雲外。吉胡理店的三分熟漢堡太可口了，只有鹽和胡椒足矣，不需要任何醬了。

我曾試過去查吃三分熟漢堡致死的機率，但找不到這方面的統計數字。疾病管制中心（Centers for Disease Control）的確說過，美國每年因食物傳播病菌而生病的有七千五百萬人，因而就醫的有三十二萬五千人，因而致死的有五千二百人。美國人特別厭惡害人生病的食物，幾年前發生汚染的漢堡致死引起嘩然之後，全國的餐館在烹調、檢查、衛生方面都改換了方法。有人認爲這樣改是好的，我卻覺得處處要求消毒是矯往過正。企業化經營的餐館規定員工拋比薩麵皮的時候也得戴塑膠袋手套（結果行不通），衛生機關的嚴格規定下，幾乎吃不到手工做的漢堡肉。弔詭的是，當初引發漢堡汚染恐慌的，正是衛生部門舉辦的安檢遊戲的常勝軍——某家速食連鎖店。

紐奧良的美食作家帕卜羅·強生（Pableaux Johnson）曾說：「美國人眞正想要的是食品師傅做的、人的手沒有碰過的食品。」怪得很，聽到這句話的人幾乎都不覺得其中有自相矛盾的語病。按美國文化的理解，手工做的、師傅做的食品、做食品的手，三者似乎連不到一起。現在我們又要逼迫其他國家接受我們的食品安全觀念。美國想要提高國際衛生檢查規格、想要求所有乳品低溫消毒，老早就使法國乳酪業者和歐洲烹飪文化受到威脅。問題的癥結在於彼此看待食物的態度南轅北轍。

我曾向法國阿爾薩斯（Alsace）一位釀酒業者訴苦，說我們在美國吃不到味道鮮烈的生乳乳酪。他的回答是：「美國人根本不該吃生乳乳酪。」他這不是在開玩笑：歐洲時常查到利斯特桿菌（Listeria monocytogenes）含量高的生乳乳酪，因食用這種乳酪致死的例子是有的。瑞士爆發的一次案情中，用未消毒生乳製作的「黃金山牛乳酪」（Vacherin Mont d'Or）導致一九八三至一九八七年間共三十四人死亡。這位阿爾薩斯友人說，歐洲雖然應該維持一定的食品安全要求，某種程度的不確定卻是生活中的客觀事實。他認爲，美國如果有人因爲吃了法國乳酪而死亡，後果將不堪設想。所以美國人應該只吃添加防腐劑的、用塑膠包裝的那種乳酪。

歐洲的乳酪業者表示，利斯特氏桿菌在肉品之中更爲常見，而熱狗、酸醃包心菜絲、低溫消毒的牛奶都曾檢驗出自然產生的利氏菌。法國一家乳酪公司總經理布瓦塞爾（Antoine Boissel）接受《時代》雜誌訪問時說：「這其實是一場標準認定與好惡不同的戰爭，不是科學證實的健康衛生論戰。法國人聽了美國人贊成消毒的衛生論點，然後又問美國人，為什麼美國的利氏菌病例高居世界第一。」（是抗酸胃藥惹的禍嗎？）

和我同來吉胡理店用餐的同伴對於歐美飲食文化有他自己的一套看法。例如，他認為吉胡理店是適合帶法國來的知識份子朋友共聚的地方。「他們在安妮小館（Cafe Annie）總能找到可挑剔的小地方，可是，他們如果認為你是帶他們來嚐本地的草根烹調，就會衷心欣賞了。」

他不怎麼欣賞吉胡理店的秋葵蝦湯，說它是「新教徒菜湯」，因為味道太輕了。一道燉蝦與香腸，他也覺得香腸味雖夠，其他味道都不足。至於每日午間特餐的義大利麵和肉丸，他覺得看著就沒多大食慾。上述以外，吉胡理店的菜單上能點的東西也不多了。

但是，你如果是少數人之一，是自負的人，是笨蛋（或是一位來訪的法國知識份子），你會為了難得的生蠔和三分熟漢堡到吉胡理店來。不過來之前先得請醫生幫你檢查一下肝功能和免疫系統，也要記得不能服抗胃酸片，吃過之後若是身體不適，可不能怪我。

原載《休士頓週報》二〇〇二年四月十一日

第三卷　鄉土原味

獄中再嚐鄉土味

班尼・韋德・克魯伊斯（Benny Wade Clewis）正在爲我準備盛餐。看著他把材料放在一起，我抱的希望不大。兩個冷凍的漢堡肉餅、兩顆馬鈴薯、麵粉、一棵花椰菜——好像沒什麼別的了。辛香料只有鹽和胡椒。「我們只能湊和著做啦。」班尼笑著說，手裡端著三個其大無比的長耳深鍋，「我們家裡以前也從來沒有煎鍋，只有像這樣的燉煮鍋，所以我今天做的是正宗黑人家常菜了。」

班尼・韋德・克魯伊斯是德州監獄戴林頓分所裡面的一位受刑人，他也是飲食界的一號傳奇人物。他會寫長信給美食雜誌的主編，他的菜式也登上了好幾本食譜書。他小時候在德州的巴里斯坦（Palestine）跟祖母學會烹飪，在德州各地監獄做了四十年的廚師。

他仍記得早年肉的配給不足，黑人獄友們會把他們在棉花田做工時抓到的兔子或負鼠煮了打牙祭。班尼就是一部活的烹飪史。

班尼在找烹飪用的油，我跟在他後面，參觀了一下監獄的廚房。有一位「德州懲戒部」（Texas Department of Correction，簡稱TDC）的官員如影隨形地保護我的人身安全。我因爲熱中鑽研美國南方烹調，不乏一些在奇特環境中吃的經驗。我在當計程車司機的那段日子，常在夜晚停在一處空曠地，在那兒買燒香腸果腹，其他司機都聚在一旁閒扯廢話。我光顧過樹蔭下的烤肉攤子，還有鯰魚棚——老闆會跑到池塘裡去捉你要吃的魚。到監獄裡來用餐卻是我的第一次。但想吃班尼・克魯伊斯做的菜就非得來不可。

美國南方黑人烹飪是快要消失的一門藝術；黑白文化融合使許多曾經生意興隆的餐館沒落了。許多出色的黑人餐館——例如奧斯汀市東十一街上的「南方小館」（Southern Dinette）——曾是黑人白人都捧場的，在黑白種族隔離的時代也是不同種族匯集的地方。隔離政策結束後，黑人中產階級往市郊遷移，這些餐館沒有了穩定的客源。如今雖然地方風味的烹飪正在復甦，市中心區最後一批黑人經營的南方餐館仍在逐漸凋零中。

班尼抓了一把麵粉放在一隻碗裡，放進一些油，以及半公升的牛奶——這是他的一個朋友走過時神奇地出現的，接著放了一點發泡粉。他不量各種用料的份量，而且是用雙手在和麵。顯而易見，他就算閉著眼睛也能做出比司吉。因爲接觸不到商業廚房的現代化趨勢，許多便利設備和捷徑都是他從未聽過的，所以他的烹飪是獨家的。他幾乎不用任何預先調混好的乾配料或調理包，他也沒有微波爐。他此刻甚至連一把煎鍋都沒有。他不會刻意減少油脂和紅肉的份量，因爲他做的飯菜是供給整天在田裡辛苦工作的人，這些人無需擔心膽固醇過高。班尼承襲了他祖母的傳統，如何清洗負鼠、如何燻烤豬肉、如何在東德州的樹林裡找到檫木的根皮（作香料用），都是祖母教他的。班尼是位南方風格的純粹主義者，烹飪方式還和南方棉花大莊園上的一樣。其實他正是生活在南方棉花大莊園裡，因爲戴林頓監獄就位於佔地八千畝的棉花田中央，受刑人現在仍以手工採收棉花。

現在班尼在爐邊忙起來了，攪著煮湯的油麵糊，在鍋裡熱著油，又在汆燙花椰菜，預熱了烤爐，同時用手捏出一個個「貓頭」。這巨大的廚房裡人聲鼎沸，穿著整潔白圍裙的黑人們一邊唱著，一邊搬著馬鈴薯，用船槳似的大杓攪動六十加侖容量的大鍋裡的花椰菜。窗戶上裝著鐵柵和鐵絲網，後門外面有帶刺鉤的鐵條網，所有食材都放在有掛鎖的櫃子裡。可是班尼不在乎這些，他乃是監獄廚房中的君王。其他人停下來看他用炸雞的方式處理漢堡肉。平時他在獄中也會開課傳授其他受刑人手藝。

有一次，班尼出獄後去應徵沃士堡（Fort Worth）的希爾頓飯店的廚師工作。對於詢問他的工作經驗，他只能答：「我在很多地方做過。」他想自己若是說一生中大部分時間都在監獄裡，人家不可能錄取他。加上他也拿不出履歷證明，希爾頓當然不會雇用他。於是他又試了幾家連鎖餐館，但是那些地方用的速成調理材料和現代化商業廚房設備，都把他嚇住了。他覺得綁手綁腳的。「我只曉得用最土的法子做。」班尼說著讓我看他拌的褐色油麵糊。

他要我看他汆燙花椰菜是要做兩道手續的。「一定要先用滾水把花椰菜『漂』一次，把蟲子趕出來，你看這個，」他說著從第一鍋水中撈起一隻綠色翅膀的昆蟲。「這是『臭吉姆』，要是把它弄爛了，會和臭鼬鼠一樣臭。」這花椰菜顯然是剛從菜田裡摘來的。戴林頓監獄廚房用的食材大多數是德州的一處監獄農場種的。「以前我們吃的東西全是自己在農場裡種的。我們種的花生收成以後送到阿拉巴馬州去，他們就送回來花生醬。我們種的甘蔗送到皇家糖廠去，他們送回白糖來給我們用。」班尼把德州的十個監獄農場

——都在休士頓以南的肥沃平地上——一一報出名字，說明每一處農場栽種什麼作物。麵糰和好了，他用一片纖維玻璃切「貓頭」。我問他貓頭是什麼，他說他自一九五二年起在蓋茲維爾男校（Gatesville School for Boys）開始烹飪，就是因貓頭而起的。「我到了蓋茲維爾，看見一群黑小伙子在廚房裡跑來跑去。他們都穿著小牛仔褲、小藍襯衫，乾乾淨淨的。

「我問其中一個小傢伙：『那個是什麼東西?』他說：『是貓頭。』我那天整晚都想著貓頭。他們叫那個是貓頭，因爲看起像貓的頭，頂上又緊又圓，就像這個。」他指著做好的比司吉讓我看，然後把一整烤盤的貓頭推進烤箱。

在蓋茲維爾感化院，十五歲的班尼千方百計想要調到人人衣著整潔、可以隨便吃比司吉的廚房去。他後來終於如願，在一位名叫塔克（Tucker）的廚師手下幫忙，塔克是從胡德堡（Fort Hood）退休下來的。「他是了不起的廚師，」班尼說，「他教我們做正典的黑人靈魂菜——豬後腿、菜豆、燕麥粥、粗玉米粉、青菜、玉米、米飯，還有貓頭。」

班尼把一些馬鈴薯條放進他拌好的調料裡，調料有蛋、麵粉、鹽、胡椒，還有一些他故意遮起來不讓我看的佐料。「我們主廚總得有自己的祕方。」他對我眨眨眼說，一面把薯條扔進熱油裡。班尼成年以後待的第一所監獄是蔗糖園（Sugar Land）的「中央第二單位」（Central Unit no.2），也是德州監獄體系中最老的其中一個。蔗糖園因爲民歌傳奇人物「鉛肚皮」（Leadbelly，本名 Huddie Ledbetter）的一曲「午夜列車」而名滿天下。

有一天，這所監獄的典獄長蒙哥馬利（Captain Montgomery）看見班尼在廚房裡勤奮地揮趕蒼蠅，不讓蒼蠅叮他正在燉的一鍋豆子，一站就是幾小時。典獄長受了感動，就安排人事把班尼調到他宿舍裡去擔任家中的廚子。幾十年來，班尼服務過的典獄長家庭可以寫出一大串，按他自己說，在典獄長家裡司廚的時候也學會了「花俏的烹調」。

班尼從麵包房要來一些黃色的食用色素，然後就用麵粉、牛油、色素做了「起司醬」，煞有介事地盛在我的水煮花椰菜盤子上。他招待我這一餐是在典獄長的飯廳裡進行的，漢堡是沾了麵糊下油鍋炸的，配著褐色的湯汁和沾麵糊炸的薯條，以及「起司醬」的花椰菜。

他做的貓頭是我所吃過最美味的比司吉。碎肉餅下鍋炸的時候肉還是冰的，起鍋以後外表酥脆，裡面的肉卻是軟嫩的淺紅色。因爲戴林頓監獄自己在養牛，牛肉非常新鮮，而且不像外面的碎肉餅絞得那麼碎。炸薯條好吃極了，我猜他添的「祕方」佐料是辣椒粉。至於「起司醬」，只有很久沒吃到眞正乳酪的人會欣賞，肉湯汁則需要加一點辛香料。在材料有限的情況下，能做出這樣一餐確是精彩的。

把最普通的材料變成有個性的美味菜式，一向是南方黑人烹飪的特色。班尼記得以前鯰魚太貴的時候，他們只能學著做鯉魚來吃，他還說起用一隻兔子燉菜給二十個人吃的事。

「黑人的靈魂菜叫作靈魂菜，是因爲做菜的人只能將就著材料做，」班尼說，「湊不齊的材料就用自己的靈魂補上。」

我一面吃，班尼一面說學習做典獄長私家廚子是多麼不容易。「有一回，蒙哥馬利太太說週末有客人要到家裡來，我要做好幾頓。她教我把需要到外面去買的東西寫下來。我會做的東西就那麼幾樣，所以我就要她一點白米、頸骨頭、甘薯、芥菜。她看了我寫的單子就說：『這是黑鬼菜嘛！太小兒科了。』

「她給了我一本芝加哥烹飪學院（Chicago Institute of Cooking）出版的食譜。那是我的第一本食譜，我走到哪兒都帶著，等於是我的聖經。牢裡的人閒著沒事都愛瞎扯女朋友、喝酒、偷車的事。我閒下來就坐在廚房水槽旁邊和史墨基和其他廚師聊天，從他們那兒偷學手藝。」

班尼進去監獄十次，每次都因爲有一手好廚藝而調到典獄長家裡服務。「我知道該用什麼手段，」班尼說，「我知道怎麼討白人喜歡，烹飪的道理就在能不能討人喜歡。」我點頭稱是，一面用貓頭把盤裡的肉汁沾乾淨吃了。班尼・克魯伊斯的確是討人喜歡的高手。

但是班尼也正在爲他坐牢期間犯的謀殺罪服刑。「沒錯，」他說，「當時我們在打混戰，我把一個人刺成重傷不治。」他有十次服刑前科，被判了三個無期徒刑，算得上是一名慣犯。

我對班尼說，很希望能在餐館裡品嚐他的烹調。我問他，自己回顧過去種種，會不會希望一切都不是這樣？我問他，如果情況不同，社會和監獄系統是否可能讓他重回主流社會？

「別人常常問我這些問題，我也仔細想過。」班尼・韋德・克魯伊斯說，「如果不是因爲在監獄裡被迫進了廚房，我連用湯匙挖水果都不會。其實我也不是被迫的，要不要做在我自己。我可以努力學著做個好廚師，也可以背起棉花袋到田裡去，從早到晚摘棉花。我見過黑人嗑藥、見過他們挨揍，見過他們鬧事打架，見過他們在棉田裡累死。我是自己決定進廚房的。」

班尼講起以前那些典獄長的家人怎樣對他好，還有教他做菜的其他黑人獄友，他眼眶裡泛起淚水，這些善意對待都是他在自由世界裡從未經驗過的。「我想我的人生本來就該是這樣，」班尼柔聲地說，「我想這樣對我最好。」

原載《奧斯汀記事報》一九九三年十二月三日

夏日煙雲

那時候我對戶外烤肉這項活動還不熟，所以，「泰勒國際戶外烤肉比賽」（Taylor International Barbecue Cook-off）邀我擔任評審時，我不大清楚自己會遇上什麼場面。我到了比賽地點——德州泰勒市的莫菲公園（Murphy Park），四下走動看見的是，許多中年男子在他們特別訂做的烤肉拖車旁擺好了架勢。有些拖車的裝備包括大得能容人走進去的廚房和有自來水槽的調酒檯；每一個拖車都有特大號的燻烤架和砍得整整齊齊已經放乾了的一堆硬木柴。

參賽者組成不同的隊伍，隊名有「哈雷好漢」、「胖漢子」等等。其中許多人是從昨天半夜就開始烤肉的。今天這個夏日午後燠熱中，比賽隊伍的主要活動是在烤肉架旁邊閒散、喝啤酒、辯論山核桃樹、蘋果樹、桃樹、星毛櫟、胡桃樹、牧豆樹等哪一種木材最適合燻烤肉，以及多高的溫度、多長的時間是燻烤牛胸肉的最佳組合。單單以德州計，每年舉行的戶外烤肉比賽就有上百場。泰勒烤肉比賽的冠軍會得到獎杯，還有資格參加兩個全國性的烤肉比賽，一個是堪薩斯州堪薩斯市舉行的「堪薩斯市烤肉協會美國皇家邀請賽」，一個是田納西州林區堡（Lynchburg）舉行的「傑克丹紐邀請賽」（Jack Daniel's Invitational）。

當評審的喝著啤酒走來走去看著肉冒煙，聽來有點奇特。我們要不記名地試吃燻烤的肉，再評定勝負。評分標準包括香氣、味道、嫩度、質地，還有烤架在肉上留下烙痕的美醜。從一條條的烙痕可以看出是否用慢火燻烤的。烤成的肉切開後，表面烙痕的顏色可以深及肉裡大約半吋。顏色淺者粉紅，深者暗紅，端看使用木材的種類與燻烤程度而定。

泰勒烤肉比賽有類別之分，包括豬肉、牛肉、家禽、山羊肉、小羊肉、野禽獵肉、海鮮。我是野禽獵肉組的評審，品嚐了鹿肉、麝香豬肉、野豬肉、鵪鶉肉、兎肉。野豬肉味道和一般豬肉差不多，鹿肉非常好，但是我把最高分給了用辣味蜂蜜烤肉醬醃過的鵪鶉。

可惜烤肉比賽中沒有喝啤氣比賽和吹牛比賽的項目，不過，在場的人大概都認爲繞著烤肉爐閒晃是最大的樂事。當我開了一罐啤氣，坐下來啃著一塊小排骨，才想到一件事：這美國特有的休閒活動其實沒離開戶外烤肉緣起的傳統。

有關 barbecue（戶外烤肉宴）這個字的由來，有不少極盡想像之能事的說法。我常聽到的一個是，以法文的 barbe à queue（意即「從鬍子至尾巴」）爲英文字的字源。這個說法認爲，由此可知最初的野外烤炙者是烤整隻的獸。然而，《牛津英文辭典》（*Oxford English Dictionary*）認爲此一說法是「無稽之談」，多數研究烤肉的人士亦然。

這個字以及烤肉的一些方法，乃是從西印度群島的加勒比印地安人（Carib Indians）傳給我們的。英文的 barbecue 是從西班牙文的 barbacoa 而來，而西班牙文這個字是從阿拉瓦克加勒比語（Arawak-Carib）的「巴卜拉考特」(babracot)，印地安語原義是指加勒比人在文火之上用青綠枝條高高支起的燻烤架。加勒比人把要烤的肉攤在支架上，再用葉子蓋著肉，以免燻煙飄散。

野外烤肉當然不是加勒比人發明的。早在史前時期，人們就用煙燻來保存肉類了。

有人猜，發現煙燻保存功能是在新石器時代，當時的人把魚和肉放在架子上曬乾，架子下面升火本來是爲了燻趕蒼蠅，後來發現煙燻過的肉魚比只用日曬的保存得久，這種方法才普遍通行。古羅馬的享樂主義者阿比修斯（Apicius）曾留下一道醃肉食譜，手續包括鹽醃十七天、露天乾燥兩天，以及煙燻兩天。

科學家至今並不確知是什麼化學反應使燻烤有保存作用。燻煙的熱是促成乾燥與增添風味的主角，露天通風也有益於保留肉中的水份，這都是事實。但是燃燒木材的熱煙含有多達兩百種的化合物，包括醇類、醛類、酸類、酚類，以及多種不同的有毒物質。酚類化合物可以減緩脂肪氧化，有機酸類和醛類可以抑止細菌和黴菌生長。除此之外，這古老的處理肉類的方法究竟還有哪些作用，至今仍然無解。

同樣無解的是，早期的歐洲殖民者爲什麼還得向印地安人學習這門古老的技術。也許是因爲歐洲文化習慣了室內廚房，燻烤卻是比較適於戶外的，所以捨而不用。不論是什麼緣故，希斯班紐拉島（Hispaniola）的西班牙殖民者必然是從未見過這種技術，所以才會直接借用土著的語言來稱呼它。

加勒比人用支架燻烤獵獲的小型獸類和魚，卻因爲有禁忌而不烤食牛與豬，也不用鹽。所以我們也許可以說，這些歐洲殖民者開始把加勒比人的燻烤技術運用到牛肉和豬肉上，再加上一點鹽，美國戶外烤肉就這麼誕生了。但是你如果拿這種理論去和烤肉狂講，又將引來何謂 barbecue 的長篇辯論。

有人說 barbecue 的定義是搭配辛香醬料的烤肉，可是德州有些最美味的 barbecue 是完全不用醬料的。有人說 barbecue 應該指燻烤的肉，曼斐斯市（Memphis）一些最著名的烤豬排就是只塗調味醬烤而不用煙燻的。在南、北卡羅萊納州，barbecue 常常是指一種用撕下的肉片做成三明治，是用小火煎的，有辛香料醬汁。對大多數美國人而言，barbecue 這個活動就是指在自家後院用烤肉架來烤漢堡肉和熱狗吃。

釋義搞不定的原因也許就在印地安語的「巴卜拉考特」，這個詞本來是指安置肉的那個烤架。由於加勒比印地安人的烤架是煙燻用的，他們又偏好調味重的食品，而英文裡卻沒有一個字詞用來專指這種方式烤的肉，所以 barbecue 就漸漸變爲泛指好幾種意思了。這個英文字現在指烤炙架，指放在上面烤的肉，指用它來烤肉的過程，也指以這樣烤肉爲中心的聚會。難怪各家說法總是不能歸於一統。

其他語文有些用詞也能找出 barbecue 由來的線索。西班牙的 charqui 意指「乾製肉」，也是英文字 jerk（肉乾）和 jerky（條狀牛肉乾）的字源。而 jerk 可以把 barbecue 和加勒比人燻烤肉的傳統銜接。我所見過的燒烤方法中，最近似歷史描述的加勒比印地安燻烤方法的，就是牙買加的乾肉燒烤。

一九九四年間，我和一位牙買加籍的朋友到小鎮波士頓灘（Boston Beach）最有名的烤肉棚去解饞。波士頓灘的人都用多香果樹的枝條燻肉，所以全鎮到處飄著燜燒木材的氣味。他們的燻烤方法正如史料記載加勒比人的方法，露天的灶坑裡放著冒煙的炭，炭火上架著燻烤架，肉就攤在烤架上。不同的是，烤肉架不再是用青綠枝條做成，改用金屬的，蓋在肉上的也不再是樹葉，而是白鐵皮。同行的這位牙買加友人說，不過二十年前，波士頓灘的人仍然在用香蕉樹的葉子。那一次吃到的燻烤乾肉如果參加泰勒烤肉比賽，應該能得大獎。那肉的濃香繞樑，鮮嫩得用手指一捏就碎了。

牙買加餐館往往是由女性主廚，我在波士頓灘並未見到這種情形。倒是看到很多男人圍著火坐著喝「紅條牌」(Red Stripe) 啤酒。我在那兒以及在泰勒烤肉比賽中目睹的男性圍著烤肉表現的哥們情誼，又讓我想到 barbecue 的另一個字形。

法文的 boucan 所指的就是加勒比語的「巴卜拉考特」——燻烤架，這個字來自巴西的印地安族圖皮語（Tupi）。從這字衍生了英文中的 buccaneer，這個英文字指的是十六世紀中葉的一群不法之徒，他們住在希斯班紐拉北邊海岸外的托土加島（Tortuga），大部分是法國人和英國人。這些人後來雖以海上冒險事業聞名，他們的名號的由來卻與燒烤生意有關。

西班牙殖民者棄守希斯班紐拉島之後，這群人跑來狩獵未被宰光的野牛野豬，然後把肉燻烤處理，賣給過往的行船。由於西班牙人要緝拿這些人，他們為了自保便集結成群，然後索性扔下烤肉生意自己跑到海上。不久他們便發現，以突襲方式掠劫西班牙船隻比追捕野豬的利潤大得多。

說起 barbecue 的歷史，我覺得最有意思的還是它和休閒時光的關聯。這個休閒傳統的由來，又要歸功於加勒比人的發明。他們不但創造了英文字 barbecue 的起源，也給英文添了 hammock（吊床）這個字。夏日週末簡直就可以算是他們發明的。

要眞正了解美國的烤肉文化，加勒比印地安社會中「巴卜拉考特」與吊床的關係乃是一個關鍵。按加勒比人的習俗，出外狩獵捕魚的人回家後要躺在吊床上休息，以便恢復體力。獵人漁人躺在吊床上休息著，一面也等著肉或魚在小火上慢慢烤熟。

十七世紀的一位法國人眼見這種事，覺得難以置信。按他的記述，加勒比人出海捕魚回家後，「竟然有耐心等待把魚放在離火兩呎的木條架上烤熟，火是那麼小，有時候要烤上一整天才熟。」

肚子正餓著的人能悠閒地在吊床上躺一整天，等晚餐烤得恰到好處。顯然歐洲人曾覺得這是豈有此理的事。但是，此時在泰勒國際烤肉大賽場內逛著，看見燻煙飄過，聞著烤肉香，還有胖漢子們、哈雷好漢們悠閒地躺在他們自備的涼椅上，我自覺承襲著一種高尚的、本土的美洲文化傳統。今天下午若有一位十七世紀的加勒比印地安人從天而降來到莫斐公園，一定會覺得好像回到自己的家。

波士頓灘烤肉醃醬

待烤的肉要徹底抹上醬，如果肉片切得比較厚，就以二吋的間隔在肉上切斜條，把醃醬塞進切痕。肉要醃一夜，次日再以慢火燻烤。

半杯新鮮百里香葉

二把（約十五枝）帶莖葉的嫩洋蔥
四湯匙切細粒的鮮薑
三顆圓帽椒或哈瓦那椒，去梗
四分之一杯花生油
五粒蒜，剁碎
三片月桂葉
二茶匙新鮮的多香果，磨碎
一茶匙新鮮的荳蔻，磨碎
一茶匙新鮮胡椒，磨碎
一茶匙新鮮芫荽，切碎
一茶匙新鮮肉桂，磨碎
二茶匙鹽
一顆萊姆，榨汁

將材料全部放入調理機，混打成濃稠有碎粒的糊。醃醬可用有嚴密蓋子的容器，在冰箱中可冷藏數月。有二杯或二杯半之量。

原載《自然史》一九九六年八月

鄉土炸牛排

在「吾希餐桌」（Ouisie's Table）的吧檯上，一客熱騰騰的炸雞式牛排從不鏽鋼檯面的那一頭一路滑到我的面前。金黃色的南方式油炸外皮完美無缺，奶油醬汁盛在一旁，以免沾軟了它。我小心地嚐著洋芋泥、芥菜、玉米雞蛋布丁。裹了蛋麵糊炸成的牛排凹凸有致的外觀不斷引誘著我，但是這形狀不規則的炸肉太燙了，還不能吃。我撥弄著盛醬汁的小皿，要等到恰恰好的那一刻把它澆在肉上。如果等得太久了，肉會不夠熱；如果太早澆下去，你可能吃得燙到嘴，要不然就是眼看著那美妙的金黃外皮變成濕答答。

在等待這一刻的當兒，想起在報上看到的一篇惹我生氣的文章。文章的小標題是：「只有傻瓜會信仰所謂的德州最好的炸雞式牛排」，作者是與我同在《休士頓週報》投稿的喬治·亞歷山大（George Alexander）。我尊爲神聖不可侵犯的，全被他汚蔑了。

「『炸雞式牛排』這個名稱本身之引人注意且値得記憶，是有搞笑意味的，」喬治寫道，但是「所謂很棒的炸雞式牛排這個東西，根本就不存在。」稍老的後腿肉牛排應該以文火燉，不應該像維也納酥炸小牛柳那樣裹了麵包粉炸。凡是正派的廚師，都不該用奶油蘑菇醬來配牛肉。「末了，當代德州餐館界的幽默大師爲了要達致爆笑效果，陪襯的菜用了洋芋泥，使配菜和醬料在顏色、味道、口感上無分彼此，和酥炸的牛肉也沒什麼對照可言。」至於這道菜號稱的歷史淵源，他也表示質疑，因爲最早的文字記錄不過是一九五二年的。

喬治兄，我能理解你爲什麼會犯這個錯。因爲不好吃的炸雞式牛排本來就很多，正如不好的酥炸牛肉條、不好吃的奶油蘑菇醬、不好吃的魚子醬也很多。可是你不能拿弄不清狀況爲藉口，你這樣說錯話是搬石頭砸你自己的腳。

我會反駁你的每個論點。不過我得先往炸牛排上澆一點醬汁。如此一來，牛排的酥皮仍然是脆的，每一口都立即包進奶油醬汁和鮮美肉汁鹹鹹的熱氣裡。我閉上眼睛領受著這個滋味。吾希餐桌的炸雞式牛排毫無疑問是世界級的，是全德州最好的其中之一。

我倒不是這方面的權威，我吃炸雞式牛排（Chicken-fried steak，行話簡稱為CFS）只有三十年歷史，寫文章談它大概有十年。我希望將來能成為不折不扣的專家，就像《沃士堡星電訊報》（Fort Worth Star-Telegram）的巴德·甘奈迪（Bud Kennedy），他能形容沃士堡方圓百哩內所有小市鎮的每一家館子賣的CFS有哪些細微的差別。甘奈迪的本事是跟名師學來的，他的師父——已故的傑瑞·佛萊門斯（Jerry Flemmons）——也是《沃士堡星電訊報》的專欄作家。

佛萊門斯曾經這樣寫道：「烤肉和南方德州墨西哥烹調雖然那麼精彩高貴，在炸雞式牛排這道我的天哪的牛肉美饌面前，是相形失色的。最能定義德州特色的莫過於這一道菜式；它其實已經變成形容浪漫化了的、草原鍛鍊的德州佬個性的一種食物隱喻。」

佛萊門斯和他的好友丹·詹肯斯（Dan Jenkins）常去一家叫作「麥西的店」（Massey's）沃士堡路邊飲食店，這家店供應遠近知名的CFS，以及盛在炮口那麼大的凍過的啤酒杯裡面的冰啤酒。詹肯斯曾在小說《下奧克拉荷馬》（*Baja Oklahoma*）之中寫了一段CFS的笑料。研究這些CFS大師著作多年以後，我才敢動筆談論「這道我的天哪的牛肉美饌」。

在我與沃士堡主廚葛萊迪·史畢爾斯（Grady Spears）合著的食譜《牛仔進廚房》（*A Cowboy in the Kitchen*）之中，就有一道CFS。（封面正是嬌艷欲滴的CFS特寫。）說到這兒，涉及利害關係了。我承認CFS與我的收入有關，我如果罵它不好，是斷我自己的財路。

所以，喬治，我的意見如果不可採信，你可以到吾希餐桌去求證你的基本論述：所謂很棒的炸雞式牛排這個東西根本不存在。（去之前先打個電話，因爲他們只在每星期二供應CFS，有時候會定爲當日特餐。）正確的吃法如下：你先切下一大塊油炸外皮厚厚的、冒著熱氣的肉，然後用餐刀取一點洋芋泥放在肉上，再取一點沾飽了胡椒醬的芥菜，接著就用叉子把它們叉起來，直接放進醬汁皿一浸。

這一口吃下去味道口感無分彼此嗎？我的感覺卻是瞬間體驗了味道與口感的「蒙太奇」，微苦的芥菜沾滿酸味胡椒醬穿透洋芋泥和奶油醬，放肆地滲進肉汁裡。這完美的一口要再配上大大的一口冰啤酒。（如果你覺得Shiner黑啤酒還不夠好，盡可來一瓶Pilsner Urquel。）假如你這樣吃仍然區分不出牛肉和洋芋的味道，你也許該去檢查一下味覺是不是出問題了。

你抱怨肉這樣炸來吃嫌老了。喬治老兄，你怎麼還弄不明白呢？老牛肉老早就是德州地方口味烹調的主要本土食材了。正是因爲用老牛肉，所以我們也發明了漢堡肉餅、辣味牛肉末、燒烤牛胸肉，所以我們把牛肉裹麵糊油炸之前要把牛肉弄軟。

不過既然要反駁你，就看看你是怎麼說的：「油炸，尤其是裹上麵糊炸，只適於嫩軟的肉。維也納式酥炸牛肉就是明證。」詹姆斯・畢爾德（James Beard）在《美國烹飪》（*American Cookery*）裡也說，維也納酥炸牛要用小牛排肉。「按我們的術語，牛排肉就是從後腿切下來的肉，圓的骨頭仍然留在中間。」畢爾德說。這種半吋到一吋厚的圓形牛排要用打肉的槌子打成四分之一吋厚，再薄一點亦可，然後沾上麵包粉下鍋炸。這做法是不是很像炸雞式牛排？

用槌子打過一陣子之後，小牛和大牛的後腿肉又有什麼差別？重點當然不在嫩與老上面。小牛肉比較軟是因爲取自仍在吃母乳的小牛。可是，多年以前的德州沒有餵牛乳的小牛肉。所以德州人用大牛同樣部位的肉做了酥炸牛肉。CFS基本上就是德州方法做出來的酥炸小牛排肉，按畢爾德說，這是以奧地利人的維也納酥炸牛肉和義大利人的米蘭酥炸小牛肉爲藍本的一道美國菜，在美國已經風行了一百五十年。

話題正好回到歷史上。喬治說：「多數德州人第一次聽說這道菜，也許是在欣賞一九七一年的影片《最後一場電影》（*The Last Picture Show*）的時候。」且慢，他以爲一個粗獷的德州佬因爲看了彼得·波達諾維契（Peter Bogdanovich）的一部黑白文藝片才開始吃炸雞式牛排嗎？

按《德州紀錄大全》（*Lone Star Book of Records*），CFS是吉米·唐·柏京斯（Jimmy Don Perkins）於一九一一年發明的。他乃是德州拉梅薩（Lamesa）一家小飲食店的廚師，因爲誤解了顧客的意思，把一片薄的牛排肉沾了麵糊放進油鍋裡炸了。這樁事雖然常有人提出來講，可惜純屬瞎編。沒有人確知CFS是什麼時候發明的。但必定比一九五二年早得多。按卡洛·索瓦（Carol B. Sowa）在《聖安東尼奧最佳指南》（*Best Guide to San Antonio*）之中的記載，聖安東尼奧各地的「豬站免下車餐館」（Pig Stand Drive-in）從一九四〇年代開始營業的時候起就在供應炸雞式牛排了。《美食家》（*Gourmet*）的兩位專欄作家珍·史登（Jane Stern）與麥可·史登（Michael Stern），也在《吃遍美國》（*Eat Your Way Across The U. S. A.*）之中猜測，炸雞式牛排是美國經濟大蕭條時期的山居德奧裔德州人發明的，我自己的猜想則是：南方還沒出現CFS這個好記的名稱之前，酥炸牛排肉的吃法早已存在。

最後再來談談奶油醬的問題。喬治說：「所有專業的廚師都知道，絕絕對對不可以用奶油蘑菇醬配牛肉。」他這樣代表所有專業廚師發言，又是自討苦吃。休士頓兩位最出色的主廚，愛露伊絲・谷柏(Elouise Cooper)與勞伯・戴爾・格蘭德(Robert Del Grande)，都用奶油醬配炸雞式牛排。喬治的意思難道是說，谷柏和戴爾格蘭德都不是專業廚師？

在戴爾格蘭德的「牧場河」(Rio Ranch)，炸雞式牛排乃是用脫脂發酵乳蘸過的牛腰肉配奶油醬。牧場河是造就高消費牛仔式烹飪的功臣，也因爲有高檔牛仔美食的講究，炸雞式牛排在德州才能更上層樓。近十年來，炸雞式鹿肉排、炸雞式牛里脊、炸雞式鮪魚排(都是配奶油醬的)都登上德州各地高檔餐館的菜單了。喬治不久必會發現這些新風氣，然後急急忙忙跑來告訴我們。

我們可以原諒喬治的這種場上失誤，畢竟他久居別州，最近才搬回德州來。不過問題的癥結不在欠缺對本地的認識，而在於姿態太高。對休士頓人說根本沒有所謂很棒的炸雞式牛排，就好像對費城人說根本沒有所謂很棒的起司里脊三明治，或是對紐約人說根本沒有所謂很棒的比薩。這不是勢利的自以爲懂，而是大大的失禮。

原載《休士頓週報》二〇〇一年一月十一日

話說克里奧爾

在休士頓「布萊南店」（Brennan's）享用龜肉湯，有如經歷了一次魔毯之旅。從那碗黑黑的燉湯端上潔白的桌面那一刻起，你就把雜念一掃而盡只盯著它看了。香氣撲鼻的鱷龜肉、暗色的稠汁、用料錯綜複雜的小牛肉高湯，一齊在濃濃的熱氣之下閃爍著。你才拿起湯匙，服務生過來了。他撬開雪莉酒的瓶蓋，克里奧爾（Creole）的瓶中仙便竄了出來。立即就有一陣雪莉酒、月桂、大蒜、辛香料的香氣飄起，把你輕輕地從座椅上托起來騰空了。你嚐了一口湯，整個人便乘著和一千零一夜一樣多采多姿的歷史，騰雲駕霧去也。

傳奇故事是這麼說的：一七六二年間，法國國王路易十五和他的表弟——西班牙國王查理三世打牌。路易眼看要輸了，可是他相信手上這副牌穩贏，於是拿法國治下的路易斯安那領土下注。查理暗笑了，因爲他手上這副牌更強。結果，就在呵呵笑與撲粉假髮亂顫中，路易斯安那從法國屬地變成了西班牙屬地。

鏡頭跳到地球另一端的一個燈光昏暗的房間：路易斯安那一處大宅邸的黑奴宿舍裡，一位衣著華麗的法國貴族偷偷摸進情婦的臥室。這美貌的女奴名叫瑪麗・泰麗絲（Marie Therese），她也是他的孩子們的媽。這位貴族，即克勞德・皮耶（Claude Pierre），輕聲許諾情婦一個不可能成眞的未來：他要給她自由之身，還要買一個棉花莊園給她。

話扯遠了。我還是言歸正傳，回到文章的開頭：布萊南店的餐廳光線昏暗，看來十分舒適。玫瑰紅的花崗石地板，搭配著綴飾耶誕節花圈的黑木柱子，很吸引人。可是我卻被擋在門外。

「先生，對不起。」經理說，「男士在布萊南店用餐必須穿西裝上衣。我們這兒備用您可以借穿的。」我大窘，在整排清一色深藍的西裝上衣之中找了件大號的穿上。我一直不懂這個穿別人的衣服用餐的奇怪習俗道理何在，可是要打退堂鼓已經來不及了，我便和女伴一同就座展讀菜單。

布萊南店是休士頓最有名的克里奧爾餐館。我來是爲了一探克里奧爾烹飪風格的究竟。可是看了這兒的特大號菜單，我卻有點暈頭轉向。松露蝦玉米雜燴！焗吉康菜肥鵝肝與杏仁糖烈酒加山核桃！芫菁甘藍餅加牛雜碎與肥鵝肝！

在布萊南店，顧客得自己決定要吃哪一種克里奧爾菜——經典克里奧爾、新式克里奧爾，還是德州克里奧爾。我們便混著點。開胃菜要了新式的松露蝦玉米雜燴和經典的龜肉湯。主菜點了老派的龐夏特藍燉海鮮（seafood stew Pontchatrain）和德州山核桃鱒魚。玉米雜燴不符期望；玉米加胡椒的雜燴簡直聞不出松露的味道，加上蝦也與整個菜不調和。龜肉湯如何，前面已經講過了。山核桃脆皮鱒還不錯，肉倒是相當細嫩的。龐夏特藍燉海鮮乃是一場縱慾的甲殼肉餐宴，多得不像話的蟹肉堆滿墊底的烤鱒魚之上，蟹肉上面滿滿一層蝦肉，四周的奶油醬裡還泡著牡蠣肉。如馬克・吐溫（Mark Twain）形容路易斯安那海鮮時曾經說的，「那美味就像犯不太重大的罪那樣教人痛快。」

在訂位檯一旁，我看見一本新出的克里奧爾烹飪書《司令廚房》（*Commander's Kitchen*），作者是紐奧良的「司令府」（Commander's Palace）的老闆和主廚，蒂・阿德蕾德・馬丁（Ti Adelaide Martin）和傑米・夏儂（Jamie Shannon）。（五十年來，布萊南家族開了十家餐館，包括休士頓的布萊南店，以及他們的旗艦店，即紐奧良的司令府。）兩位作者在書中說明克里奧爾烹飪風格的歷史由來，以及著名的紐奧良老餐館如何煞費苦心地傳承這項瑰寶。

一七八〇年間，西班牙政府曾將特權授給殖民地出生的歐洲人後裔，並且稱這些人爲「克里奧爾」（Criollos 或 Creoles）。這群有教養的人士表現了舊時紐奧良的富饒精神，他們很愛以華麗盛宴模仿法國和西班牙的宮廷派頭。掌杓的非裔僕人們會利用美洲食材按法國食譜創出新菜式。當時的路易斯安那烹調方法混合了法國式、非洲式、印地安式，西班牙人又從其分布廣闊的殖民帝國別處引入了番茄、辣椒，以及各式香料。（那時候的法國人認爲番茄是有毒的東西。）於是奠定了日後克里奧爾烹飪的基礎。

憑布萊南店別具創意的松露玉米濃湯和肥鵝肝吃法可以證明，克里奧爾烹飪既沒有固定不變的形式，也不排斥創新。司令府的歷任主廚中，保羅・普魯東（Paul Prudhomme）和艾摩瑞・拉噶斯（Emeril Lagasse）都曾經大展個人風格的烹飪技藝。但是布萊南家族的餐館也會保存龜肉湯和蝦味蛋黃醬之類的傳統經典菜式，可以溯源到十八世紀晚期講究吃喝玩樂的那一輩。

喬治・湯瑪斯（George Thomas）正充滿感情地吹奏出「祝你有個快快樂樂的耶誕」開頭的第一句：「栗子正在火上烤著……」。他的四人爵士樂隊安排在「克里奧爾小屋」（Creole Shack）的壁爐前面，餐廳裡的客人大多爲黑人，每個人心情都很愉快。有好幾桌是闔家光臨的，小孩子的腳跟著音樂打拍子，眼睛望著掛滿各色閃耀燈飾的耶誕樹。星期五、六晚上的克里奧爾小屋是「有賺的館子」。爲什麼有賺？吧檯服務生告訴我：「照路易斯安那西部的說法，有音樂表演的館子就是有賺的館子。」

我點了一客鯰魚法國麵包三明治、一碗秋葵濃湯，還有冰啤酒。濃湯先來，裡面滿是雞肉、蟹肉、蛤肉，以及一條香腸。鄰桌的一位女士靠過來說：「這是上好的秋葵濃湯，不是嗎？」我點頭稱是。

「我們是凱貞人（Cajun），我們每天晚上都來。」她同桌的男士說。

「凱貞的秋葵濃湯和克里奧爾的有什麼不一樣？」我問。

「沒什麼不一樣。」他答。

三明治來了，是中間橫切的半個大麵包，上面擺著仍在冒熱氣的煎鯰魚排，澆著厚厚的加味蛋黃醬，還有冰的生菜和番茄片。魚排太燙，還不能馬上吃。所以我啜飲著冰啤酒，等它稍涼了，再享受燙舌頭的魚肉加冰生菜和番茄的過癮感。拿起「凱貞大廚」辣醬撒一點，快感可以加倍。我邊吃邊想著：克里奧爾和凱貞到底有什麼不同？

凱貞人，也就是阿凱地亞人（Acadians），是英國殖民時代從現今新斯科細亞一帶流放出來的法裔加拿大人，這一點我是知道的。他們移居的分布範圍很廣，有許多人來到說法語的路易斯安那地區，在路州西部的沼澤區和牛軛湖區的人數尤其多。他們發展成功的凱貞烹飪風，與路州西部他們指爲「克里奧爾」的烹調看來相似，其實要比紐奧良的克里奧爾烹調味道重，量也比較大。你聽糊塗了嗎？我也有點糊塗了。所以我打了一封E-mail給帕布羅·強生（Pableaux Johnson）求救，他是《世界口味：紐奧良》（*World Food: New Orleans*）的作者，這本書由「寂寞星球」出版公司（Lonely Planet Publications）發行，是饕客的路易斯安那指南。

我告訴他，我剛吃過休士頓的兩家克里奧爾餐館。在布萊南吃到好到極點的龜肉湯和龐夏特藍燉海鮮。在克里奧爾小屋這個惠而不費的黑人飯館吃到鯰魚三明治、秋葵濃湯、冰啤酒。

「兩家同屬一種克里奧爾嗎？」我問。

「不是同一種。」他答覆，「你所說的兩家餐館實行的是克里奧爾的兩種不同的定義。布萊南店是新月城市（Crescent City）餐館王朝的前哨，用『克里奧爾』指紐奧良早期殖民者所創的烹飪風格。那是精細、老式的城市菜式——基本上是非洲裔廚師按美洲及西班牙食材所作的正統法式烹調。海鮮佔的份量大，牛油和奶油醬用得多，秋葵濃湯加番茄，是重油的、優雅的、法國風的菜式。

「至於克里奧爾小屋，是正典的『路易斯安那南部克里奧爾』館子，」他說，「這兒用的『克里奧爾』是族裔文化上的定義。說法語的非裔加勒比海自由有色人種——包括海地人和法國奴主給予自由身的奴隸——於十八世紀在法屬路易斯安那定居。這些說法語的黑人在紐奧良市和市外沼澤湖區興旺起來。路州南部克里奧萊比較簡單樸素（與凱貞飲食相近），受到的影響和老紐奧良的『歐洲克里奧爾人』不同。」

難怪我會搞不清楚。

「『克里奧爾』這個名詞不宜隨便用，但是大家都在亂用。」強生的回信說，「這看似單純的用語其實有很多不同的釋義。按語言學家的專業定義，是『一群人當作母語使用的混合語言的方言』。研究路易斯安那歷史的人又有另一種定義，『紐奧良早期的法國及西班牙殖民者的直系後裔』。在法屬的西印度群島以及加勒比海其他地區，『克里奧爾』完全是另外的意思。而且還有幾種烹飪方面的定義。總之，如果有人要告訴你『克里奧爾』的確切定義，姑妄聽之即可，不必全信。」

包括強生自己說的嗎？

「我說的尤其不可全信。」

有了強生的這一番說明，我才明白，克里奧爾小屋的老闆羅蘭・柯里（Roland Curry）口中的克里奧爾是指路易斯安那說法語的黑人。他自己是克里奧爾，而且與路易斯安那歷史上最有名的一位法語自由黑人有血緣關係，此人即是瑪麗・泰麗絲・款・款（Marie Therese Coin Coin）是西非洲來的一名女奴。一位名叫克勞德・皮耶・梅特瓦耶（Claude Pierre Metoyer）的白種法國貴族和她相戀，兩人生了十四個孩子。」柯里說，這貴族的家人覺得太丟臉了，就要阻止他和她來往。他後來與家人妥協，只要家人同意給她自由身，他就不再和她往來。家人本想擺脫她，便答應了，可是他們堅持扣留她的孩子們做奴隸。梅特瓦耶和西班牙國王關係不錯，就給她爭取到一份轉讓地產。瑪麗便在這兒闢建了名爲「梅爾路斯」（Melrose）的農莊，每年用她賺得的錢買回自己一個孩子。據說，她在逝世前幾個月籌到錢，把她最幼小的一個寶寶買了過來。「那契托希很多克里奧爾都是瑪麗的十四個孩子的後代——我也是一個。」羅藍・柯里說。

凱貞、紐奧良的克里奧爾、非裔法語克里奧爾，是三種有明顯差別的烹飪風格，來自全世界三個傳說故事最多的文化。

再訪克里奧爾小屋的這一次，我嚐到了口味的差別。按羅藍・柯里自己說，他的克里奧爾烹調是兼容並蓄非洲、喬克托印地安（Choctaw Indian）、法國、西班牙等四種風味的。「這和凱貞飲食有一點不同，我用番茄醬和各種香料比較多。」他說。

克里奧爾小屋的燜燒蝦就是把鮮嫩的蝦放在辛香的醬汁裡，醬汁則是用少許油麵糊加很多番茄醬、綠辣椒、洋蔥而成。這和凱貞燜燒蝦不一樣，後者是用暗色的油麵糊做成褐色的醬汁。比較接近紐奧良克里奧爾燒蝦，但辛香料用得更重。

我的同伴點了克里奧爾秋葵，這也許是菜單上最不同凡響的黑人克里奧爾菜代表：

有香辣的秋葵豆泥（非洲）．，玉米和辣椒（印地安）．，洋蔥、生菜、豬肉香腸（法國）．，配著濃稠番茄醬汁的蝦（西班牙），旁邊還有一塊法國麵包。這是我在凱貞餐館從未見過的——在紐奧良的克里奧爾餐館也沒見過。

克里奧爾小屋和布萊南店分據著一種烹調風的兩個極端。布萊南店是休士頓最典雅的餐館之一，到這兒來可以體驗有歷史淵源的紐奧良名菜和創新的純樸南方口味。克里奧爾小屋則是個有趣又實惠的地方，香辣的燉菜和料足的大三明治都是與凱貞食品相近的另一種選擇。上布萊南店可以得到優雅的精緻用餐經驗，上克里奧爾小屋可以大嚼三明治、秋葵燉湯，欣賞每逢週五、六晚上的爵士樂表演。兩種選擇都能經驗原汁原味的克里奧爾文化。

原載《休士頓週報》二〇〇〇年十二月十四日

解讀測驗

早上十點半，「三A餐館」（Triple A Restaurant）裡面有八位顧客。都是男士，四個人梳著藉幾綹稀髮遮住禿頂的髮型。餐桌鋪著木頭紋的塑膠面，椅子包著橘黃色塑膠皮，都有些破舊了。有一面牆上掛了一張一九三五年的高中足球隊照片。爲我服務的這位女士名叫貝蒂；她是在高地這一帶長大的，在三A已經工作了十八年。

我對菜單上這個佔了將近半頁的項目頗感興趣：「農場新撿雞蛋二個（烹法不拘）加……」這「加」字下面的選項包括豬肉片、早餐牛排肉、炸雞式牛排配奶油醬、培根或火腿肉或香腸。香腸下面又有一長串不同樣式的香腸可選。以上所有選擇都可包括粗磨玉米粉或鄉村式馬鈴薯與吐司或是比司吉。貝蒂說明今天供應的三種香腸是：家庭自製加辣的不規則形狀的肉餅腸，家鄉味的煙燻蒜味粗短香腸，以及常見的一節節細的香腸。我點了兩個蛋、炸雞式牛排肉、馬鈴薯洋葱餅、比司吉。另外，出於好奇，我點了一個家庭自製香腸爲配菜。

「蛋要怎麼煎？」貝蒂問。

「兩面都煎，翻面一下就好，多一點油。」我笑著答。

「要等一等，」她說，「炸雞式牛排的麵糊要現調，不是冷凍的。」

馬鈴薯餅也不是冷凍的，是新鮮的馬鈴薯切丁脆煎的。蛋煎得正好。黃澄澄的炸雞式牛排冒著熱氣，旁邊還盛著褐色的奶油胡椒醬。比司吉味道普通。三A早餐的最大問題是容器不合：橢圓形的托盤根本裝不下這麼大的量。結果我得用三個碟子，把比司吉掰開放在右手的碟子上，澆上一點奶油醬。蛋、薯餅、炸雞式牛排放在中間的碟子上吃。家庭香腸放在左手邊的碟子上品嚐——非常辣，而且煎得很焦。

貝蒂在和別的女服務生聊天，我打了幾次手勢才引得她過來給我的咖啡續杯。外面天正晴朗，從我的卡座可以看到隔壁的農民市場。我也看見一位擦鞋的老黑人在三A的前廊上工作。他的顧客是靠牆坐的，所以我看不見這個人的臉，只看得見他的棕色拷花皮鞋。擦鞋老人用手指把鞋油抹在皮鞋面上。我慢慢喝咖啡，到十一點半，午餐的人潮開始湧現，我才離開。

上述的景象如果放在看圖解讀的測驗裡，你會怎麼形容它？是吸引人的？令人沮喪的？無聊乏味的？迷人討喜的？

你未決定之前，再看下面這幅景象。

上午十一點，大街和德克薩斯街轉角上的這家「世紀餐館」（Century Diner）幾乎已經滿座。有一些很有流行品味的年輕人已經吃完早餐，還坐著看書或雜誌，還有很多衣著得體的商業區生意人正在用午餐。

靠窗的卡座是用兩種塑膠皮裝璜的，分別爲蠟筆綠與米色。桌面是新貼的合成纖維皮，花樣是四十年前所謂「現代」的圓圈等圖形。服務生穿著黑白二色的保齡球衫，背上印著「對你的胃好一點」之類的口號。菜單上東一塊西一塊點綴著老餐館的典故，例如「亞當夏娃坐木伐」曾經是指烤吐司上放火腿肉和煎蛋。

但是菜單上並沒有火腿肉煎蛋吐司這一道。有的是當代觀點的小飲食店食物，包括

「道地紐約客」，即是一個貝果(bagel)加新斯科細亞鮭魚和奶油乾酪，以及「健康主張」，即是蛋白做的蛋餅。菜單上雖然沒有火腿蛋或培根蛋，倒有「蛋與薯泥」，即是兩個蛋加馬鈴薯餅，還有紐約式的鹹牛肉末薯泥。

我的這位服務生是染了黑髮的年輕人。他太忙了，沒時間聊天，所以我沒問他的名字。我點了兩個蛋，因爲他們午餐不供應薯泥餅，我便將就點了薯條。我問早餐供應什麼肉類，他不清楚，回去問了再來。於是我點了香腸和比司吉與醬汁。

「先生蛋怎麼煎？」他問。

「兩面煎，翻面一下就好，多一點油。」我微笑答。

咖啡是盛在不鏽鋼保溫瓶裡送上來，這一點很貼心。蛋煎得正好。薯條非常好。香腸完全符合你的預期。比司吉特大，醬汁裡有很多培根碎片。不妙的是，醬汁直接潑在沒爆開的比司吉上，我還得把比司吉掰開，讓醬汁滲進去。

我旁邊隔著走道的桌位上，兩位男士和一位女士——都穿著保守的辦公西服——在說長道短，議論某人在某項選舉中勝選的機會。三人談得高興，女士聽了男士之一說的意見而大笑時，眼中散著光芒。我聽不見他說了什麼，應該是很好笑的吧。我自己斟了咖啡，把亮晶晶的大菜單上的一句名言抄下來：「道格拉斯‧約克（Douglas Yorke）說，一家館子的個性是和油污一樣累積起來的。」

我自己對於上述兩種景象的解讀測驗結果，讀者不難預測。三A的早餐令我感到溫暖愉快。世紀餐館故作懷舊的時髦，令人覺得假兮兮。我的這種意見卻沒有多少人贊同。

一位朋友曾說，在三A吃早餐「會當場心臟病發作」。另一位朋友認爲，暗色的木質板壁、老舊的桌椅、用稀疏頭髮遮住禿頂的胖老男人，都「令人沮喪」。至於世紀餐館的裝潢和服務生的制服，她認爲是「難能可貴」的。

當年我從康乃迪克州遷到奧斯汀來上德州大學，年僅十七歲，跑到離父母親兩千哩遠的地方，對乍來的自由充滿期望。我騎著摩托車跑遍奧斯汀，到處找風味特殊的美食。怪脾氣老太太開的小館子、雜貨店裡的餐飲檯、黑人中心區東十一街的「南方小館」(Southern Dinette)，都曾是我的最愛。

我爲什麼會愛上這些地方？原因不完全在於東西好吃，也因爲我在尋找一種安適感。初來乍到的我，特別容易受這些老店的個性和逐漸消失的德州遺風吸引。我這個蓄著長髮的東部怪物，不敢和常去大學附近熱門餐館的那些思想守舊的南方白人和社團活躍份子爲伍。也許是因爲我覺得自己是被他們排除在外的人，才會跑到同學們不會去的那些奇怪地方吃飯。

從小在德州長大的朋友們、講究健康飲食習慣的人、童年經歷過貧窮的人，往往不會覺得這種風味奇怪的地方有什麼可愛。在別人眼裡，這類館子是過時的、高膽固醇的、食物粗陋的地方，裡面的顧客不是什麼有趣的角色，只是些乏味的老傢伙。

東西好不好吃，現在仍不是我的首要考量。有時候我覺得，評量餐館好壞的文章不應該扯到別的題目上。但是，有時候我會更在意食物能否反映特有的文化，這一次也是如此。三A和世紀餐館的飲食本來就有些不同。如果前一天才在一家老舊小館吃過，第二天又去一家趕懷舊風的新館子，你不免會產生一些需要多想一下的問題。

例如，是改善了衛生的、故意仿古的新餐館好，還是破舊的眞正的老餐館好？還有，一家開在休士頓最古老街居的一家懷舊式時髦餐館爲什麼擷取的是紐約的歷史（以及紐約的菜式）？

最近有幾位讀者致函本報主編，抱怨我不著邊際，說我評量餐館方文章太個人化，重點沒放在食物本身。對這些指控，我甘心承罪。

我自一九九一年開始在《奧斯汀記事報》撰寫餐館評論的時候起，就接受飲食作家約翰·索恩（John Thorne）非常個人化的記敘文章影響。而索恩本人的靈感又來自馬克·贊格（Mark Zanger）的啟發。贊格曾於一九七〇年代晚期爲《波士頓鳳凰》（*Boston Phoenix*）撰寫餐館評論，用的筆名是羅伯·納鐸（Robert Nadeau）。索恩曾說：「納鐸同時教他自己學習怎樣吃與喝，並且問自己該怎樣看待這些經驗，不斷咀嚼其中應有的含意。他教我的是，如果誠實之中不含有任何風險，沒有眞正的自我檢視，那誠實算不了什麼。」

這對於撰寫餐館評論的人無疑是遠大的目標，但起碼是值得追求的目標。我便是本著那種精神寫下這一篇非評論。我也邀請你走一趟三A和世紀餐館，體驗一下眞正的自我檢視。看看你究竟比較喜歡哪一個。

原載《休士頓週報》二〇〇一年四月五日

食的民間藝術

剖成兩半的這個長條皮包骨麵包（Skinny bread）是已經烤過了的，這是個好兆頭。

「蠔肉要全熟嗎？」這位站在「紐奧良窮小子本店」（Original New Orleans Po' Boy）櫃檯後面的女士問道。

「不要，要嫩一點的。」我答。蠔肉從後面的煎炸鍋撈出來，六枚放在盛餡餅的鐵絲盤子上。做三明治的人拿抹刀在烤好的麵包上抹了蛋黃醬，並在上面鋪了生菜。然後，她把金黃的蠔肉一個一個擺上，正好擺滿。再加兩片番茄，把另一半麵包蓋上，我便接過我的窮小子（poor boy），到櫃台去付錢。

是「大陸俱樂部」（Continental Club）的史提夫・威特海默（Steve Wertheimer）介

紹我到這兒來的，他自己特別愛吃這兒的起司窮小子。門外停著兩輛計程車，因此我猜計程車司機也愛光顧這裡。我自己以前是開過計程車的，所以會特別注意警察和計程車司機愛去哪些館子。

一客三明治是五元一角四分，稅內含。蠔肉熱而嫩，我讓它們沾足了路易斯安那辣醬，把上面的這半個十二吋長的麵包用力壓下來，張大了嘴一咬。蠔肉汁流進生菜、番茄、蛋黃醬，產生了那美極了的鮮嫩柔潤的口感。第二口比第一口更好吃，而且越來越好吃，這種美食經驗是可遇而不可求的。我最愛吃的三明治除了蠔肉窮小子，還有非常罕見的軟殼蟹窮小子。像我這麼捧場的大有人在。

《芝加哥論壇報》(*Chicago Tribune*)的美食與品酒專欄作家威廉・賴斯(William Rice)便是一位。「新英格蘭的磨牙三明治（grinder）和費城的豪吉（hoagie）特大三明治是近親，兩者都與到處可見的潛水艇三明治關係密切。」他曾說，「但是，在三明治世界的社交名人錄上，位階第一的就是窮小子家族，而蠔肉窮小子正是窮小子家族之光。」

我吃遍了全休士頓的蠔肉窮小子，沒有一家問過我蠔肉要多熟。他們都是自作主張處理，把蠔肉煎得老老的。也沒有哪一家是用正宗長麵包，以至於厚得不成比例的麵包使你嚐不到蠔肉的完整美味。紐奧良窮小子本店的蠔肉的確是全休士頓第一。可是，每當我向人讚歎，對方都用好像我腦筋有問題的目光看著我。

「你是說大街上的那個綠黃兩色的髒兮兮的地方嗎？」一位女士曾經吃驚地這樣問我，然後加了一句：「倒胃！」

主編聽說我要拿這個地方當題目，難以置信地說：「你說的不是那個在窗戶上油漆的邋遢廉價小館吧？」

「正是。」我對上述兩位都這麼答，「就是那個地方。」兩位顯然都不認爲像紐奧良窮小子本店這種破爛地方值得在文章裡一提。

我吃過最美味的蠔肉窮小子，是紐奧良市聖克勞德街（St. Claude Street）上的「聖羅士」（St. Roch's）做的。這家店是其貌不揚的破舊木造建築，位於貧窮潦倒的馬萊區（Marais），與法國區（French Quarter）隔著鐵軌相望。店內只有幾張客人必須共用的桌位，而且似乎總有至少一位遊民吸著香菸伸手討錢。這地方有一股魚腥味，不過它本來就是一家魚店。

相形之下，紐奧良窮小子本店簡直稱得上是一塵不染了。休士頓的紐奧良本店應該也有過風光的時候。最近店的正面才塗了一層紅油漆，因為劃了幾筆白色的歪歪倒倒的字而更顯鮮明。至於窗戶的玻璃為什麼會塗上黃綠兩色的油漆，可能是因為當初蓋這房子的人沒料到夏天太陽直曬下室內會這麼熱——或是沒料到空調電費會這麼貴，後來的人只好以油漆窗戶因應。

坑坑洞洞的停車坪上有一個高高的招牌，這也許是全店最醒目的特徵。招牌頂上有一個側面剪影，是個戴著怪樣子高頂帽持手杖的男子。如今招牌整個漆成消防車的紅色，所以這個人物剪影看不出型貌，只能憑猜想了。我把它想像成克朗姆（R. Crumb）畫的南方風雅紳士的滑稽畫。

店內陳設著橘色的塑膠椅子，桌面的合成塑膠皮已經破舊，磨石子地板上仍有以前曾經安裝固定式桌椅的疤痕。牆壁上的裝飾以可口可樂瓶為主。上百個八盎斯容量的瓶子中，從去年恩榮菲爾茲（Enron Field's）開幕，到一九七八年肯塔基野貓隊（Kentucky Wildcats）打全國棒球冠軍賽的，各種年代的都有。此外還有印著阿拉伯文的、韓文的、以及我認識的文字的可口可樂瓶，配上許多可口可樂拼圖、時鐘、鏡子、托盤、紀念章，以及冰箱磁貼。這的確是個模樣好玩的地方。要不然，賣窮小子的地方又該是什麼樣呢？

牆上掛著一篇框起來的剪報，是布萊德・泰爾（Brad Tyer）在本報發表的一篇餐館評論。他說，「安東尼店」（Antone's）代表休士頓窮小子店的「精緻典範」，而紐奧良本店是一個「粗俗版」的窮小子。

我覺得既不解又好像有些受辱了。何謂「粗俗版」的窮小子？據路易斯安那飲食歷史的研究者說，三明治有「窮小子」之稱，是從一九二九年紐奧良發生電車業罷工的時候開始的。當時的市民都同情罷工者，「馬丁兄弟餐館」（Martin Brothers）自告奮勇廉價供應那些「窮苦的小子們」晚餐，凡是在快打烊的時候到馬丁兄弟後門來的人，都可以花五分錢吃個飽。晚餐的內容基本上就是一客法國麵包做的三明治，裡面夾上「剩肉」（白天供應所剩的碎片肉），或是馬鈴薯，再加上肉汁醬。「窮小子」三明治於焉誕生，並且立即蔚為流行，後來又成為經濟大蕭條年代的一種象徵。馬丁兄弟終於專設了一家麵包店來烘製窮小子用的細條薄麵包，那也是窮小子麵包的傳統典型。

最後，因為紐奧良多數人是信奉天主教的，星期五和四旬齋期間不能吃肉，於是又發明了低價位的海鮮窮小子，這也變得廣受歡迎，其中又以蠔肉窮小子最熱門。

既有這樣的歷史，所謂精緻的窮小子三明治之說，反而顯得可笑了。有一天，我問泰爾寫那篇評論的用意，特別問他文中爲什麼沒提蠔肉窮小子。他說他沒試吃過蠔肉窮小子，因爲他不愛吃蠔。他並且說他是暫時代別人寫餐館評論，同時也爲自己的口味這麼平民化感到不好意思。許多人也有他這種觀點，以爲評論飲食應該以時髦精緻的餐館爲主。我便把我自己的觀點解釋給他聽。

兩、三個多星期以前，我去聆賞了休士頓交響樂團的精彩演出，曲目是貝多芬作品，包括「C大調彌撒曲」。比這個再早兩個星期，我到「第三區」（Third Ward）去聽了「安小姐遊戲圈」（Miss Ann's Playpen）的週一夜藍調即興表演。兩者都是極大的享受，我不覺得兼愛兩者有什麼矛盾之處。

音樂和飲食都有精緻藝術與民間藝術並存的情形。許多人和我一樣，兩種藝術都愛。而事實是，我們德州是以後者見長的。德州的藍調音樂遠比古典音樂有名。同樣的，德州燒烤的名氣也遠遠大於精緻餐飲。讀者不會在《休士頓週報》的音樂版常常看到談論交響樂或歌劇的文字。既然如此，餐飲版憑什麼只該談附庸風雅的高級廚藝呢？

每當紐約、加州、歐洲的美食作家和主廚來到休士頓，他們都要求我帶他們到煙霧瀰漫的肉市場吃燒烤，到德州墨西哥經典風味的小館吃辣肉醬捲玉米餅，到黑人靈魂菜的館子吃南方式的早餐。這並不表示我們這兒沒有傑出的主廚和好餐飲，我們的好主廚好餐館多得很，但是別的城市也有。主廚會來來去去，經典的民間口味卻永遠在這兒。

同理，我第一次訪遊法國期間，對於高檔的時髦餐館興趣不大，目標只瞄準家常的豆燜肉、砂鍋燉菜、魚蛤蔬菜雜燴湯、泡菜。法國人理解這種觀點，而且以身作則，兼容並蓄精緻與民間的飲食藝術。

我們不能把粗獷的窮小子店和最華麗的飯店放在一起作比較。但是我們可以評判兩者是否做到了他們本意想做的。就呈現蠔肉窮小子這個樸實的民間藝術品而言，粗陋的紐奥良窮小子本店的成績已經接近偉大了。

原載《休士頓週報》二〇〇一年四月二十六日

神愛吃的食物

德克薩斯州的夏日酷暑燒壞了我園裡的番茄株，曬得黃瓜藤枯垂下去。到了七月中，園中傷亡得差不多了。熬過年度烤刑的只剩下辣椒和秋葵。秋葵尤其耐曬，好像樂得享受暑熱。瘦瘦的植株長得特高，有時候我還得站在椅子上才能採到不至於長得太大的毛絨絨的豆莢。

按一九七四年美國農業部的一項調查，秋葵名列美國人最不愛吃的三種菜蔬之一。我以前一直也不怎麼愛吃秋葵。用叉子舀起一堆綠色的圓圓的秋葵切片，舉到嘴邊，看著圓片裡滴出來的黏汁液，就會有不想把它們放進嘴裡的念頭。

到了「道蒂的店」（Dot's），我才開始吃上秋葵。這家開在奧斯汀的小館，是迷戀南方烹飪的人聚集午餐的地方，老闆道蒂·修威特（Dot Hewitt）是德州實踐南方黑人烹飪風格最力的人士之一，秋葵正是她的小館的拿手菜。

幾年前，一位加州的美食作家找我幫忙，要爲她正在撰寫的一本烹飪書找幾位非裔美國廚師提供意見。我介紹她去找道蒂，她便向道蒂要了秋葵食譜。道蒂的食譜看來好似很簡單：把整顆的秋葵豆莢加番茄醬燒。因爲一隻隻秋葵保持完整，所以不會有黏黏的汁。那本烹飪書出版後，我看了不禁跌足。作者做這道菜規定秋葵要切片，等於把道蒂的食譜毀了。完整不切的秋葵加番茄醬燒，是一道非常美味的蔬菜。切成小片的秋葵釋出大量膠質，適合燉濃湯。

雖然大家都說不喜歡秋葵的黏液，其實這種膠質是十分有益的，不但可以舒緩消化道，而且可以用來治胃潰瘍。從秋葵豆莢萃取的一種膠質還可以增加血漿。

秋葵（學名 Hibiscus esculentus）是錦葵屬植物，與棉花是同科，原產地是亞洲，但多數人會把秋葵和非洲聯想到一起，而非洲人以秋葵爲主要蔬菜早有悠久歷史。秋葵的果實是手指狀的、一頭尖的豆莢，如果一直不採收，可以在植株上長到九英吋（約二十三公分）長，但這麼大的秋葵纖維太多肉質太老。五至六吋長未全熟的秋葵味道最甜嫩。

及早採收也可刺激植株結實更多。

我看過的所有烹飪書都說，秋葵最初是由非洲黑奴帶到美洲來的。食用秋葵最普遍的地區，如美國南方、加勒比海地區、巴西的巴宜亞省（Bahia），都曾是有眾多非洲奴隸人口的地方。所以這個說法是有根據的。

英文中的 okra（秋葵）來自非洲特威語（Twi）之中的 nkruman 或 nkrumun。非洲翁本邦語（Umbundu）稱秋葵爲 ngombo，這個字又是英文字 gumbo（通常指秋葵濃湯）的由來。美食作家經常在議論這個非洲字和這道路易斯安那燉菜的關聯。有人說，gumbo 裡面如果不放秋葵，就不算是眞的 gumbo。可是的確有許多「岡波」食譜根本不用秋葵，而這種做法說不定更忠於它的歷史淵源。

據食品權威人士偉弗里‧盧特（Waverly Root）所說，我們稱爲「岡波」的這一道路易斯安那黏稠濃湯是美洲原住民所創。本來是用黃樟嫩葉磨成的粉和加稠的雜和燉菜。黃樟葉粉加水就產生黏稠性。後來非洲來的黑奴改用秋葵做這道菜，並且按 ngombo 的發音稱這種濃湯爲「岡波」。如今雖然全美國都以「岡波」指秋葵湯，路易斯安那有許多傳統主義者（他們也許不知道自己是傳統主義者）仍然偏好使用黃樟葉粉。至於最初是怎麼傳到路易斯安那的，盧特認爲：「是非洲來的黑奴把秋葵帶到了西半球……」

這個濕熱的夏天上午，我赤著腳走在院中栽種秋葵的這一小塊地上，一面採著秋葵莢，一面想著秋葵從非洲傳入美洲的說法。我用姆指的指甲劃開一隻豆莢，把裡面的豆實倒在手掌心。按烹飪書籍的記載，被擄的奴隸在漫長的航程中把秋葵種子藏在頭髮裡、耳朵裡。我手掌裡的秋葵豆大約有BB彈那麼大，在耳朵裡長期塞上幾粒，一定苦不堪言。

此時早上還不到六點，氣溫已高達華氏九十度（攝氏三十四度），眾蟬已經展開它們每天高聲大合唱的功課。我採畢秋葵，走回廚房，想著如果我是一個被帶著槍揮著鞭子的白人擄走的西非黑人，被人用鐵鍊拴住牽著走，我會有什麼反應？我想到的是充滿憤怒、悲痛流淚、怒吼反抗。而不是拿秋葵豆子塞著耳朵。

於是我打電話請教勞伯·福克斯博士（Robert Voeks），他是加州大學富勒頓（Fullerton）分校的地理學副教授。「我從未見過哪個學者相信奴隸眞正曾把植物種子帶到美洲來，」福克斯說，「奴隸在被擄押、運輸、販售過程中遭受那麼駭人聽聞的殘暴對待，已經多少排除這種可能性。這類有關奴隸引進秋葵和其他植物種子的傳說，是從甘多布列

(Candomblé) 的民俗來的。」

「甘多布列」(字面意思：爲敬神而舞)是非裔巴西人的信仰，爲尤魯巴族群(Yoruba)特有，發源於現今西非的甘比亞 (Gambia) 與貝寧 (Benin) 兩國。傳到大西洋這一端以來，甘多布列這個非洲宗教信仰幾乎完全保持原樣未變。在巴西的巴宜亞省是最盛行的宗教，與天主教並存。它與加勒比海地區的珊泰里亞 (Santería) 宗教信仰關係也很密切。

福克斯博士在巴西進行實地研究期間，爲了深入理解甘多布列神祕引人的民族植物學，曾經加入一個「泰萊浴」(terreiro，即崇拜會所)。在他撰寫的《甘多布列的神聖之葉》(*Sacred Leaves of the Candomblé*) 之中，記載甘多布列的草藥醫生和男女神職人員在儀式、慶典、療病過程使用兩百種左右的植物。秋葵、豇豆、山藥等食品都屬於具有宗教意義的植物。

甘多布列信仰中的自然神靈作「奧利沙」(orishas)，每位神靈都有獨特的個性以及各自偏好的食物。雷神尚戈 (Shango) 好色風流，愛吃山羊肉。風神揚山 (Yansan) 愛吃豇豆做的油炸粿。淡水之神奧申(Oshun)愛的是以花生和蝦乾爲配料用棕櫚油燒的雞肉。每逢某位神靈的節慶日，甘多布列信徒就要烹煮這位神靈最愛吃的食物。

卡魯路（carurú）是生殖與繁育的一對神靈最愛的食物，那是一道秋葵燉菜。這兩位神的節慶日也叫作卡魯路，每逢這個日子，必須按照繁複的食譜隆重地做這道秋葵。烹飪手續稍有偏頗都是大不敬。卡魯路雖然是甘多布列信仰中神靈所愛的，福克斯博士並不大力推薦。「味道像黏液裡面沾著籽，」他說，「我不怎麼欣賞，可是多數巴宜亞人都愛吃。」

假如秋葵不是當年的奴隸引進美洲的，又是誰帶來的？甘多布列信仰中必須使用的西非藥草和西非原生植物，怎會移植到美洲來？福克斯博士作了很多調查。他證實，有些植物的確是獲得自由的奴隸回非洲去運來的。至於秋葵、山藥、豇豆是怎麼來的，他覺得答案簡單得多了。「雖然沒有文件記載，」他說，「按合理的推論，應該是葡萄牙人帶過來的。」

那時候巴西的非洲黑奴可分得園圃自己栽種糧食，奴隸主會盡量引入奴隸們已經懂得耕種的作物。我們都曉得，昔日葡萄牙人把非洲油椰引入巴西，使奴隸能食用他們吃慣了的紅椰油。「葡萄牙人精得很，」福克斯博士說，「奴隸身體健康，才合乎他們的生意算盤。秋葵的營養豐富，是西非人的主要菜蔬，而且像野草一樣容易生長。」

就攝取鈣、鉀、維生素A、維生素C而言，秋葵的等級在中到上之間。此外，每一百卡路里供給大約七公克的蛋白質。秋葵富含纖維，容易有飽足感，在熱帶地區栽種最佳，比一般綠色蔬菜都耐酷暑。

既已排除奴隸把秋葵種子塞在耳朵裡帶上新大陸的說法，我的疑問只剩一個：這麼靠不住的傳說怎會被一致信以爲眞？我想這也和許多宗教信仰的神話一樣，因爲背後有更深一層的道理，才會一直盛行至今。

秋葵本來是熱帶的西非尤魯巴族人中一種有宗教意義的食物，現在能在巴西成爲有宗教意義的食品和加勒比海與非裔美國人烹調中的要角，應該歸功於當年的尤魯巴奴隸以及他們的後代子孫。就算秋葵種子不是奴隸們親自帶來美洲的，把食用秋葵的習慣在美洲推廣卻的確是他們的功勞。

道蒂・修威特的燉秋葵

勿將秋葵莢切片。勿用沸水燙秋葵莢。只需將秋葵清洗後與番茄醬同燉。試過之後自然知道秋葵的妙處。

二湯匙蔬菜油或培根油
一顆黃洋蔥，剖開切片
半磅（約〇・二二五公斤）的秋葵，洗淨
一大罐（十四盎司）切碎煮熟的番茄，帶汁
一茶匙鹽
一茶匙胡椒

油放入厚的深鍋中火加熱，放入洋蔥炒至軟，約五分鐘。加入秋葵，炒約二分鐘或至豆莢略發出嗞嗞聲。加入番茄醬及汁。煮沸後改小火，蓋上鍋蓋燉二十五至三十分鐘，或燉至秋葵莢變軟但完整不爛。

原載《自然史》一九九七年七～八月

行家吃蟹

太陽差不多要沉進東高維斯頓灣（East Galveston Bay）了。斜射的餘暉把我面前的這一大盤燒烤螃蟹染上淺紅色。我吮吸第一隻香辣的蟹爪，一面欣賞著這一盤螃蟹的靜物之美。這是星期六的傍晚，我在玻利瓦半島（Bolivar Peninsula）的「魟魚館」（Stingaree Restaurant），這兒生意正熱。約十分鐘前還在外面排隊的一群人，現在坐進露天的平台，面向西邊，都在喝著啤酒。我坐在他們後頭有空調的室內餐廳裡，也望著西邊的落日，一面慢條斯理掰著這本地產的青蟹吃。我已經吃了四隻，數數還剩六隻。

魟魚館的菜單標題是「蟹、蟹、蟹」，下面列有「包斯高燒烤蟹」、「維諾炸蟹」、「加味煮蟹」。如果點中盤或大盤的，只能點一種。如果點「吃到飽」的特餐，就可以三種都嚐到。我選的當然是特餐。這兒供應的全是墨西哥灣沿海產的本地青蟹，螃蟹個頭從小號到特大號都有。燒烤蟹是這一帶的傳統美食，我早就想嚐一嚐。

已故的菲爾·波恩（Phil Born）是我在德州大學的室友，他是在亞瑟港（Port Arthur）長大的，時常備受寵愛似地說著吃燒烤螃蟹的情景。他吃東西很慢，他自稱這是螃蟹吃家的基本要件。「我爺爺和他的朋友坐下來吃螃蟹，一吃就是兩個鐘頭。」菲爾說。他和家人若是到海邊玩，就會來玻利瓦半島，亞瑟港和包蒙（Beaumont）的居民皆是如此。在東德州灣沿岸，燒烤螃蟹的名聲便是從這兒的螃蟹小館傳出去的。

開在水晶濱（Crystal Beach）小鎮的魟魚館，樓下是「魟魚船塢」。船塢盡頭有一個白色的棚屋，掛著「釣具」的招牌。近海內航道（Intracoastal Waterway）就在魟魚館旁邊，坐在露天平台上的人甚至可以把吃完的蟹殼拋到水裡。每隔十五分鐘左右就有巨大的駁船航過，提醒你這邊的墨西哥灣岸其實是以工業爲主。

我是第一次來玻利瓦半島，就完全被這兒的奇特風情迷住了。經過這兒幾個小社區的幹道是八十七號公路，路邊長滿綠草的空地上散置著鏽了的汽車和丙烷槽。每個小社區都是按海灣岸勝地樣版布局的樸實造型，都有一家餐館、一家出售烈酒的店鋪、一家酒吧、一些白漆粉刷的小屋、幾個拖車拉的活動住家、一個釣客服務區。本地的經營模式尚未被巨額投資的旅遊開發計劃取代。

我與同伴驅車走上半島，她感歎道：「高維斯頓以前就是這個模樣。」她童年時常住在高維斯頓，上網時索性就用「島女」的名字。據她表示，西海灘（West Beach）尚未充斥那些故作異國情調的公寓套房建築群——如海岸的因弗尼斯、海邊巴宜亞——之前，模樣和這兒是差不多的。也許我們該把玻利瓦劃成文化保留區，算是海灣岸單純原貌的最後堡壘。

在「羅勃萊尼爾號」（Robert C. Lanier）渡船的前甲板上，我們看著從旁航過的油輪全都傻了眼。渡船禮讓，這龐然巨物駛過，好似一棟十層的大樓在搬家。一隻獨行的海豚躍出海面，在油輪船頭前翻騰，渡船上的乘客莫不欣然。

要從休士頓到玻利瓦，必須開車到高維斯頓島，在島的東端搭渡船。這一趟渡船行程很短，會越過灣內一些運輸最忙碌的航道。看著吃水線上的油輪，最能教人領會這個地區的濱海工業規模之大。此外，渡船上有令人舒暢的微風，再熱的天氣也不例外。假如你想在渡船後甲板上餵海鷗，可以帶一包馬鈴薯片上船。

我們大約五點從休士頓出發，六點鐘到高維斯頓，六點半抵達玻利瓦。我事先沒計劃要在魟魚館看日落，卻恰好撞上了這個時刻。

不知為何，我點的第二、第三盤螃蟹同時端到我桌上。一盤是四隻煮蟹，另一盤是四隻炸蟹。而我的第一盤燒烤蟹才吃了一半。

我覺得煮蟹不怎麼好吃，才吃過味道重的燒烤蟹，只覺煮蟹水分太多，又太淡。燒烤螃蟹成為名菜，始於薩賓通道（Sabine Pass）一家叫作「格蘭傑店」（Granger's）的地方，後來，這個傳統又由「薩爾丁店」（Sartin's）接受。以前的做法是，將青蟹洗淨後剖成兩半，再醃入混合辛香料，然後油炸。這樣做的螃蟹可能非常美味，可是如果油溫不對或太涼，味道可能非常糟。魟魚館的燒烤蟹要先煮過，然後用辛香料醃過再炙烤，味道遠遠在煮蟹和油炸蟹之上——這是我的評量。

在魟魚館用晚餐的第一道菜是加了奶油醬的掠拌酸味包心菜絲，因為消耗得十分快，所以隨時來吃都是新鮮脆嫩的。我們還另外點了好吃卻火辣的紐奧良式燒烤蝦。這道邊剝邊吃的蝦很嫩，但是吃的時候要自制，不能吸吮沾在手指上的醬料，否則吃辣會過量了。

「島女」點了一客笛鯛魚排。這魚排做法簡單，味道卻不凡，周邊雖然有點焦，中間卻是鮮嫩無比。她吃完魚排了，我才吃到第三隻螃蟹。看著我吃實在令她覺得無聊，所以在我吃到大約第七隻的時候，她暫時告退，走到室外平台上去欣賞落日了。這樣也好，免得我在她的逼視之下不得不加快速度吃。

正是因爲吃螃蟹不能快，海灣沿岸的螃蟹屋和專賣燒烤螃蟹的餐館越來越少了。一星期後我與魟魚館老闆喬治·弗拉堤斯（George Vratis）通電話，他告訴我：「螃蟹屋正走上汽車電影院之路，這兩種生意都是不懂得利用空間的。」現代的經營者都把飯館的桌位當作房地產來處理，要把桌位租出去了才能賺錢，交了租金的人待的時間越短，你就越能及早把桌位再租出去多賺一點錢。據弗拉堤斯說，點了「螃蟹吃到飽」的客人平均佔據桌位的時間是九十分鐘。一般餐館的平均佔桌時間是五十分鐘。所以，弗拉堤斯說，懂得利用空間的「喬的螃蟹屋」（Joe's Crab Shack）連鎖店四隻螃蟹就要賣十元九角五分。魟魚館的吃客悠閒多了。

「我不計較這些，」弗拉堤斯說，「只要客人覺得我的螃蟹好吃，整晚待著不走也沒關係。」有些最受他歡迎的客人都是老資格的螃蟹吃家，一坐就是一、兩小時，要吃上二、三十隻螃蟹才夠。

我多麼希望菲爾能在場幫我加油打氣，因爲我知道自己有達到高段吃家的潛力。可是島女等著我送她回休士頓，我獨自一人敲螃蟹殼久了也嫌單調。況且，我的一隻姆指因爲扎到蟹螯下面的尖刺而流血了。(這也算是保持我的個人紀錄：我沒有一次吃螃蟹不流血的。）所以我在一小時又二十分鐘內吃完十四隻之後，不得不叫停了。

這種成績不能算好。下一回一定再接再厲。

原載《休士頓週報》二〇〇一年九月六日

炸雞文化

我和女兒茱麗亞（Julia）坐在「法蘭琪雞肉」（Frenchy's Chicken）外面光亮的長條不鏽鋼桌位上，兩手換來換去拿著三塊燙炸雞。因爲沒有盤子，炸雞太燙還不能吃，我們要把裝炸雞的紙袋撕開當墊子用，所以只得把炸雞來回拋著。這是個有陽光的涼爽秋天上午，史考特街（Scott Street）的這一段正好在休士頓大學的羅伯遜體育館（Robertson Stadium）投過來的蔭涼中。有一些全家出動的黑人，衣著端莊，走向隔壁的浸信會教堂參加禮拜。

這兒是休士頓的第三區，別人都有自己的正事，我們父女倆卻在驚歎法蘭琪炸雞之妙。這炸雞完全不滴油，而且沒有油光閃閃的樣子。就我所知，外面這一層乾而香辣的皮是用麵粉、鹽、胡椒、辣椒粉混合而成——辣椒粉用得很慷慨。奇的是，這炸黃的脆麵糊不會一咬就掉下來，它黏著雞皮、雞皮黏著雞肉，讓吃的人一口有三種享受。難道裡面用了什麼神奇的黏著劑？

「炸雞不會有比這個更好的。」女兒作了這樣的結論，一面把一塊大腿上的脆炸皮吃乾淨。我想她說的八成沒錯，但是我們即將進行一場週日下午隨走隨吃的第三區炸雞攤檢測。

這並不是我第一次在第三區吃炸雞。反之，是因爲我兩星期前的一次吃炸雞的絕妙經驗，使我有了這品味檢測的構想。那天是道林街和阿拉巴馬街口的「安小姐遊戲圈」這家餐館的「藍調與燒烤」之夜。李察·厄爾（Richard Earle）表演了他新發行的CD「灰狗藍調」（*Greyhound Blues*）之中的幾首曲子。老闆巴比·路易斯（Bobby Lewis）做了牛小排。那牛小排精彩極了，但是因爲待在那兒喝啤酒聽藍調耗得太晚，回家途中肚子又餓了。

想起走出「安小姐」的時候在碼頭作裝卸工的羅里·米根斯（Rory Miggins）對我說：「你去吃吃看埃尼斯街上新開的一家炸雞攤，叫作『韓德森炸雞棚』（Henderson's Chicken Shack)，炸雞棒透了，會營業到很晚。」米根斯以前介紹過很不錯的地方，所以我聽從了他的建議。

在韓德森的炸雞店，一切都是現點現做，客人得等二十分鐘。我點了一塊雞大腿、一塊雞胸肉，還有薯條，這是一套兩件盛在籃子裡的。點畢我便坐下來等。小小的前廳裡有個唱片點播機，我按下「海灣碼頭」(Dock of the Bay) 這一首的號碼，聽歐提斯．瑞丁 (Otis Redding) 抒發無所事事的等待心情。

開車回家途中，我吃掉大半薯條。炸雞厚厚的酥炸外皮非常好，還有兩片白麵包可以吸沾肉汁。籃子裡另有一些醃黃瓜和哈拉佩諾辣椒。這是很棒的一頓消夜，不過我仍舊注意到雞胸肉的中間有一點老。

幾天後，我於傍晚時分來到遠近馳名的法蘭琪，點了和韓德森店裡一模一樣的東西。結果發現，薯條軟趴趴的，又太油了，但是炸雞好到不行。酥炸的外皮比韓德森的薄，也稍微辣一點，但是雞肉從裡到外全是鮮嫩的。我想到上一次的炸雞是帶回家才吃的，在開車這一路上已經放冷了，所以這樣作有欠公平。我決定把炸雞測驗從頭來過。

在美國南方，炸雞不只是一種食品而已。炸雞是南方文化的一個符號。因此，肯德基炸雞(Kentucky Fried Chicken，簡稱KFC)最新的廣告找了《歡樂單身派對》(*Seinfeld*)裡面飾演喬治的那位傑森·亞力山大（Jason Alexander），很讓人覺得突兀。這位禿頭的紐約佬，與原始廣告的那位多毛的南方上校實在相差太遠。新廣告中，亞力山大宣稱炸雞不是速食，而是屬於慢功烹飪層次的東西。

《廣告時代》（*Advertising Age*）雜誌社的巴布·嘉菲（Bob Garfield）對於這種說法作了如下的表示：「說油炸是慢功烹飪，就好像說強姦是誘姦。炸雞好吃，這沒有錯，但是暗示它比其他速食有精神上的優越性，就是存心唬人。……我們說點良心話吧：一頓KFC吃下來，紙餐巾就像作完油脂手術的紗布包紮一樣慘不忍睹。」

顯然，請紐約客亞力山大作廣告的用意，是要幫KFC在流行發牢騷與出口傷人卻不流行炸雞的地方打天下。「炸雞不是速食，不再只是南方人愛吃」的戰略策劃者，乃是KFC新覓的廣告公司——紐約的「BBDO全世界」。(BBDO Worldwide) 把某種地方風味的食物從孕育它的文化氣質抽離，再找個名人「把它推向主流」，正是美國廣告業最擅長的文化摧毀手段。

然而，炸雞具有一種行銷天才也不能否認的南方靈魂。這不是我一人說的。只要上網在Google搜尋「炸雞」，排在最前面的十個項目之中就有一個達拉斯的個人網站，名爲「上帝創造炸雞」（God made fried chicken）。還有北卡羅萊納州的一本南方文學期刊，名稱是《龍琪的炸雞》（*Lonzie's Fried Chicken*）。

龍琪乃是該期刊主編葛瑞（E. H. Goree）童年時家中的黑人女僕。「星期四所有芳香之中的女王是炸雞，在爐旁的黃色漆布檯面上，在母親的一隻盛菜的大碗中靜待著，」葛瑞寫道，「要克制去剝一塊酥炸皮的渴望，幾近不可能。在一九九八年初，當我需要爲一本刊載易懂的南方小說及詩歌的文學期刊冠上最貼切的名稱，……根本無需考慮。我生命中還有什麼事物是這麼悅人的，這麼任你取用的，這麼能使你在品味它時如獲至寶的？」

我敢打賭，龍琪的炸雞一定不會在餐巾上留下油漬。一般人以爲炸雞必油，其實眞正上乘的炸雞是不油的。《無畏的油炸》（*Fearless Frying*）的作者約翰・馬丁・泰勒（John Martin Taylor）說過，只要油夠熱，沾了麵糊的東西丟下去會立刻封住，不會吸油。此乃油炸的訣竅所在。

「炸雞並沒有祕方。」泰勒說。把雞剁塊，撒上鹽和胡椒，沾好麵粉，再放進一大鍋很熱的油裡炸即可。肯德基炸雞號稱的「十一種祕方辛香料」又是怎麼一回事?泰勒說，那一套早被威廉．龐史東（William Poundstone）在一九八三年發表的《大祕密》（*Big Secrets*）之中拆穿了。龐史東委託一家實驗所作了成份分析，結果發現只有麵粉、鹽、胡椒，以及谷氨酸一鈉（即味精）。

我們完成法蘭琪的試味測驗時，才上午十一點四十分。韓德森炸雞棚要等到中午才開始營業。因此，為了排遣這一段時間，我們去了「卜派炸雞」（Popeye's）。按我的盤算，卜派可以充當我們的炸雞實驗中的對照組。我料想法蘭琪與韓德森都將有好幾顆星的優等成績，所以要找一些普通的炸雞定一個基本標準。

我在史考特街和候爾孔街口的這家免下車的卜派加盟店，點了兩塊雞大腿和一些紅豆醬配白飯。我們把車子開進店後的空地停下，開始試吃炸雞。大腿肉都很小，炸得很黑，而且油光閃亮。茱麗亞拿的這一塊滴油不止。我們吃了兩三口之後便把這倒胃的炸雞扔掉，但隨即演了一場父女檔的滑稽短劇。因為手上全是油，先是我的筆滑掉了，繼而茱麗亞的汽水瓶滑掉了，然後我的筆又滑掉了。我作筆記的紙上沾滿油漬，我們倆都費了很大力氣才把盛紅豆醬和飯的盒子打開，結果發現裡面飯多醬少，味道索然。

平常時候我還蠻愛吃卜派炸雞，今天也許是因爲時間太早，炸雞的人尙未進入狀況吧。卜派炸雞連鎖本店創於紐奧良，推廣的是「克里奧爾」風味的炸雞。路易斯安那的克里奧爾炸雞其實與傳統式南方炸雞差不多，不同的只在辣味，克里奧爾炸雞要加辣椒粉。除此之外，卜派炸雞也把搭配炸雞的傳統克里奧爾食品——如比司吉、紅豆醬配白飯、哈拉佩諾椒——一併介紹給愛吃炸雞的人。

韓德森剛開門營業，我們就跑來點了兩塊雞大腿、一塊雞胸，以及一些紅豆配白飯。這個小店面裡仍然掛著慶祝開幕日的那些彩色綴飾。顧客在窗口點炸雞，可以一直看進後面一塵不染的廚房。

韓德森的炸雞把我們弄糊塗了。一共是三塊，但是看起來都像是雞胸。後來我才明白，雞腿肉竟然比雞胸肉大。「是啊，他也是這麼說。」窗口服務的女士說著指一指正在炸雞肉的廚師。

是因爲他們用的雞養到比較大，才會有這麼碩大的腿和這麼白的肉嗎？抑或是他們用特別品種的雞？我無從確知。但是我和女兒一致認爲，這些雞腿比法蘭琪和卜派用的都高明。雞胸也是每一口都是鮮嫩的。外面的酥炸皮不如法蘭琪的乾淨俐落，但是也不會太油。三塊炸雞的量非常大，紅豆醬配白飯尚可，但是醬裡少了應該有的豬肉丁和香腸末。

韓德森炸雞棚不是加盟店，也不是連鎖店。老闆安・韓德森（Ann Henderson）是在路易斯安那州新伊比利亞（New Iberia）生長的克里奧爾人。她這家店做事毫不含糊，客人點什麼，他們炸什麼。現點現做的地方，客人必須等，這會令人不耐煩。但是等你吃到了既熱又脆的炸雞，就會認爲等是値得的了。假如你是要帶回家吃——多數客人是如此，開車途中正好把炸雞放涼一點，到家時的熱度剛剛好。韓德森的炸雞是不是和法蘭琪的一樣好呢？是，但也不是。

法蘭琪於一九六九年開張，老闆佩西・克盧佐（Percy Creuzot）也是路易斯安那來的克里奧爾廚師。現在的法蘭琪乃是一個瘋狂愛吃炸雞的城市裡最有名的一家炸雞店。這兒的炸雞不是客人點了他們才動手做的，但是他們也無需如此。因爲外面永遠有人在排隊，足以擔保你買的每一塊炸雞都是現做的。這種情形互爲因果：因爲法蘭琪炸雞生意這麼好，所以法蘭琪炸雞生意才會這麼好。至於他們的紅豆醬白飯，醬裡全是香腸丁，這對法蘭琪的生意當然也是有益無害的。

我強烈建議讀者自己作一次第三區克里奧爾炸雞試吃測驗。至於我們的測驗結果，我必須承認的是，挑戰者韓德森炸雞棚的炸雞肉質和量都略勝一籌。但衛冕者法蘭琪的炸雞酥皮香辣、無油、口味，以及紅豆醬白飯，仍然穩坐冠軍寶座。卜派炸雞則是遠遠落後的第三名。

至於KFC——不提也罷。

原載《休士頓週報》二〇〇一年十月十一日

第四卷　歐洲人的怪異癖

乳酪的戰爭

位於阿爾卑斯山一個懸崖上的這座有圍牆環繞的城堡，堡壘上有葛呂耶（Gruyère）的旗幟迎風招展。旗子是白底，中央有一隻兇猛的鳥。按傳說，葛呂耶的首任領主某日出獵時決定，要以當日獵殺的第一個獵物爲自己的領地命名。結果他獵到了一隻鶴（法文即 grue），此後他的稱號便是葛呂耶伯爵了。

我以爲在這有圍牆的葛呂耶村（Gruyères，字尾加了一個 s，以茲區別字尾沒有 s 的葛呂耶區）會看到一些製作乳酪的人，卻連一個也沒見到。原來這座有防禦工事的城堡當初不是爲生產乳酪而建，而是爲了捍衛乳酪而建的。「捍衛乳酪」聽來也許有點奇怪，但是我現在對這個用語已經很習慣了。其實，我大老遠從德州跑到瑞士的阿爾卑斯山區來，就是因爲乳酪激發了我的捍衛意識。

我怎麼也沒料到，自己會因爲給《美國風》寫了一篇加乳酪的辣肉餡玉米餅的食譜而成爲歐州民族主義者攻擊的靶子，成爲某種祕密結社的敵人，終至捲入一場歷史悠久的國際大戰。

我不過是在文章裡說，我在巴黎一家德州墨西哥風味的館子吃到的加葛呂耶乳酪的辣肉餡玉米餅堪稱我所吃過最佳的。我並且附上一道食譜，又說：難怪法國人做的乳酪辣肉玉米餅這麼好吃，實在是因爲法國乳酪世界第一。就是這麼一篇短文使我身陷始料未及的國際美食爭端。

大名法蘭克・賓佐尼（Frank Binzoni）的一位加州讀者。來信質疑我判斷乳酪優劣的正確性，並且暗示我大概是個沒見過世面的鄉巴佬。「葛呂耶是只有瑞士在生產的一種乳酪，」賓佐尼致主編的來函中說，「沃許應該多到德州以外的地方走走。」

當時我就確定葛呂耶乳酪是法國和瑞士都在生產的，因爲我吃過不少法國的葛呂耶。所以我決定把事情弄個清楚。我很天真地打電話到賓佐尼家裡，唸了一段摘自法文飲食百科全書《拉魯斯美食》（*Larousse Gastronomigue*）的文字給他聽。照百科全書上說，葛呂耶是法國與瑞士都有生產的。賓佐尼卻不為所動。顯然是因為百科全書是法國人編的，所以他覺得不足採信。孰是孰非之爭開始冒出火藥味了。

葛呂耶這個題目引人好戰，也許和它的歷史背景有關。羅馬人初識這種硬乳酪，是在公元前四十年入侵侏羅山脈（Jura Mountains）一帶的時候，葛呂耶乳酪眞正成為瑞士人生活的重心，卻是在中古時代。

葛呂耶文化的起源，是侏羅山區的谷地居民開始在夏季把牛帶到山上放牧的時候。這樣做是為了讓谷地的牧草長大，以便儲存為冬季飼料之用。牧牛者把山上的樹砍了，清出牧草生長的空地，並且用這些木材蓋了「山區農舍」（chalet，亦即後世所稱的渡假小屋）。然而，夏季的高山放牧又製造了另一個問題：大量的牛乳該怎麼處理？他們既不可能把牛乳運下山來，又不可能把牛乳儲存起來。所以他們用這些牛乳做了後世熟知的輪胎形狀的乳酪。因為有山中鹹水泉供應取之不竭的含鹽的水，這種乳酪變得很硬。

乳酪是人們早已在製作的食品。但是這種乳酪與眾不同，它不像軟乳酪，它是可以經年存放的。這樣的乳酪給自家人食用是十分便利的。但是，只要有三十頭乳牛，一個家庭就能每天做一個七十磅（約三十一公斤）重的輪胎狀乳酪。養牛的人家自己消耗不完這麼多乳酪，便開始用這種乳酪去跟人別人換日用必需品。沒有多久，這種硬乳酪便揚名在外，成爲高價值的商品。

最先發現硬乳酪眞正價値所在的，不是美食家，卻是軍人。要帶一支大軍隊跋涉積雪的阿卑斯山，糧食供應是一大問題，而侏羅山硬乳酪乃是軍隊所能取得的最佳耐久蛋白質來源。因此，放滿硬乳酪的倉庫就變成銀行一般——是一大筆可用資源。可想而知，人們開始來搶劫這個銀行了。

建造起有圍牆的葛呂耶村，就是爲了防止盜賊和遊走的軍隊來搶農民的穀糧和乳酪。農民因爲財產受到保護，要向歷任的葛呂耶伯爵繳稅——繳的即是乳酪。

後來，葛呂耶伯爵因爲要籌措遠征軍隊的經費而向瑞士銀行告貸，等到伯爵欠債不還，瑞士銀行體系便接管了葛呂耶伯爵的領地和乳酪，成爲該區域的首要政治勢力。《拉魯斯》百科全書講到這裡，又接著說，法國人和瑞士人都宣稱葛魯耶是自己發明的，這個爭執始終沒有定論。

我既以美食寫作爲業，又擔任過辣醬比賽、啤酒品嚐會、烤貝果比賽的評審，看來謀求定論是我義不容辭的了。按照賓佐尼的忠告，我該到德州以外的地方走走，嚐嚐兩個生產國的葛呂耶乳酪，確認一下法國葛呂耶的正宗地位。

我豈知，這看來小題大作的自誇權之爭，其實是場大規模的文化戰，是飲食歷史上延續最久的貿易競爭之一。這個題目是不可以拿來開玩笑的，至少在這座瑞士城堡裡是不可以的。

在葛呂耶堡（Château de Gruyères）的中庭大院裡，一個祕密結社正在重演他們的隆重儀式。每個人都穿著寬鬆的白袍子，繫著鮮紅和鮮黃的寬腰帶，佩載著有一隻鶴立於輪形乳酪上的徽章。他們站在一張擺設好似祭壇的桌前，桌上放著製作乳酪的工具，中央有一大輪葛呂耶乳酪放在木製的扁擔上，以前的農人便是用這種扁擔把一個個的乳酪運下山來。

這些人是葛呂耶同業工會（Confrérie du Gruyère）第二十七分會的會員，每人伸出一隻手放在乳酪上，宣誓要維護他們鍾愛的乳酪的榮譽。新加入的會員必須學會這個結社的祕訣。「我們要教他們如何愛惜葛呂耶，」分會的總監說，「這是神聖的使命。」

葛呂耶同業工會的使命並不僅止於穿上白袍子作勢或指著乳酪發誓。這個團體也投入了一項由來已久的行動，要說服世人相信只有瑞士人做的是眞正的葛呂耶——也要對抗我這種不相信他們的旁門左道之徒。

事實是，瑞士人從一九三九年起就試圖循國際法律途徑爭取「葛呂耶」這個名稱的獨家使用權。若能像波爾多（Bordeaux）、香檳（Champagne）、洛克福一樣獲得「法定產區」（appellation d'origine contrôlee，簡稱AOC）的正名擔保，將可大幅提增瑞士每年出口的七千噸葛呂耶乳酪的價值。葛呂耶同業工會的會員們也會大悅。

瑞士與法國的疆界從侏羅山頂上劃過。法國的這一邊是法蘭西孔泰省（Franche-Comté），這個地方的人也製造乳酪，幾百年來就叫他們的乳酪「葛呂耶」。瑞士人說法國人把別人的名稱佔爲己有。法國人說沒這回事。中古時代的法國就有一種叫作葛呂耶（gruyer）的官員，職務除了管理森林地，就是收稅——這稅即是用乳酪繳納的。按法國人的說法，繳稅的乳酪便用「葛呂耶」這個官銜命名，現有十二世紀的稅收記錄爲證。

因爲法國陣營中有大批學者、歷史學家、律師、所以瑞士人每一次企圖獨佔葛呂耶這個名稱的行動都是無功而返。所有國際法律之爭的根本只在一個問題：最初製作葛呂耶乳酪的究竟是瑞士人還是法國人？

「兩個都不是。」法國人尙・阿諾（Jean Arnaud）說。從祖上算下來，他已是第七代的乳酪製作者了。「我家書房裡有一百五十本書是講這種乳酪的，」他微笑道，「其中二十五本是專門討論瑞士和法國的葛呂耶名稱之爭的。」

阿諾的家族企業「阿諾兄弟乳酪廠」（Fromageries Arnaud Frères）設在波里尼（Poligny），與瑞士只有山脈相隔。在他們的乳酪熟成地窖的樓上的會客室裡，他讓我見識了一下他在這方面的豐富知識。他在一面黑板上畫了一個大橢圓。「你看，這是侏羅山脈，」他說，「在古羅馬時代，侏羅地區的原住民是瑟岡尼人（Sequanes），」他說著便在橢圓之中寫下這個名字，「公元前四十年的古羅馬文獻就記載了瑟岡尼地區製作乳酪的程序，包括使用的木材、牛乳、鹽等。現在的製作程序仍然是一模一樣。」

他用粉筆把橢圓從北往南劃了一道直線，把瑟岡尼地區從中央切成兩半。「這是現代的法國和瑞士的國界，」他說，「最初的葛呂耶乳酪既不是瑞士製也不是法國製，因爲公元前四十年的時候還沒有這兩個國家。」

一九五九年間，法蘭西孔泰省的乳酪業者自認名稱保衛戰勝利無望，便決定申請「孔泰」的名稱註冊。阿諾說：「葛呂耶的名號在法國是無人不知的，孔泰卻不然了。」因為顧慮到妾身不明的問題，孔泰乳酪業者用「葛呂耶之冠的孔泰乳酪」的品名來行銷。「孔泰乳酪其實仍是葛呂耶乳酪的一種。」阿諾說著，引我走下階梯，進到存放乳酪的地下倉庫。據他說，如今的葛呂耶一詞是一個乳酪家族的總稱了。他要在地窖裡給我實地上一課這個家族史。

阿諾取過一隻像碎冰錐的工具，但它是中空的。他用這隻尖錐從一輪巨大的孔泰乳酪中取出樣品。我掰下一點試吃後，他再把這一小錐的乳酪仔細地放回原位。然後他又取了瑞士葛呂耶的樣品給我試吃。兩者的風味差別很大。孔泰味道淡口感硬；瑞士葛呂耶味道濃口感比較滑膩。

瑞士葛呂耶夫是用全脂牛乳做的。孔泰用的是撇取奶油之後的牛乳，所以含脂量少了百分之十。兩種風味都好，但是我對阿諾直說，我比較偏好瑞士葛呂耶的濃烈氣味和軟滑口感。既然如此，阿諾認為我一定要嚐嚐包福（Beautfort），此乃是法國薩伏衣地區出產的葛呂耶。

包福是按照古法製作的。現在的孔泰和瑞士葛呂耶雖然已經是大企業在製造行銷了，仍有農家在山區裡按中古時代的方法製作乳酪。這種乳酪叫作「山地牧場乳酪」（fromage d'alpage），所使用的全脂牛乳來自山地放牧吃嫩草和野花的乳牛群。我嚐的包福油脂多而味醇，毫無疑問是我所吃過的風味最足的葛呂耶乳酪。

瑞士人也有他們自製的山地牧場乳酪，品名「萊堤瓦」（L'Etivaz），我在阿諾的地窖也嚐到了，味道比包福更濃，是口感滑潤的，吃過嘴裡仍有著香醇味的上乘乳酪。我不知該說包福比較好，還是萊堤瓦比較好。總之，不論用哪一種來做辣肉餡玉米餅，效果都是極佳的。

我嚐遍這個乳酪家族，不難理解瑞士人爲什麼沒辦法堅持正牌葛呂耶只有一種。阿諾告訴我，美國的威斯康辛州、阿根廷、澳洲如今也都在做「葛呂耶」乳酪。令我意外的是，前不久還有一個瑞士乳酪主管單位的代表團過來找過他，問他爭取名稱獨家使用權的可行性。

「我跟他們說，現在想要註冊葛呂耶的獨家使用權幾乎是不可能的事，」阿諾說，「瑞士葛呂耶的確是優質乳酪，我也希望有什麼辦法幫它確立地位。可是現在要來阻止別人再用這個名稱就太難了。如果他們用瑞士葛呂耶，或是弗里堡葛呂耶，也許可以得到獨家。」

所以，乳酪的激爭仍在繼續。瑞士人說他們的才是正牌葛呂耶，法國人卻不讓步。

我以前還一直覺得德州朋友在燒烤的題目上太好爭了。如今算是領教了眞正的好爭陣仗。

原載於《美國風》一九九五年六月一日

終極泡菜

史特拉斯堡（Strasbourg）大教堂的尖頂好像多雲天氣裡的山峰，被順風飄過的灰色雲霧遮得看不見了。我爲防秋涼而穿的薄外套，根本抵擋不住從萊茵河吹來的刺骨寒風。廣場對面那樣半木造的宏偉四層樓建築，裡面開著一家本地有名的餐館「康梅澤爾屋」（Maison Kammerzell），也是我和同伴能避寒的一個最近的去處。我們在這舒適的老式餐廳裡就座後，我看著菜單，眼睛不禁越張越大。菜單上有整整一頁都是各式各樣的泡菜。在法國的阿爾薩斯地區，泡菜（當地叫作 choucroute）乃是特有的名菜。

菜單上有泡菜豬肉、泡菜鴨肉、泡菜刺山果與鰩魚、泡菜魚與培根，我的同伴點了泡菜魚培根。我們倆以前聽也沒聽過泡菜魚，結果發現味道甚好。我從菜單上挑了一個

「非常泡菜」，端上來的是堆得高高的、蕾絲琳白葡萄酒 (Riesling) 調味的軟而熱的泡菜，以及三種油亮的香腸、一塊嬌紅的豬腰肉、鮮嫩的豬排骨、脆脆的培根、黑黑的油血腸、清淡的肝肉圓，以及豬腳。我興奮地大快朵頤。我這個泡菜迷算是中了頭彩啦。

我童年早期的飲食記憶大都離不開泡菜。在我外婆家吃飯，什麼都可以配泡菜。泡菜加洋芋泥的味道至今仍會使我思鄉之情洶湧而感到鼻酸。我怎能忘得了外婆做的「帕嘎奇」？這道東歐點心是用泡菜炒培根爲餡包在比薩麵皮裡。

大學時代，我常和同學們閒坐著談起各自懷念的家中美食。那時候我才發現自己和美國文化有點脫節。同學們深情懷念的是媽媽做的肉餅、燉牛肉、炸雞、蘋果派，我溫柔讚歎的卻是外婆做的泡菜，每每引來旁人齊聲的一陣「噁——」，以及認爲我腦筋有問題的表情。

對於泡菜這種東西，你只可能有喜愛或厭惡的反應，多數美國人似乎都屬於後者。美國人說到泡菜通常只會聯想到熱狗，要不然就是想到世界美食中排名殿後的德國菜。多年來的經驗告訴我，烹調泡菜會使你請的客人與你疏遠，也會使同一棟公寓建築中的其他房客抱怨你的廚房在飄送異味。

成年以後的我爲了不得罪人，學會抑制自己對泡菜的渴望。有時候，沒有別人在身旁了，我就給自己做一種獨人泡菜大餐。

後來，我第一次到阿爾薩斯旅行。那是多麼痛快的解放啊。我發現我對醃包心菜的迷戀在這個地方竟是再正常不過的事，而這裡人人都像外婆一樣喜愛泡菜，這是多大的喜悅啊。阿爾薩斯不但是泡菜王國，而且是西方世界最受尊敬的烹飪傳統的一份子。泡菜也算法國菜系，這樣概念太棒啦！

那次初遊阿爾薩斯之旅，跑的地方以一系列釀酒葡萄園和試飲室爲主，就是所謂的「葡萄酒之路」。但我每天都在住宿的小旅館大吃泡菜，而且在其中一家發現了觀光客可走的另一條路的廣告簡介，即「泡菜之路」（La Route de la Choucroute）的簡介。當時我認爲這個發現是一種具有神祕意義的啓示。

可惜那已是我在阿爾薩斯的最後一天。我依依不捨地用手指走了一遍泡菜地圖，圖中的各個村鎮都標示著擬人化的卡通培根片、包心菜、香腸串。我立誓總有一天會再來，虔誠地朝拜這些泡菜聖地。

那次立誓是許多年前的事了。但是現在才來並不嫌遲，我不但可償宿願，而且有和我一樣熱愛泡菜的女友同行。我倆最初感到情投意合，也許正是因爲彼此有這項共同愛好。愛吃大蒜的人會尋覓不怕蒜臭的伴侶，同理，慣吃泡菜的人要與聞到泡菜味不捏鼻子的人相戀才會有幸福。

我們把租的車子開上朝史特拉斯堡北行的「泡菜之路」的柏油幹道，心中充滿了期待。瀏覽過這張簡介上面所列的十多個項目後，我們決定從一家以傳統泡菜自豪的鄉村旅店展開朝聖之旅。這家老旅店一進門有個酒吧檯，當地人都坐在這兒邊飲啤酒邊論足球。我們往後走進用餐室，坐進一個舒適的卡座。從玻璃窗可以看見一片美麗的包心菜田，我們欣賞著美景，也迫不及待點了我們到此的第一盤泡菜。

我拿起小巧的斟酒壺爲女友和我自己倒上蕾絲琳葡萄酒，一面開始發起牢騷：「問題出在美國人挾出罐子裡的泡菜就直接吃了，他們以爲泡菜就是夾在熱狗裡吃的東西。」人家阿爾薩斯人會用鵝油和蕾絲琳葡萄酒烹調泡菜，加上杜松果香味，還給泡菜它高貴菜式的原貌。

話才說完，一大盤冒著熱氣的泡菜就擺在我們面前了。上面有兩節香腸、一點點培根，以及一片半肥瘦的豬肉。另有芥末和辣根可蘸。泡菜嫩軟，但是淡而無味。香腸分別為一根燻肉腸，一根蒜腸。豬肉太肥，女友不敢吃，所以只能吃香腸。

「嗯，好吃！熱狗加泡菜。」她調皮地笑著說。

我無言以對，即使我才大讚了一回阿爾薩斯泡菜烹調，這一盤卻比康尼島熱狗(Coney Island)加酸包心菜絲好不到哪兒去。我們吃的少，剩的多。在開車前往簡介圖示的下一家餐館途中，我仍忍不住牢騷。結果發現第二家是個比薩店，供應燻鮭魚涼拌泡菜。我們略吃了幾口冷泡菜，挑出鮭魚和麵包奶油一起吃了。用叉子再翻了一會泡菜，我們就告別了這個地方。

連著幾天，我們試吃了簡介地圖上一家又一家的餐館。我們吃了泡菜鰈魚加奶油醬、泡菜鮃魚培根、泡菜火腿肉。有些菜式頗不賴，但是頗不賴是不夠的。我們這一趟來是想攀上泡菜的最高峰，想一嚐神仙也要稱羨的泡菜美食。不能這樣就打發了。

狂熱的愛好會使人越來越挑剔，愛吃某種東西的人會如此，愛吃泡菜的人也不例外。如果你是愛吃燒烤或比薩的人，你不會見了什麼樣的燒烤、什麼樣的比薩都照吃不誤。反之，你吃過的樣式越多，越有作比較的依據，你的嘴巴也就越刁。

「也許那些館子給了錢，才會登上這個餐館路線，大概是因爲生意太淸淡了。」女友說著，我們正走進又一家無人光顧的餐廳，而此時正是星期六中午應該滿座的時候。我擔心她說的是實情。那份旅遊簡介一共列了二十九家餐館，其中也許眞有幾家好的，可是我們已經沒時間去碰運氣了。

這次泡菜朝聖之旅，我已經投下很多時間和精力，難道就這麼算了？我現在只求能嚐到一盤眞正美味的泡菜烹調。我們當然可以再吃一次「康梅澤爾屋」，我已經知道這家觀光客趨之若鶩的餐館有好吃的泡菜菜式，但這樣做無異於撤退認輸。

「把這個泡菜餐廳簡介扔了，拿美食指南出來找吧。」我堅決地說。我們帶了「米其林」（Michelin）的指南、《高特米勞》（*Gault Millau*）指南，以及派翠西亞・威爾斯（Patricia Wells）的《美食家的遊法指南》（*Food Lover's Guide to France*）。接下來的一個小時，我們喝了幾杯蕾絲琳，反復核對各種地圖和餐館排名表，終於把搜尋終極泡菜的目標縮小爲一家餐館。這家名叫「雄鹿」（Le Cerf）的餐館在史特拉斯堡西北邊的馬倫漢小鎮（Marlenhein）上，只需半小時車程。

派翠西亞・威爾斯愛極了這家館子。米其林給它的評等是兩顆星，並推薦泡菜乳豬這道菜。高特米勞給它十八分（最高分爲二十分），說這兒的泡菜乳豬是「小規模的鉅作」。就這麼定了，今天晚上非上這家館子不可。

女友去打公用電話訂位，卻帶著沮喪的表情回來，我知道大事不妙。「位子全被訂光了。」她嘆氣說道。我早該料到這個結果。星期六一時興起要在這麼有名的餐館訂當晚的位子，成功的機率小到近乎零。可是我們們明天就要離開阿爾薩斯了。怎麼辦？

我倆默不出聲把車子駛出停車坪。到加油站停下來等加油時，女友問我：「我們該怎麼辦？」我已經有了主意，得要她出馬，她會說法語，我不會。但是我不知道她願不願意。

「你要苦苦哀求。」我說。

「什麼？」

「你得去再打一次電話，你要把主廚找來接電話。你要跟他講，我們大老遠從美國跑來想吃泡菜美食，可是希望一再落空。你跟他講，我們只要一份他的泡菜乳豬。」

「可是他們說已經沒位子了。」女友抗議道。

「跟他說我們可以在廚房裡吃。跟他說我們可以在停車坪吃。跟他說我們帶走回旅館房間吃……」

「用法語說嗎？」她說著兩手抱住頭。

「寶貝，你也曉得，要是我能說我就自己去說了。我求求你。」

女友在沒有玻璃門、沒有隔間板的公用電話上哀求，待在維修部門的技工和車主都聽呆了。我不知道她講了些什麼，但是看看加油站這些人臉上的笑容，可想而知是很動人的。她終於掛上電話之前至少說了一百遍 merci（法語「謝謝」），結果應該是不錯的吧。

「你可要好好報答我了。」她得意洋洋地走回來。

「他們答應我們在停車坪上吃了？」我問。

不是的。「雄鹿」的第一批客人是八點鐘上座，我們倆必須準時七點到，然後可以坐在餐廳裡用餐，但是八點鐘就得走人。我興奮地吻她，並且發誓對她的恩情永誌不忘。

七點正我們到達「雄鹿」，我換了西裝領帶，她穿了一件教人眼睛一亮的洋裝。我們迅速就座，有點爲自己的死皮賴臉感到慚愧，但是餐館的人都很親切有禮。我們鎖定的目標物在菜單上是 Choucroute à notre façon au cochon de Kait de kochersberg et foie gras fumé，意思就是「本店泡菜及寇舍斯堡乳豬與煙燻鵝肝」。定價一八五法朗，約等於三十美元。服務生顯然已經知道我們要吃的是什麼，他推薦了一種特別的阿爾薩斯葡萄酒，一九九三年的荷里根斯坦葡萄酒（Klevener de Heligenstein）。「這是我們所謂的珍希之物，」服務生說，「是托凱（Tokay）和蕾絲琳的混合，稍有甜味，正好配泡菜的烹調。」我們點了一瓶，先啜飲一點。餐館的人員正在安排餐桌陳設、擦著銀器，我們並不在意，幾天下來，我們已經習慣了沒有顧客的餐廳。

終於，泡菜乳豬來了。盤子一擺上桌，我們就被濃香包圍了。泡菜染了赤褐色，周圍排著小片的乳豬肉，兩側放著小小的排骨和圓圓的腰肉。另外還有一個蛋形的鵝肝奶油凍、一條細細的黑香腸，幾個渾圓的馬鈴薯球，以及炸脆的培根。中央端坐著的是燻鵝肝和一束新鮮的鼠尾草葉。

入口即化的泡菜上染的赤褐色，是用烤乳豬的原汁加鼠尾草調味的濃縮醬汁。一連幾分鐘，我的感官知覺完全貫注在如何順序逐一把泡菜、馬鈴薯、豬肉、培根、鵝肝送進嘴裡。偶爾我會放下叉子，端起酒杯，以便女友乘我沒把盤子一掃而空之前也能嚐嚐我所吃過最精彩的一道泡菜。

主廚米謝．于賽（Michel Husser）從廚房出來，朝我們的桌位走來，我幾乎要起立鼓掌。這位年輕英俊的主廚客氣地問我們覺得泡菜如何，我把我所知道用來讚美的法語形容詞最高級全都唸出來，仍不足以表達我的幸福、快慰與感激。

我太心滿意足了，甚至不在意我們的一小時停留許可即將結束。但是，臨走之前我還有問題要請教米謝。首先要問他這道菜的靈感是怎麼來的。他說：「雄鹿」的主廚本來是他的父親荷貝・于賽，他接手才幾年時間。以前他父親都是用傳統泡菜烹調方式，但是他自己是巴黎名廚阿藍・桑德朗的弟子，他想設計新的菜式，使傳統的口味更上層樓。於是他取消了一般的豬肉片，改用餵乳汁的小豬。不用牛肝豬肝，改用鵝肝丸子和燻鵝肝。培根用焦糖熬過，馬鈴薯是手工削的，燒乳豬醬汁乃是「新式烹飪」推廣的加味濃縮醬汁。你若是位泡菜迷，會覺得這整體效果是超凡入聖的。

我還有一個問題：「我們經常看到泡菜配魚的菜式，是某種新式烹飪嗎？」

「不是，這是阿爾薩斯很傳統的做法。」米謝說，「我自己通常會在冬季推出蠔配泡菜的菜式。」

既然阿爾薩斯最精於烹調泡菜的主廚就在我面前，我有一個最後的問題。我們拿著旅遊簡介按圖索驥，結果一路落空，請問，要想品嚐阿爾薩斯最美味的泡菜烹調，該往哪兒去?米謝說了一些他自己偏好的主廚和餐館。我一面記錄,一面想著:我好像又回到原點了。我手上有了可以去的餐館名單,但是明天我就得離開阿爾薩斯了。我於是再次對自己發誓,總有一天我要再來,好好把泡菜品嚐個夠。

原載《美國風》一九九六年一月十五日

世界第一

廚房非常寬敞，此刻也非常安靜。一側的整排高大景觀窗望出去，是灰濛濛的上午時分。窗外的園中花朵盛開，繁茂的枝葉投映在擦亮的不鏽鋼廚具和鋪了瓷磚的檯面上，使整個廚房瀰漫著綠光。園裡一棵樹上正開著的尖銳花朵，好像就要直戳進玻璃窗裡來。

上午十點四十五分，外場經理尚路易・福格多（Jean-Louis Foucqueteau）走進廚房來，他在看一張電腦列印的東西，然後把這張紙放在我正坐著的角落裡的小桌子上，微笑著說：「維洛妮卡・桑松（Véronique Sanson）今天會來吃午餐。」桑松是一位很紅的法國歌手，顯然也是服務人員特別歡迎的一位客人。

十一點正，一列穿著白制服的男士肅穆地走進來，原先的安靜頓時變成熱鬧吵雜。

我想數一下有多少戴著白色廚師高帽的人在往來穿梭，但是他們走動得太快了，我每每數了一半又得從頭再來。「我的廚房裡有十八位主廚，」阿爾弗瑞・吉拉戴（Alfred Girardet）告訴我，「我們今天要做四十桌午餐。」這位別號「弗瑞第」的名廚，已是一位傳奇人物。

弗瑞第・吉拉戴的飯店是瑞士小村克里西耶（Crissier）中央最醒目的一棟建築，外表看來不怎麼像飯館，倒更像是政府機關。這石材建的三層樓房上掛著的「吉拉戴」招牌上方，也的確有石刻的匾額寫著「鎮公所」。我原以爲吉拉戴會是一幢華麗的阿爾卑斯山區小屋，不過，這麼氣派的模樣應該更符合它的盛名吧。畢竟吉拉戴是傲視全世界的一家飯店。

吉拉戴號稱地球上最好的餐館已經差不多十年了。事情的緣起是一九八六年十一月，當時一家名爲《法國菜肴及美酒》（*Cuisine & Wine of France*）的雜誌舉辦了一次國際評審會，邀請了四十位顯要的美食及品酒作家。美國的代表是我們首屈一指的美食評論者茱麗亞・柴爾德（Julia Child），以及品酒權威羅伯・派克（Robert Parker）。這次盛會是爲了評選全世界最好的主廚，結果評審選了弗瑞第・吉拉戴。

此刻弗瑞第・吉拉戴與我同坐在他的廚房裡的小桌子旁。他告訴我，《法國菜肴及美酒》公布評選結果之後，法國極重要的美食指南《高特米勞》就開始稱呼「吉拉戴」是全世界最好的餐館。繼而法國最著名的兩位主廚，保羅・博谷斯（Paul Bocuse）與裘埃・侯布雄（Joël Robuchon），也在法國報紙的報導中這麼說。

「擁有世界最好的餐館的感覺如何呢？」我問。

「感覺不錯啦。可是實在沒有所謂世界最好的餐館的說法，」他技巧地說，「每種文化一定有他們自己的好惡。」

「你爲什麼把餐館開在瑞士一個小鎭的鎭公所舊址裡？」我再問。

「以前我父親就在鎭公所裡開餐館。他亡故以後，由我母親和我繼續經營。我們想擴大，鎭公所不感興趣，所以我們就把舊址買了下來了。」弗瑞第無奈地聳聳肩。

他在看剛才外場經理拿進來的電腦列印名單，是已訂座要在今天來用餐的全體客人名單，還有每位客人以前來此用餐的完整記錄，包括每次來坐第幾號桌、由哪位服務生服務、點了什麼菜、要了什麼酒。

「這樣我出去幫客人配菜，才不至於推薦他們上次才吃過的。」弗瑞第微笑著說，一面在名單上作筆記。

我在廚房裡來回走了幾分鐘，觀察十八位主廚在午餐前忙碌時刻的動作。「吉拉戴」的烹調風格曾被稱爲「自然烹飪」（la cuisune spontanée），其概念就是幾乎完全沒有前置作業。菜單上的多數菜式都是盡量在客人點了之後立即用最新鮮的食材做出來。這種做法是非常費力的，因此四十份午餐會需要十八位主廚來做。

就在鄰近我桌子的地方，一條挪威鮭魚正被清洗、切塊；一旁有挪威海螯蝦正在進行剝殼。這些全部都是弗瑞第兩小時前親自從噴射機空運來到瑞士的海產中挑選出來的。

廚房的一角有一群糕點主廚正在大理石的流理檯上切水果、攪拌奶油，刨巧克力細條。他們現做的甜點將於一點鐘前後放上推車送出去，比起鍋裡盛起立即上桌的菜，有那麼兩、三分鐘的陳舊度吧。

在「吉拉戴」自己的烘焙房裡，整烤盤的雜糧麵包正被分置入麵包籃裡。麵包出爐的時間是十一點一刻，正好有足夠的時間放涼，以最恰當的溫度送到客人桌上。

麵包處理完畢，麵包師傅們又全神貫注製作一種特別的核桃麵包，是配乳酪菜式吃的。乳酪的麵包做完，他們又動手烤製配咖啡的小甜餅。

我仍在廚房裡逛著觀看。這時候一位服務生給了我一個 amuse bouche（字面意思是：嘴裡消遣），即放在洋蔥羹上的一粒小扇貝。他才對我說明完畢，弗瑞第就把他帶到旁邊走廊上去訓斥了一番。

「那不是聖甲克貝（Coquille St. Jacque，即扇貝），是 pétoncle（即幼扇貝）。」弗瑞第強而有力地教導著這位年輕的服務生。這看來是件小事，卻足以使這位事事一絲不苟的名廚冒火，是當天中午數件類似狀況中的頭一件。這位服務生聽完訓後，回來爲他犯下這麼重大的錯誤向我道了歉。

我把這鮮嫩的小扇貝，或幼扇貝，三口兩口吃了，一面看著弗瑞第巡視各個鍋皿中的烹調，又隨時指出欠缺完美之處。我這才明白，在瑞士的這個說法語的區域裡，法國人對美食的熱情和瑞士人對精準的熱情，已經發生一種奇怪的結合。

吉拉戴飯店不但是出了名讓員工戰戰兢兢的地方，甚至連客人用餐也要誠惶誠恐。弗瑞第對大多數客人都是親自接待，爲客人的點菜選酒提供建議。假如你點的菜和酒是弗瑞第認爲並不相配的，他就不准你這麼吃。

這往往會出問題，尤其是遇上荷包滿滿的外國客人時。這種客人覺得自己花了大錢吃這一餐，應該受到百依百順的侍候。吉拉戴的午餐菜單最便宜的是一八〇瑞士法朗（約一三五美元）——不含酒；套餐式的開胃菜可以高達六十三美元。此外，吉拉戴不收信用卡。既然錢上不能計較，有些客人就以爲自己有資格指揮這一餐該怎麼做了。弗瑞第卻不能同意。「你們來是來吃我做的菜，不是來告訴我你們喜歡怎麼吃！」他威嚴地說。

我的目光隨著他招呼客人的身影走，這才發覺餐廳布置裝潢之樸素。這兒完全沒有法式豪華餐館那種金碧輝煌，沒有雕刻綴飾，沒有昂貴的帷帘沙發椅。整個餐廳都是採暗色木製桌椅和中性顏色的裝潢。

「這是一種極端的鑒賞，」弗瑞第走回廚房來時，對我說，「不能有一大堆奢華東西。」在吉拉戴樸素的環境裡品嚐美食，應該是類似在現代美術館中欣賞空蕩蕩牆壁上掛著的畫作。不會有別的東西來分神；除了美食沒有其他引你注意的東西。

回到廚房後，弗瑞第又把注意力放在我身上。一位服務生端了一盤東西來給我嚐。這道開胃菜在菜單上的名字是 aiguillette de foie gras d'oie en chaua-froid aux noix et roisins, glacée au vieux Madère，定價六十瑞士法朗，約等於四十四美元。

這是一片熟的肥鵝肝，裡面塞著核桃和用十年陳的馬德拉白葡萄酒（Madeira）浸泡過的醋栗。肥鵝肝的表面包了一層馬德拉油做成的琥珀色亮閃閃的凍皮。這道菜是整整齊齊切成片的冷鵝肝與冷拌的綠色蔬菜加胡桃調味的醋油醬。弗瑞第指示服務生去拿一小杯馬德拉葡萄酒給我搭配著吃。

我吃了一口便呆住了。我本來以爲自己是品嚐肥鵝肝的老手了。我有幸吃過裘埃・侯布雄的肥鵝肝扁豆，吃過阿藍・桑德朗的肥鵝肝包心菜，也吃過傑哈・鮑耶（Gérard Boyer）的肥鵝肝水果，三者都是美味中的極品。

然而，此刻我卻像是第一次吃到肥鵝肝。我咀嚼時，陳酒的厚實輕甜、胡桃的微脆，加上醋栗的濃香，都化入鵝肝的綿密滑腴中。毫無疑問，這是我吃過最美味的肥鵝肝。

弗瑞第見我的驚愕表情，微笑著說：「是美妙的組合吧，嗯？所以啦，有人亂搞配錯了酒，我才要生氣嘛。交給我就對了啦！」

他的臉上透著眞誠的自負，我也終於明白了箇中道理。弗瑞第一心一意要求完美，不是爲他自己，而是爲了教別人欣賞完美。他教客人該吃什麼菜配什麼酒，不是存心對客人擺威風；他是在努力創造藝術作品，只不過，他用的畫布是客人的舌頭。

下午的時間，弗瑞第會在廚房的總指揮位置上度過。他要監督每一桌午餐的進行過程，每一盤菜都要經過他審核，被他要求拿回去改乃是常有的事。有一位年輕的主廚照弗瑞第的吩咐把一客甜點端回去修正，只見他像外科醫生般巧妙地操作刀子，把一粒從原來位置掉到側邊的核桃安回原位。每有一道菜送進用餐室，弗瑞第都在他追蹤每一桌進度的巨大圖表上作一個記號。另外他也沒忘了我。

我吃過肥鵝肝之後，弗瑞第讓人端來他的另一項得意傑作：royale de truffes noires à la crème de céleri pistachée，是滿碗的開心果乳醬汁之中放著一塊塊布萊斯（Bresse）雞胸肉和黑松露。醬汁中央還有一團奶油。

這道菜的上菜方式告訴你，這不是等閒的美食。盛著雞肉和松露的小碗放在四隻鑲金邊的一疊盤子之上，四隻盤子由下到上一個比一個稍小，整個看起來就像一座金字塔頂上放著隆重的獻祭品。我剛把湯匙放進碗裡，弗瑞第就從廚房的另一端衝來。「等一下！」他吼道，雙手齊揮。

十八位主廚注視之下，弗瑞第大師把我手中的湯匙拿過去，仔細指導我一番正確的使用法。我應該把湯匙側著從碗的一邊伸進去，舀到碗底時轉方向，納入一些松露，他邊說邊以動作示範，然後我該把湯匙穿過那團奶油提起來，這樣舀法才會每一口都吃到松露和奶油。教畢，他把湯匙交還給我，看著我照著他的樣子做一遍。

我卻舀得拖泥帶水，因而窘得滿臉通紅。這時候我才明白客人點菜被他回絕時的那種惶恐。但是嘴裡的快感立刻把我的那份不自在一掃而空，開心果奶油加上黑松露的味道太奇妙了。弗瑞第臉上的和煦笑容也證實，他給我上這一課湯匙正確使用法絕無惡意，也不是出於某種優越感。

他不過是一心一意要求自己的廚藝完美，而且要每個到吉拉戴用餐的人都能領會食物可能有的每一種細微差別。用餐的時候有全世界最了不起的主廚從背後看著我，雖然不大好受，但是，也正是因爲有弗瑞第親自關注，這享受美食的經驗才格外值回票價。

比吉拉戴貴的餐館有之，主廚比吉拉戴還多的餐館也有之，比這不知名的瑞士小鎮公所舊址華麗耀眼的餐館當然更有之。卻沒有一家餐館的用餐經驗可以和吉拉戴相提並論，因爲像弗瑞第・吉拉戴這樣的行事風格是需要極大勇氣的。

從來沒有一位主廚把自己與賓客的關係帶到這一步。弗瑞第不只是一位主廚而已，他是一位廚藝的表演藝術家。他做的不是到你桌子面前問你點什麼菜，而是估量你的口味與性情，再爲你安排一齣美味的交響樂。如果你能放心聽他的，相信他的判斷，原諒他有時候太執著的熱忱，你就能得到你的口腹終生難忘的藝術表演，知道吉拉戴爲什麼是世界第一。

問與答

問：做世界第一好的主廚的感覺如何？

答：誰也不能說哪個人是全世界最好的主廚。請問，誰是世界上最偉大的音樂家？你最喜歡的那位最偉大——對不對？主廚和音樂家又有什麼不同呢？對於最喜歡我這種烹調的人而言，我就是全世界最好的——這是飲食上的主觀主義。

問：好吧。那你最欣賞的主廚是哪一位？

答：裘埃．侯布雄［在巴黎經營兩家餐館］。他是現代烹飪方面最完備的一位主廚。全世界沒有比他再好的主廚了。

問：法國的名廚對你的烹飪風格有影響嗎？

答：法國人教世人尊重主廚和廚藝，我們才會有美食烹飪。在尚·特洛瓦格羅（Jean Troisgros）和保羅·博谷斯以前，上餐館的人從來看不見主廚，主廚只能待在廚房裡。

問：你對美國的餐館有何感想？

答：處事的心態有別。他們是廚房小、餐廳大。紐約的頂級餐館想要一個晚上供應一百五十人用餐。我們供應五十人用餐，廚房裡就得有十八到二十個人工作。

問：有人說你不大喜歡美國人。這名聲是怎麼來的？

答：我不明白爲什麼會有這種傳聞。大多數到我這兒來的美國人都很好。我們有些美國客人已經有二十年歷史了。不過，我有時候的確會和客人合不來。美國人、日本人，哪一個人都有可能。有時候客人點了兩道根本不能搭配在一起的菜，我會覺得很爲難。如果我建議他們點什麼，他們又以爲我是故意推銷，好像我存心要榨他們的錢似的。有人會每年或每兩年專程到這兒來吃一次——這不是一頓飯而已，是一樁文化活動。重點不在錢的上面。

問：你出的食譜書名叫作《自然烹飪》（*La Cuisine Spontanée*），可是你的菜式現在似乎越來越精緻化了。怎麼會這樣？

答：我寫那本書的時候，工作人員還沒有這麼多。一九八二年的我不得不追求自然；那時候我做什麼都比較快。但是烹調是一連串的突變，一切都在不停地變。我在考慮重新寫一本，因爲舊的那本已經過時了。

問：你新的烹飪法叫作什麼呢？

答：現在我還想不出來。

問：假如不是講求自然，會朝什麼方向走？

答：［笑］退休的方向。也許新的書就叫作《退休烹飪》。

弗瑞第的番紅花燉鮟鱇魚

弗瑞第開著休旅車，後座載著他的老狗桑多斯，快速駛過瑞士鄉間的綠草地和黃色的油菜花田，在一棟工業用的大倉庫前停下。這座冷藏倉庫是供應吉拉戴的魚販大本營，每天都有歐洲各地空運而來的魚送到這兒。

地板上幾百條魚整齊列隊等待弗瑞第大師檢閱。在我看來，這些搭噴射機來的魚兒們，個個新鮮得毫無瑕疵。在要求完美幾近走火入魔的弗瑞第眼裡，中意的寥寥無幾。

「看到這條鮟鱇的血色了嗎？」他指著一條去了頭的大魚問我，「都成了褐色的了。血色要像活的一樣紅，那才夠新鮮。」他翻過一條又一條的鮟鱇看著，結果只找到幾條血色鮮紅的。趁他還沒改變心意，魚販趕緊拿去處理乾淨。等到他們端著盛滿碎冰的包裝盒回來，裡面都只剩下漂亮無比的中段。「我只買好的部位。」弗瑞第微笑著說。

他拿起一條鮭魚，看了魚眼，宣布它是美麗的，然後作出親吻它的動作。這條鮭魚今天會榮獲終極的讚賞，因爲它將是全世界第一好的餐館端上的主菜。

讀者如果有意按照吉拉戴的風格烹魚，就得遵循吉拉第的步驟，從挑選好魚開始。準備了上好的食材之後再按食譜做。

四分之三磅（約三三〇公克）去骨的鮟鱇魚肉

三分之一磅（約一五〇公克）去骨鮭魚肉

三顆蒜

四片羅勒葉

四分之一磅（約一一〇公克）嫩豌豆莢（剝出的豆粒約二湯匙）

半磅（約二二五公克）蠶豆（約二湯匙）
一湯匙半橄欖油
番紅花粉末少許
三湯匙蔬菜高湯
半杯濃奶油
番紅花絲一小撮
四分之一顆檸檬
鹽與花椒少許

準備

將鮟鱇魚肉橫切一刀、直切五刀，切成十二塊，每塊約一吋半長、一又四分之一吋寬（約四公分長，三公分寬）。鮭魚肉切成半吋見方（一．二公分見方）的小塊。大蒜剁碎。羅勒葉切成細條。將剝好的豌豆放入煮沸加鹽的水中煮十分鐘，煮至八分鐘時加入蠶豆。撈出豆子，將蠶豆皮剝掉。

烹煮

將一湯匙橄欖油放入小的深鍋，中火加熱，放入大蒜，捏一小撮番紅花放入，煎三分鐘。加入蔬菜高湯、奶油、藏紅花絲，繼續煎至將沸，約二分鐘。擠入適量檸檬汁，約一茶匙半。放入蠶豆和豌豆，以文火保溫。

用不沾鍋放入二分之一湯匙橄欖油，大火加熱。用鹽、胡椒、剩餘的番紅花粉醃鮟鱇及鮭魚肉。大火炒魚肉三分鐘，取出鮟鱇肉，放在烘過的盤裡，續炒鮭魚，不停地翻三十秒。

裝盤

用溫熱的盤子，鮟鱇肉放中間，鮭魚排於四周，將番紅花醬汁淋在魚上，灑少許羅勒葉。

為四人份。

原載《美國風》一九九五年三月十五日

雞之王

在這一列樹投下的蔭影裡，我望著這片陽光照得發亮的草地。蒲公英的黃花若隱若現，淹沒在茂盛的綠草中。我坐在一道石頭堆成的矮牆上，牆根的土裡有小朵的紫羅蘭從苜蓿草裡冒出來。

就在這蔓生的草地野花之中，有一群純白的雞在威風凜凜地踱步。在起伏的草地和半圓木搭建的宏偉穀倉之間，那些雞來回走動，挺著腥紅的肉冠，好似斜戴著皇冠。這是我所見過最神氣的一群雞。

說實話，到法國的布萊斯地區（Bresse）以前，我從沒見過在草地上漫步的雞群。雞是不大吃草的，所以看見一大群雞在草地上走動並不是常有的事。不但這個景象少見，我以前也從未見過雞群住在高敞的古老穀倉裡，吃著美食配方的雞食。

全世界只有一個品種的雞過著這麼逍遙的生活。那就是雞中之王：布萊斯雞（poulet de Bresse）。在歐洲的肉品市場裡，布萊斯雞的售價比一般肉雞貴上三至五倍。出售的布萊斯雞長長的藍色雞腳上掛著紅藍白三色的標籤和一個金屬環，有這些識別出身的記號，是不易與普通肉雞搞混的。

早在法國大革命以前，布萊斯雞就是饕客和貴族們中意的肉品。法國美食家布里亞·薩伐藍（Anthelme Brillat-Savarin, 1755-1826）就偏好布萊斯雞，他有一句名言：「廚師的家禽肉就像是畫家的畫布。」

但布萊斯雞取得「法定產區名稱」（AOC），和波爾多葡萄酒、洛克福乳酪一樣能獨家使用這個名稱，卻是一九五七年的事了。如今，即便是在布萊斯地區，凡是想要飼養布萊斯雞的農戶，也必須在條件上先達到「國際布萊斯雞委員會」要求的嚴格標準。

我來參觀的養雞場是愛芙玲·葛朗姜（Evelyne Grandjean）和她先生迪底耶（Didier）所有，位於布萊斯區內的蒙塔尼（Montagny-près-Louhans），在里昂以北半小時車程的地方。愛芙玲爲我導覽這風景如畫的農場，一面說明必須遵守哪些嚴格的規定，養大的雞才能掛上布萊斯的標幟。

「我們必須提供每一隻雞十平方米的草地，雞舍裡面每平方米養的雞不能超過十隻。」她引導我走上貫穿養雞場的一條土路，一面說著，「雞養大售出以後，我們必須讓雞舍和草地『休息』四個月，之後才能夠再開始養小雞。」

養成待售的布萊斯雞，平均可重達兩公斤。每年售出的布萊斯雞在一百萬隻上下，處理過後待售的雞都保留其特有的藍色腳瓜部分，藉以證明是布萊斯雞無誤。

爲什麼要提供那麼大的草地？我問。「在草地上自由走動可以長得更大，」愛芙玲說，「讓雞自己揀蟲吃，也能讓雞肉味道更好。你吃過布萊斯雞嗎？」

當然吃過。昨天晚上才吃的。我住的那家小旅館叫作「白十字」（La Croix Blanche）就在布萊斯的包里佩村（Beaurepaire-en-Bresse）。這家旅館的餐廳非常好，主廚聽說我要找資料寫一篇專談布萊斯雞的文章，就堅持要做一道雞肉給我嚐嚐。

他做的帶腿雞塊配著烤蒜粒和原汁醬。雞皮是淺棕色而脆嫩的，刀子切進雞腿時，混厚的肉香直撲鼻竅。那香味和口感令我想到鴨肉。搭配的酒是一九九一年的吉福利（Givry），這是與布萊斯雞肉再相配不過的一種熟軟的勃艮第酒。我享用美食醇酒的同時不禁暗自好笑，只因爲我一向吃的都是量產的肉雞，這一回吃到眞正的雞肉了，腦中浮起的倒是鴨肉的記憶。

那是我第一次在布萊斯地區吃布萊斯雞。之前我在歐洲各地遊逛，已經預定要走一趟養雞場，那一、兩星期裡一直在吃布萊斯雞。在多數餐館裡，布萊斯雞都是高價位的項目。人人把這種雞當作不得了的珍品，令我十分好奇。

老實說，我初嚐這個珍品時是頗失望的。那一次吃的是一道奶油醬汁的雞胸肉；肉質嫌老了些。當然，問題可能出在烹調的時間上，不在雞肉本身。

烹調的時間有什麼問題？我在漢堡認識的幾位主廚爲我作了說明。那天我們坐在一家叫作「葉那樂園」(Jenna Paradis) 的熱門小餐館裡，時間是打烊後的夜晚，大家喝著德國生啤酒，討論著法國的雞肉。

「烹調布萊斯雞需要花三到四個小時。不是說走進餐館點上一客馬上就吃得到的。」葉那樂園的主廚史文・彭格 (Sven Bunge) 說，「如果先做好擺著，雞胸肉會變老。」彭格是在法國上過烹飪學校的，有他自己偏好的布萊斯雞烹飪法。據他表示，春天宜配羊肚菌和蘆筍吃，冬天與黑松露搭配最爲美味。

如果我想知道布萊斯雞好在哪裡，他建議我吃整隻烤的。「你願意試的話，我明天就訂一隻，」他說，「過幾天你再來的時候我做給你吃。」

三天後，我回到葉那樂園，發現這兒的漢堡前衛風格客人都是一身黑的穿著，表情則是一副不耐煩的淡漠，讓我覺得自己的皮靴牛仔褲裝扮格格不入。然而，當服務生端來盛在大盤子上的整隻烤透的布萊斯雞——那雙藍腳仍在，別桌客人們的表情就不一樣了。這位服務生在我們的桌旁切下雞胸肉，在肉片上淋了暗色的醬汁，雞肉旁邊還有嫩胡蘿蔔、甜豌豆、白蘆筍、小馬鈴薯、小洋蔥的蔬菜什錦。雞肉切畢，他又將烤雞端回廚房去了。

鄰桌的客人一改先前對我們的視若無睹，猛盯著我們的雞肉看著。他們又翻看了自己的菜單，才終於問我們：「那是布萊斯雞嗎？」

「是啊。」我的同伴不好意思地答，「不過菜單上是沒有的。」

這次的雞胸肉鮮嫩無比，每一刀切下去都有肉汁流出。味道的確鮮嫩，但是未必與一般雞胸肉有多大差別。眞正不同於一般的是腿肉的部分。

雞腿大約在十五分鐘後端回來，相當燙。我這時候恍然大悟，彭格這道全雞的祕訣在於先片下雞胸肉，然後才把雞腿送回爐裡再烤。

服務生又把同樣的原汁醬淋在雞腿上。這醬是由磨成粉的乾羊肚菌和添加紅酒煮開的烤雞原汁做成，淋在肥而有勁的雞腿肉上，味道更佳。

我們吃完烤雞後，彭格來與我們同坐，並且大談雞經。「我們店裡用的雞全是法國品種的。」他說。除了著名的布萊斯雞之外，法國雞農還出售一種黑羽的雞，以及一種餵玉米的雞。

「法國人對於他們的優質雞種是非常自豪的。」彭格說，「德國雞農瞄準共同市場的商業現實。法國人太愛烹飪、太好吃，所以連錢也不在乎了。」

愛芙玲和迪底耶．葛朗姜伉儷是否同意這個論點，我不得而知。顯而易見的是，制定飼養布萊斯雞的條件的那些人把雞的美味看得比經濟利益重要。布萊斯雞的飼育、食料、清理的標準，由一位名廚主導的一個官方委員會制定，這個委員會的決定形同法國的法律。

我正站在愛芙玲家的前院裡，欣賞著屋頂覆蓋青苔的傳統勃艮第農舍，以及全世界最幸福的雞正嬉戲其中的那片開遍野花的草地。這鄉野的寧靜卻突然被震亂了。一架幻象噴射機呼嘯而過，飛得相當貼近地面，噪音嚇得幾隻雞四下亂竄找掩護。

我敢斷定，法國政府如果知道軍事操演打擾布萊斯雞的安寧，一定會讓飛機改道。

原載《美國風》一九九五年三月一日

尋找松露

那棟十三世紀的老農舍冒著令人嚮往的裊裊炊煙。我似乎看見屋內的巨大石灶，巴不得自己正站在火邊啜飲著紅酒。事實卻是，我在農舍幾百碼外的地方，跪在一叢橡樹下，雙手被一月的酷寒凍得緊塞在口袋裡。

我們正在等一隻蒼蠅。我是到法國佩利戈爾（Perigord）地區的這個家族農莊來作客的。主人——我們姑且稱他皮耶——自告奮勇帶我來見識一下他們如何在仲冬的松露旺季尋找松露。「這個冬天你到現在為止已經找到多少松露了？」我在等待時問他。皮耶伸食指放在嘴唇上作噤聲狀。

「我們不能講這些。」幫我翻譯的人說。他也是本地的農人，也不許我透露他的眞實姓名。他倆告訴我，凡是蠢到在這一帶聲張松露之事的人，都要倒霉。

一般所說的松露就是在地面以下生長的子囊菌類果實，約有兩百多種，其中有不少是美食家心目中的珍饈。古羅馬的廚藝大師阿比修斯（Apicius）發明的松露食譜用的是哪一種松露，我們不得而知。普利尼（Pliny, 23-79）和朱文納爾（Juvenal, 60?-?140）留下的文獻都提到非洲松露，可能是現今仍可在利比亞掘到的沙漠松露。法國美食家最愛的，卻是布里亞薩伐藍所說的「廚房中的黑鑽石」，也就是佩里戈爾黑松露。

雖然法國人早在十五世紀時就利用戴上嘴套的豬尋找這種松露，佩利戈爾黑松露卻遲至十九世紀中葉才登上榮耀的高峰。許多報導都說，從那時候起，佩利戈爾黑松露產量就嚴重遞減。一九九一年間，雷蒙・索可洛夫（Raymond Sokolov）在《自然史》發表的文章中表示，這種產量不足頗有可疑之處。松露明明是世界上最昂貴的食材之一，產量卻從十九、二十世紀交替時的一千噸左右，遞減至現今每年不到二十噸。按索可洛夫猜想，是法國人在操弄市場，使價格居高不下。他在文中還憧憬未來會有某種耕作實驗使松露在世界各地都是價格便宜、產量豐富的東西。

我的好奇心被激起之後，設法不動聲色鑽入佩利戈爾黑松露搜尋者的地下文化，帶回一些有意義的數據。此外，前不久又得到美國一些松露實驗農莊的最新資料。所以，如果有人心中老是有這樣的疑問：松露都跑到哪兒去了？我需要用的松露從哪兒來？可參考以下的事實。

讀者若想理解現代松露採收的報導數字，必須先認識一下法國的松露搜尋者的隱密傳統。搜尋松露的行業不需要資金，不必有土地，也不需要什麼裝備，只需要一條訓練有素的狗。如今的松露數量大不如十九世紀全盛的時代，這雖然是不爭的事實，法國現在仍有一萬五千至兩萬名松露搜尋者(法文即 truffier)。行事謹慎的搜尋者會在進入某個莊園、農田、地產去搜尋之前先徵得地主首肯，事後將搜獲的松露分一部分給地主。但是一直也有人偷偷溜進別人的林地去採松露，採多少得多少，利潤比較大。

用我這美國人的眼光看，一個法國男人在冬天天未亮或天將黑的時分牽著一條狗散步，乃是一幅溫馨的畫面。但是，看在佩利戈爾農人的眼裡，冬天溜狗的人與作惡的壞蛋沒什麼兩樣。傳統松露搜尋者用豬爲助手，如今已由狗取代了。搜尋者牽著狗到生長松露的地方，專找橡樹叢和榛樹叢裡的「枯土」，因爲地下的松露會產生天然的殺黴菌劑，把土表生長的其他植物殺死。

皮耶告訴我，養牛的人家會知道偷牛賊什麼時候來過，因爲牛隻會變少。可是偷松露的賊什麼時候帶著狗和手電筒潛進你的私有地產，是你無從得知的。所以他不許我在文章裡提松露生長的地點，也不告訴我他在這個地方採到多少松露。因爲不信任搜尋松露的人，皮耶甚至不雇請他們來幫忙，完全自己來。

皮耶誇口說，其實他根本不需要靠松露搜尋者和他們的狗。他也示範了他自己的方法：在枯土上慢慢找，撥開擋住視線的枝葉，看見有蒼蠅飛過就停下來。他教我們跪在地上，安靜地等那蒼蠅再飛回來。等了二十分鐘，冷得發抖的我終於看見那隻黑黃相間的蒼蠅飛回來，停在一塊土上，然後沒入地下。這長得像胡蜂的松露蠅會在成熟的松露上產卵，有耐心的人只要盯住它的行蹤就可能中大獎。

皮耶用一隻木製的小工具在蒼蠅入土的地方挖掘，每挖出一把土都仔細聞過。「挖得越近，土裡越有松露的氣味。」他說。我也開始挖土，並且嗅著土的氣味。十分鐘後，我們已經回到屋內，站在壁爐旁，鼻子沾著土，一邊飲著葡萄酒，一邊欣賞著這十公克重的松露。當晚我與皮耶他們一同用餐，吃了一道碩大無比的燉凍鵝，但沒吃到黑松露。

農人們和松露搜尋者一樣，都認爲松露是有錢人享受的奢侈品；他們自己只捨得吃那些賣不掉的、不完整的松露和松露碎塊。爲了一嚐我自己挖過的那種松露，我只得換上西裝打好領帶去光顧當地的餐館。我大嚼了松露沙拉、松露雞蛋、松露燒肉，可以輕易吃出松露在這些菜式中的芳香。但松露究竟是什麼味道，並不那麼容易捉摸。有人說，松露根本是沒味道的。

法國美食家總說，必須吃了相當大的量，才可能眞正體會松露的美味。因此，我有一天花了大約二十美元買了一顆栗子的大松露，帶到佩里格（Périgueux）的一家餐館，說服主廚幫我烹調這一整顆。吃的時候我把它先切了幾小塊，就空口吃松露。然後我又配著少許麵包和乳酪來吃，越吃越覺得香味在舌頭上累積。那是純樸菇類、甜可可、香料藥草此起彼落的香味。吃到最後，仍無法將它與任何其他味道比擬。此後我就渴望有再嚐黑松露的機會。

回美國後，這個渴望卻是不易滿足的。餐館採購佩利戈爾黑松露的批發價本來是令人咋舌的每公斤五百五十美元，現在又衝到七百五十美元的天價。佩利戈爾黑松露的原生地除了法國之外，只有希臘、義大利，以及西班牙三國。百餘年來，有心的業者用盡一切方法在別的國家進行栽種，都沒能成功。

一九七〇年代初期似乎有了突破。在法國的國立農藝研究所（National Institute of Agronomics）設於克列蒙費朗（Clermont-Ferrand）的植物病理研究站，傑哈・謝伐里耶博士（Gérard Chevalier）等人士所作的松露密集研究顯示，松露的芽胞可以接種在樹根上。這個技術將來可能使大規模的「松露栽培」成爲事實。

一九八〇年代晚期，義大利、紐西蘭、美國都栽種了接種芽胞的幼苗。按索可洛夫報導，美國德州滴泉（Dripping Springs）的一處農莊預計將於一九九一年生產松露了。因爲預知會有這一次的收穫，索可洛夫做起在巷口便利商店就能買到廉價美國產佩利戈爾黑松露的白日夢。

預定收穫的時間過了五年，市面上仍然沒有便宜的松露。滴泉農莊的栽培最後失敗了。我本以爲這所謂美國栽培松露的事不過又是一場化爲泡影的發財夢，向吉姆・特拉普博士（Jim Trappe）打聽之後，才知不然。特拉普博士是奧勒岡州立大學（Oregon State University）的徽菌學家，也是松露分類學的權威。我問他在美國栽培松露究竟是否可行。

他平靜地告訴我一個新聞：美國已經有人在種植松露了。去年冬天，北卡羅萊納州農民法蘭克林・嘉藍（Franklin Garland）採收了一批佩利戈爾黑松露，已經做起生意了。特拉普博士親自確認了其學名是Tuber melanosporum，並且去參觀了這個松露園。收成的量不大，只有十磅（四公斤半）。但據嘉藍說，他已經以每磅三五〇美元的價格售出了。

索可洛夫一時之間不可能在巷口小店就買到便宜松露了。美國的松露收成量不能稍長之前，我們恐怕仍得支付法國的高價。而我也禁不住想到，美國種植松露的人將來除了學法國人的高價位之外，會不會也繼承法國松露文化的那些保密作風和疑神疑鬼。

法國農人不願意談自己的松露收成，除了怕別人偷之外，我知道還有一個更私人的原因：怕課稅。紐約長島市的「烏爾班尼松露」（Urbani Truffles）是美國最老資格的松露進口商。該公司的羅撒里歐・薩菲納（Rosario Safina）曾經嘲笑地說：「觀光客跑到歐洲的松露市場，以爲會看見松露。結果只看見一堆人閒站著抽菸。沒人肯在公開的市場上把松露拿出來展示。」

「爲什麼？」我問。

「因爲一拿出來就得繳稅。」他笑道。增值稅就可能高達十九・五%，另外還有所得稅，因環境與戰時動亂的緣故，法國松露產量自十九世紀末與二十世紀初便減少了，這乃是事實。但是，法國的個人所得稅在一九一七年實施，並不是巧合。松露收成的數字從這個時候起就一直不好看，部分原因在於這地下生長的菌種早就變成地下經濟的一部分了。

理論上，提到松露這個奢侈品的爾虞我詐傳說，以及似有不正當手段操縱價格的現象，一般人很容易把矛頭指向法國人。我們也往往會忽略，這個歷史悠久的買賣至今仍以小本生意爲主，是搜尋松露的人在一小籃一小籃地賣給有錢買的人。我與皮耶等人相處了一陣子之後，很難想像美國人在同樣情況下會有不一樣的表現。

會不會不一樣，我們不久就可以知道了。嘉藍的北卡州松露園雖然很小，但這只是現在看得見的部分。嘉藍和其他栽培松露的人除了出售松露，也期待出售接種芽胞的幼苗能有榮景，讓想要松露的人都能買得到。

在巷口便利商店買到便宜松露雖然仍是夢想，自己動手栽培松露卻正成爲事實。假如幾年後，你種出來的松露自己吃不完，你就賣一些給餐館，你會在申報所得稅的時候，也填上這一筆嗎？那時候，你看見鄰居牽著狗在你家附近走，你不會懷疑他在打歪主意嗎？

原載《自然史》一九九六年一月

第五卷　市郊的印地安那・瓊斯

休士頓嚐鮮

阿布都・拉希德（Abdul Rasheed）端起保麗龍的碗，用塑膠湯匙吃著淺紅色的香辣優格。我也有樣學樣。冰涼的優格之中有些番茄和黃瓜的碎粒，還有奇特的什錦香料味。我吃出有土茴香和黑胡椒的味道，其餘的就分辨不出了。我正要舀碗裡的湯汁，阿布都故意給我出了難題。他放下碗，把桌上的生菜、番茄、洋蔥都放進碗裡。優格湯汁突然變成了沙拉醬汁。他微笑著用手指拈著蔬菜沾優格汁送進嘴裡。我也照他的樣子直接用手抓著吃。

我在郝比機場（Hobby Airport）的計程車招呼站叫車時，阿布都正好是排班車中的第一個。他身高約五呎四吋（約一六三公分），黑髮黑眼，幾天沒刮鬍子了，牙齒上有奇怪的紅斑。我問他原籍是哪裡，他說：「巴基斯坦。」我問他知不知道休士頓有什麼好吃的巴基斯坦館子。他說：「當然知道！」我就說我請他一起去吃中飯。

我幫旅遊雜誌寫過許多旋風式美食之旅的遊記。既然我在休士頓是人生地不熟的，不妨盲目跟著別人闖一回。阿布都便是我遇見的第一個樂意帶路的人。

他把我帶到第五十九號公路以西的一段比梭奈特區（Bissonnet）。「這是巴基斯坦社區的中心。」他說，車子經過巴基斯坦商店集中的幾個購物街，在一家「阿里巴巴燒烤」（Ali Baba's BBQ & Grill）的停車坪停下，這是購物街前的一家獨自座落的小館子。

它的奇怪模樣讓我呆看了一分鐘。阿布都解釋說，這兒以前開的是一家美式早餐店。新的老闆沒怎麼改動舊貌，所以看來格外怪異。卡座和舖塑膠面的櫃檯上都有「牛排＋蛋快餐」的字樣，掛在烤爐之上的菜單裡卻有羊腦馬薩拉醬。你在這兒不會聞到培根和咖啡味，倒有咖哩味和羊肉味。阿布都欣賞這兒做的鵪鶉，所以我就點了 batair boti（炙烤鵪鶉）的特餐，兩份五美元九角九分（四份九元九角九分）。我們也要了一份什錦燒烤和一客 karachi gosht（燉牛肉）。我們坐的這個卡座旁的牆上有斑斑的醬汁。

午後兩點，我們是餐館裡僅有的午餐顧客，我們等上菜的時候廳內變得很安靜。阿布都吃完優格後起身往盥洗室走去。我無所事事地伸舌頭咂著口腔上顎，想要判別優格的香辣調味成份。因爲餐廳裡沒有別人在，我便踱到廚房裡。「你們的優格放了什麼辛香料？」我問一位穿著圍裙的男士。這位廚師指了一指放了一些塑膠罐的架子。

「我們把那些混在一起磨碎了做成我們自己的馬薩拉（masala）。」他說。架子上有一罐裝著黑胡椒粒，一罐裝著土茴香子，與我所料不差。另有一罐裝著丁香。還有一罐裝著好像袖珍巴西堅果的莢實，我抓了一個出來，用拇指指甲刮一下，湊在鼻子上聞，是小豆蔻。印度菜會用這四種香料磨碎成爲一種叫作嘎拉姆馬薩拉（garam masala）的什錦辛香料。

阿布都回來後，我們點的東西也來了。我迅速估量了一下情勢，便瞄準了鵪鶉進攻。它看來眞漂亮，皮烤得又脆又黃，沾著香料的細粒。鵪鶉肉很燙，我伸手去撕被燙到手。這麼燙不宜馬上吃，但我仍舊撕下一大塊鮮紅的胸肉扔進嘴裡。我吃過的燒烤從來沒有這種奇特的香味。土茴香、丁香、大蒜都是很不錯的燒烤醃料，與鵪鶉的一股野味是絕妙的搭配。炙烤過程中，要用澄化奶油塗鵪鶉肉以保持鮮嫩。阿布都睜大了眼睛看我吃鵪鶉，裂著嘴笑。我方才發現自己正發出心滿意足的哼聲。

他自己則把力氣鎖定小金屬焖鍋盛著的巴基斯坦式燉牛肉。肉燉得很爛，用小塑膠叉子就能剁起來吃。燉肉用的是一種辣味番茄醬，這是用一般常見的番茄醬料成份——如嫩洋蔥、哈拉佩諾辣椒、大蒜——混合遠東口味的鮮薑和什錦辛香料。阿布都用印度囊餅（nan）捲著燉肉和醬汁吃。

什錦燒烤令我大失所望。更糟的是，我發現自己又犯了以前犯過多次的錯。我一聽「卡巴布」（kabab）就以爲是用金屬棍叉起來的烤肉串（Shish kebab），可是印度和巴基斯坦說的卡巴布不是烤肉串，而是肉末。點菜時聽到什錦燒烤裡面有雞肉「波帝提卡」（boti tikah）和「西克卡巴布」（seekh kabab），我想就是燒烤雞肉和烤牛肉串，結果端來的是炙烤雞肉和兩個肉末餅。（再來一個撒了芝麻的大麵包和美奶滋就是一客漢堡了。）

這炙烤的帶腿雞塊是用什錦香料醃過的，烤得很漂亮，肉可以輕易剝下來。我把雞肉堆在一張囊餅上，加上生菜、番茄片、優格，捲成一個有模有樣的墨西哥捲餅。味道滑腴不及鵪鶉，但相當接近了。阿布都勸我照這樣捲一點肉末餅來吃，我說這卡巴布太乾了。他便用烏爾都語（Urdu）對廚師嚷了一句。

廚師拿著一隻保麗龍碗走到我們桌前，碗裡盛著棕色的醬。我忍不住笑出聲來，一面舀醬抹著卡巴布。它的效果和一般烤肉醬的酸甜效果一樣，不過這是比較稀的羅望子酸辣醬。我猜想這卡巴布是用冷凍漢堡做的。巴基斯坦的卡巴布通常是用山羊或綿羊肉做的。

德州隨時供應便宜的碎牛肉，很令巴基斯坦移民高興。因爲在巴基斯坦最普遍的肉類是山羊肉，碎牛肉算是一種奢侈品。此刻坐在我鄰桌的這位男子正在迅速地吃光一分「馬薩拉卡巴布」，也就是什錦香料調味的漢堡肉，盛在小燜罐裡，旁邊還有鬆軟的囊餅。這是巴基斯坦式的麵包夾肉末醬。另外還有一種麵包卡巴布，休士頓人習慣稱之爲「漢堡肉麵包」。

阿布都說，大熱天裡這樣飽餐一頓之後，應該喝一大杯叫作「拉西」（lassi）的酸優格飲料，以免胃脹。我便接受了他的建議。飲畢，他又在餐館門前一個書報攤買了一小包不知是什麼東西給我。「是巴安（paan）。」他說。就是檳榔。巴基斯坦人和印度人都非常愛嚼檳榔，我的檳榔有茴芹子和甜扁豆的味道，他嚼的是檳榔加菸草，叫作「巴安巴爾戈」（paan parg）。開車離去時我們都沒說話，我坐在後座邊嚼邊沉思。

我對「阿里巴巴燒烤」的眞實感想是什麼？純粹就廚藝而言，這樣的價錢能吃到這種烤鵪鶉，就是我所吃過最好的了。此外，四元九毛九分一客的阿富汗「波帝堤卡」——一個熱呼呼的囊餅加上一整枝的烤牛肉串、生菜、番茄、醬料裝在保麗龍外帶盒子裡——也是很棒的漢堡。但是我敢確定，這兒的破舊座位和濺了醬湯的牆壁會嚇跑講究衛生的人（例如我母親）。可是話說回來，德州的大多數老派作風的燒烤店一樣會把衛生至上的人嚇個半死。正宗老派的嚇人功夫有時候是很厲害的。

瑪杜爾·賈夫瑞（Madhur Jaffrey）於一九七三年發表的《邀您做印度菜》（*An Invitation to Indian Cooking*）是一本權威的食譜書。她在書中說，紐約的印度餐館所做的菜式，是把眞正印度菜加水沖淡了的。到了二十一世紀之初，像「阿里巴巴」這樣的餐館不容許有人再抱怨味道不夠純正了。一九六五年的「哈特及塞勒法案」（Hart-Cellar Act）取消了美國移民法差別待遇，不再執行「原籍國」配額，本來在美國佔移民少數的非洲移民、遠東移民，以及來自其他天涯海角的移民，才有緩慢卻持續不斷的成長。

休士頓和洛杉磯出現了新式樣的少數族群聚集區，本來殘敗的市郊區開起第一代移民夫婦經營的餐館，第二代移民的餐館往往開在新興市區裡，菜式納入部分的美國本地風味。休士頓的「金松」（Kin Son）即是一例，它是從一家越南小吃店變成飯店連鎖的事業。目前這種狀況的一大好處是，在純粹家鄉味和難免受美國同化的連鎖店口味的兩個極端之間，還有保留原味程度各有不同的餐館任君選擇。

「阿里巴巴」供應的羊腦馬薩拉、漢堡卡巴布等許多菜式，都是投休士頓的巴基斯坦人口所好。多數其他人卻吃不慣這麼正宗的巴基斯坦口味。但也正是因爲口味正宗，想要吃遍天下口味的人可以只花五美元吃一頓「阿里巴巴」的午餐就體驗到典型的巴基斯坦烹調。我是喜好美食探險的，在「阿里巴巴」和阿布都邊吃邊論政治也是一樁樂事。（論題包括：「印度、巴基斯坦、斯里蘭卡都有女性出任經理了，你們美國人什麼時候才不會在女權題目上光說不練呢？」）

讀者如果喜歡在伊斯蘭馬巴德市集裡與當地人一起享受現烤什錦香料鵪鶉的感覺，不妨走一趟「阿里巴巴」。

原載於《休士頓週報》二〇〇〇年六月八日

正宗之味

你一走進「伊達哥人」（El Hidalguense）的前門，就會聞到羊肉味。這家餐館的招牌菜是伊達哥式龍舌蘭葉「燒烤」綿羊肉，以及碳烤山羊肉。

不論廚房烤的是綿羊肉或山羊肉，或兩種羊肉同時在做，這兒永遠飄散著刺鼻的羊肉味。此刻有七個桌位是坐了客人的——全是拉丁美洲人——有兩桌是一對男女，兩桌是全家老小出動，三桌是穿著牛仔褲和靴子的工人。電視正大聲放送著一個墨西哥的談話節目。

這裡沒有標準的德州與墨西哥混合口味餐館的薯片和沾醬，卻供應一碗深棕色辣醬給你調味，這是用重辣辣椒、輕辣辣椒、洋葱、醋調製的。我今天的午餐點了放肆口腹之慾的一道菜，「伊達哥人」稱之爲tulanciguеñas，看來很像一盤盛著三個雞胸肉的捲餅，其實油炸的圓玉米餅裡面捲著幾片包著哈拉佩諾辣椒的火腿肉，還有一些美乃滋。這些油炸餅起鍋時灑了起司粉，餅上放著冰酪梨片。

你只要一口咬下去，就有餡汁——不要說那是油吧——從餅的另一頭噴出來。我並沒有打定主意來點這個東西，老實說，我本來沒打算到這兒來吃。剛才我是到這個街另一邊的「奧提麗亞的店」(Otilia's) 去用餐，那是《札嘎特美食指南》(*Zagat's Guide*) 連續兩年評爲休士頓最佳墨西哥餐館的名店。「奧提麗亞」喜歡誇口自己是「百分之一百的墨西哥味，不會有德墨混合！」可是這兒供應的薯片沾醬味道柔順得和番茄涼湯一樣，胡椒醬辣椒 (chile en nogaba) 也做成好像配炸牛排吃的奶油醬似的。我沒吃完就走了。可是現在我又餓了，忍不住想吃一頓火腿包辣椒的油炸餅。

「伊達哥人」並不口口聲說自己是墨西哥正宗。

你吃過正宗美國館子嗎？我吃過，那是很有啓發性的一次經驗。一九九四年間，我在法國佩里格市去光顧了開在薩傑斯街 (Rue de la Sagesse) 上的「德克薩斯小館」(Texas

Cafe)。菜單上的開胃菜有水牛城雞翅、酪梨醬、新英格蘭湯（蛤肉羹）、鮪魚沙拉。主菜有長島蝦（配威士忌番茄醬）、密西西比雞肉（加波本威士忌和柳橙炒）、德州雞塊（油煎）、辣味牛肉末（法式牛肉燉紅菜豆）、烤排骨，以及各式牛排。其中有些可能是美國人從未見過的。法國人覺得他們可以隨意解釋何謂美國菜。

但是，若有法國人問你：「這是正宗美國菜嗎？」你又怎麼說呢？

我去過許多像「奧提麗亞」一樣的「內地墨西哥風味」的館子，都讓我想起那一家德克薩斯小館。他們的菜單看來都像墨西哥的一時之選：有尤卡坦的胭脂樹籽醃烤豬肉、努弗里翁（Nuevo León）來的辣肉絲飯、普威布拉（Puebla）的胡桃醬辣椒。但是菜單上也有些奇怪的觀念，例如 mole 的說明是：「一種巧克力、花生、辛香料做的暗色醬汁……」奧提麗亞的這種菜單雖然包含墨西哥許多地方的菜式，他們顯然有自己的地域偏見。就我所知，奧哈撒地區的 mole（辣味醬）七種之中有六種是不加巧克力的；杏仁辣醬、聖葉辣味醬、酪梨醬的情形亦然。墨西哥辣味醬種類很多，加巧克力、花生、辛香料的波布拉諾辣椒醬（mole poblane）只是其中的一種。

我在「奧提麗亞」午餐時點了他們的招牌菜胡桃辣椒。墨西哥有許多辣椒塡餡的菜式，胡桃辣椒算是有代表性的，《墨西哥廚藝》（*The Cuisines of Mexico*）的作者黛安娜・甘奈迪曾說它是「墨西哥最有名的菜式之一」。

按傳說，這道菜第一次端上桌是在一八二一年八月二十八日，唐・奧古斯丁（Don Augustín de Iturbide）在墨西哥稱帝後的宴會上。做法是用波布拉諾辣椒塡了什錦辛香料的豬肉糜，整個烤後再淋上胡桃醬汁，飾以紅色石榴籽。

「奧提麗亞」的胡桃辣椒餡料隨客人自選牛肉、雞肉，或加乳酪，淋上奶油醬——其中只有大約半茶匙的碎胡桃，沒有石榴籽——也不添加任何紅色的裝飾。由於菜單上根本沒有正宗做法的什錦辛香料豬肉餡，我就點了雞肉餡。這雞肉是煮的，而且好像沒調味。奶油醬裡有番茄粒和芫荽葉，但是看不出來有胡桃。這一道胡桃辣椒絲毫不像我在墨西哥市的「聖多明哥餐廳」（Osteria San Domingo）吃過的，而「聖多明哥」的胡桃辣椒是一般公認最正宗的原味。

餐館老闆之一——奧提麗亞的丈夫——到我桌前來招呼的時候，我問他是否吃過「聖多明哥」的胡桃辣椒。他說吃過，但並不喜歡。我又問他，是否曾在墨西哥任何地方吃過像我點的這樣做法。

「沒有」他自負地答，「我們的跟別人都不一樣。這是本店最暢銷的一個菜。」

「不同在哪裡？」我問。

「別人做的胡桃都放得太多了。」他說。

「奧提麗亞」當然可以按自己的判斷來做這一道菜。假如不調味的餡料和少了胡桃的醬汁正合乎以美國白人爲主的吃客口味，當然也可以按美國白人的口味來做。既然如此，就少提正宗原味的話。在菜單上排出內地墨西哥菜式的餐館很多，這一家正巧在這方面得到好評特別多。

我曾經批評過，休士頓的墨西哥餐館保證供應「正宗墨西哥原味」的話說了快有一百年了，做的卻是德州地方風味的墨西哥菜。

「奧提麗亞哪裡會這樣！」我的美食迷朋友聽了我的評語都大抱不平，「人家可是眞正的正宗原味！」奧提麗亞的牆壁上張貼二十六家雜誌和報紙對他們的一些好評。媒體對於長點（Long Point）的其他墨西哥館子都不屑一顧。

這種現象可以歸因於一窩蜂式的新聞報導。饕客傑・法蘭西斯（Jay Francis）居功厥偉。他愛吃奧提麗亞的菜，又在開幕後不久就和老闆伉儷成了朋友。「我眞的很喜歡他們，我也希望他們事業順利。」他說，「所以我就展開投書行動。」報章雜誌的飲食評論者都收到了法蘭西斯的信。他在信中形容奧提麗亞是「一顆未被人發現的寶石」，供應的是「正宗墨西哥原味飲食」。行動進行大約兩個月後，報章雜誌開始出現好評。

上個月有一天，我邀傑．法蘭西斯一起到「伊達哥人」吃晚餐。(伊達哥乃是墨西哥市以南瓦特康地區的一個城市。)這兒開放式的廚房裡佔據主要位置的是一座高及腰部的磚砌大灶檯。灶檯一邊擺著正在烙玉米餅的平底鍋，另一邊有炙烤架和不鏽鋼大鍋，架上正在烤山羊肉，鍋裡是小火紋的綿羊肉。廚師拿起鍋蓋讓我們看，鍋裡有淺淺的原汁湯，大片塞著羊肉餡的龍舌蘭葉半浸在湯裡。我以前聽說過這種做法，但這是頭一次近距離看了個清楚。

這一頓灶燒羊肉(barbacoa)大餐的第一道就是原汁羊肉湯，湯裡有洋葱、辣椒、鷹嘴豆。法蘭西斯點的第一道菜是燒菜豆。「伊達哥人」沒有醬醃山羊肉(chivito al pastor)，所以小山羊肉是淋辣椒醬的。嫩軟的山羊肉是磚紅色，並沒有燒到爛熟。加上剁碎的洋葱、芫荽、萊姆，可以包成美味絕倫的辣肉玉米捲。

接下來是熱氣騰騰的綿羊肉，盛在一片龍舌蘭葉上，配著生菜和番茄。燉肉嫩而多筋，我用手製的麵粉玉米餅夾了肉，加了洋葱末、用巧克力加色的熱醬汁、芫荽，然後淋上一匙原汁湯，就低下頭一口氣把它吃了個乾淨。

「如何，」我問法蘭西斯，「這正宗原味不輸奧提麗亞吧？」

「是啦。」他承認了。

「那你會不會再來一次投書行動？」

「不會，」他說，「因爲我不愛吃山羊肉和綿羊肉。即使不能說這不是正宗原味。」

「也因爲你知道美國佬不會喜歡，這裡彌漫著山羊肉和綿羊肉的氣味，沒人會講英語。這種不喜歡難道沒有排斥外國人的心理在作祟？」我問他。

「可是我仍然認爲奧提麗亞是很正宗的。」他說。

「他們的胡桃醬辣椒已經完全美國化了。」我反駁道。

「沒錯。我也在墨西哥市吃過聖多明哥餐館的胡桃醬辣椒，可是我覺得那樣不好吃。」他說。

「好，這樣我們的意見就一致了。」我答，「美國人不愛吃正宗的胡桃醬辣椒，所以奧提麗亞供應美國化的墨西哥菜。」

「慢著，」法蘭西斯說，「假設你是一位墨西哥主廚，在荷蘭開了一家墨西哥餐館，你做了加入戈達乳酪的辣肉餡捲餅，這樣是不是就不能算正宗墨西哥原味了呢？」

「不能算正宗原味，可是味道會很好——荷蘭人尤其會覺得這樣才好吃。我要說的就是這個意思。」

奧提麗亞是一家很好的餐館，他們把近似內地墨西哥美食介紹給非墨西哥吃客，做得非常成功。但是報章評論紛紛認定奧提麗亞是唯一「正宗墨西哥原味」，不免令人覺得這是可笑的美國白人自我中心。畢竟，在同一條街上相距不遠處就是典型伊達哥式的燒烤大灶。

原載於《休士頓週報》二〇〇一年五月十日

珍奇洛若可

在希爾克勞夫街和畢梭特街口，有人在進行車庫特賣會。我問站在收銀檯旁的幾個人，這一帶的幾家普普薩（pupusas）店哪家最好吃。

「我們都是墨西哥人，」正在收錢的一位女士說，「順著畢梭奈特街再走大概一哩路，你就會遇到薩爾瓦多人。」

我回車子裡，按她指的方向走。走了大約一哩路，看到一個爲「和平之王」教會募款的洗車店。我下車走到洗車人員的面前。「哪一位是薩爾瓦多人？」我問。

一位名叫艾瑞克・賈西亞的男子向前。我問他休士頓什麼地方可以吃到最好吃的普普薩（配涼拌菜吃的一種烤玉米餅）。

「艾爾貝納多（El Venado）不錯。」他說。

「還有哪位是薩爾瓦多人？」我提高了聲音問，期待有多一點人回應。也許我的聲音太大了些，這兒的人聲笑語突然止住，一個狀似不好惹的小伙子向我走來。

「你是FBI（聯邦調查局）的嗎？」他問。

「不是啦，我只是想請哪一位介紹一個吃普普薩的地方。」我申辯道。緊繃的氣氛消失，大家轉頭去做自己的事。

「你該問布蘭妲，」一位女士說，「她是薩爾瓦多人，她愛吃普普薩。」

「布蘭妲在哪兒？」我問。她去問了一下別人。

「她去買普普薩了，」她答，「在艾爾康佩羅（El Campero）。」

艾爾康佩羅——意即「鄉村」——位於畢梭奈特街上這家洗車店的隔壁，它令人望而生畏的內部裝潢不大討喜，更沒有親切迎賓的意思。這棟空心磚建的店面有一點太靠近路邊了，每扇窗戶上都有防盜鐵窗。我往裡面看布蘭妲在不在，她大概已經走了，所以我就自己走進來坐下，拿起菜單看。橙色塑料椅和假木紋塑膠面桌子看來倒還好。吸音板的天花板相當舊了。店的外觀雖然兇悍，裡面的廚師和女服務生卻恰恰相反。他們都在跟著點唱機的旋律在哼歌，以久未謀面的老朋友笑容迎接我。服務生建議我點乳酪與洛若可（loroco）的普普薩。

「¿Que es loroco?」我問。（洛若可是什麼？）

「Es una hojita del campo.」她答。（是某種野生植物的小葉片。）

「¿Es una hierba?」我問。（是一種藥草嗎？）廚師正倚在離我很近的收銀台上，就接過話頭。她用西班牙語說，這不能算是一種藥草，但是我該吃吃看，薩爾瓦多人都愛吃洛若可。好吧，我就吃吃看。於是我點了一客乳酪與洛若可的普普薩。

「鄉村」的置物架上堆了許多東西。我點的普普薩未上桌前，我便走過去參觀。我看見一瓶醃漬的洛若可，看來像是正在開花的植物，花蕾很像刺山柑，但是都附著在莖枝上。另外還有供出售的錄音帶，都是西班牙語的基督教福音歌曲。

普普薩有點像炙烤的乳酪三明治，是用兩片新烤好的玉米餅夾著餡。我點的乳酪洛若可好吃極了，玉米麵粉非常新鮮，洛若可的味道難以名狀，不很像蔬菜。搭配普普薩吃的有醋醃的包心菜、胡蘿蔔、辣椒。這種鮮脆的泡菜（西班牙語叫作 cortido de repollo）

是薩爾瓦多餐館無所不在的配菜，點了普普薩就一定會有它。我還另外點了雞肉玉米粉肉粽（tamale de gallina），是我近年來吃到最美味的玉米粉肉粽。這是用香蕉包玉米粉和滿滿的雞肉再蒸的。「豬油恐慌潮」沒有爆發之前，玉米粉肉粽就是這個味道。我這一頓二·七五美元的午餐，配的飲料是薩爾瓦多的薑汁汽水（gengibre），略帶辣味而可口。

廚師跟著點唱機新播的一首曲子哼著，我聽出歌詞裡有Jesucristo（耶穌基督），我才突然明白過來，我挑了一群信奉耶穌成迷的人所開的店來用餐。店裡牆上掛的海報都是表達宗教虔誠的，音樂也是，甚至連廚師戴的棒球帽上也有啓發虔敬的話。如果我的西班牙語程度好一點，也許會覺得受了攪擾。但由於我能聽懂的太有限，一直到吃完這一頓的時候才覺察。而普普薩和玉米粉肉粽都太好吃了。

我問廚師蕾娜·金蒂尼亞（Reina Quintinilla）——她也是店老闆，另外有沒有別家供應好吃的普普薩。

「大家都愛去『普普薩卓摩』（Pupusadromo），」她以西班牙語回答，「不過那是因爲那兒供應啤酒。」

「你們不供應啤酒嗎？」我明知故問。

「我們這裡沒有啤酒的。我們是基督徒。」她激動地說。我呆站著說不出話來。基督教和啤酒互不相容，愛爾蘭後裔的人聽了此話眞要大吃一驚。

如果你想要有一面薩爾瓦多的藍白二色國旗掛在汽車後視鏡上，或是想要一張聖薩爾瓦多市的黎明風景海報，你就該去「艾爾貝納多」。店內靠前面大玻璃窗的座位都有耀眼的訂做塑膠皮裝潢——顏色是綠松石底灑金粉的加上綠底灑銀粉鑲邊。餐廳的牆上掛了一個鹿的頭（El Venado字義是「鹿」），另外還有草編帽等農村風味的其他裝飾。餐桌都是木質的，不靠窗的椅子都是漆成綠松石色的梯背木椅。整個裝潢是熱帶狩獵小屋主題加上汽車情調的座位和帷帘。

這模樣古怪的地方卻做得一手上好的普普薩。我在這兒點了乳酪洛若可，價碼是一·六〇美元，比「鄉村」貴了十美分，卻是一分錢一分貨。乳酪似乎是摩扎瑞拉(mozzarella)，每咬一口就拉成長長的絲，好像在吃自己家裡做的乳酪捲餅。我把洛若可芽多放一點在嘴裡，想嚼出它的味道。有巧克力的香嗎？是加巧克力的甜菜味道嗎？這究竟是什麼東西？

我去了「普普薩卓摩」，再點了乳酪洛若可普普薩。這兒的普普薩比較不大，餡料也比較少。吃畢，我到廚房去要求看一看洛若可。他們拿出一包冷凍的綠芽。看起來很像一大堆萬年青的細芽，打開包裝就有一股很濃的巧克力香。席奧瑪拉・曼德斯（Xiomara Mendez）告訴我，在薩爾瓦多大家都吃新鮮的，在美國卻只能買到冷凍的。她又說，新鮮的好吃多了。

這幾年來，我發現，平常看見的一種路邊野草竟是一種紫米穀類，土荊芥和一種小辣椒也會在德州的許多空曠地上自然生長。洛若可在中美洲是野生的，既然如此，我猜想在北美洲應該有類似的植物吧。於是我上網去找，在一個 www.botany.utexas.edu.找到新鮮洛若可的圖片。看來很陌生。我讀了一些其他城市的餐館評論：美食作家只說它是會開花的植物，是普普薩常用的食材。這一點我已經知道了。有一篇學術研究報告說，這是一種營養豐富的蔬菜，以玉米爲主食的中美洲人一向習慣食用。有一個人爲了理解洛若可，上了康乃爾大學（Cornell University）的營養食物網站去問。這是提供食品知識的一個很可靠的網站。但是康大的專家卻把它誤認爲捲牙蕨類，不過他們也指了一條尋求進一步資訊的路。

美國農業部發行的《拉丁美洲食物營養成份大全》（*USDA Nutrient Composition Book of Latin America*）的說法是：洛若可在英文之中俗稱「提琴狀」（fernaldia），因爲它的花狀似小提琴。（康乃爾大學的專家可能因此把它與蕨類混淆。）洛若可的學名是 Fernaldia Pandurata，每一百克有三十二卡路里的熱量，含二・六克的蛋白質，〇・二克脂肪，六・八克碳水化合物，另外還含有纖維質、磷、鐵、維生素A與C。我可以想像薩爾瓦多的媽媽們時常叮嚀小孩子：「乖乖把洛若可吃光。」

美國農業部的「商品及生物風險分析」小組，是負責檢查進口到美國的生鮮農產品的部門。洛若可也列在他們檢核的目錄上。我很愛看這個目錄，簡直就像一大串明日之星，似乎都要成爲追逐食物精華人士的最愛。其中還有諾麗汁（noni）、夏威夷的粉色西番蓮（maypop）、澳洲紅毛丹（rambutan）、厄瓜多爾的巴巴可木瓜（babáco），還有瓜地馬拉的假芫荽。

愛吃普普薩的休士頓人，想要在「鄉村」或「鹿」吃一客美味道地的乳酪洛若可普普薩，也許指日可待。我此刻已經忍不住要想像洛若可那香、甜、脆的花蕾和拉成長絲的乳酪夾在新磨玉米粉烤餅中的味道。

當然，未得到生鮮的洛若可之前，像聖薩爾瓦多市民一樣享受普普薩的完整經驗仍屬夢想。所以我要公開懇求一下··哪位坐擁生鮮洛若可的仁人君子，我不要求你的姓名，也不問你是怎麼得來的，你可以把我的眼睛蒙起來帶到一個祕密的地點，我只求能嚐一口它的味道。

原載於《休士頓週報》二〇〇〇年八月十七日

吃貝果活受罪

「你拿筆記本記我做生意是搞他媽的什麼玩意？」傑伊・孔哈伯（Jay Kornhaber）怒吼道。他是「紐約咖啡館」（New York Coffee Shop）的老闆，看見我藏在《紐約時報雜誌》下面的筆記本，便一把搶過去。我其實還沒有作筆記，只是在等候我點的煎蛋燻鮭魚的這段時間作雜誌上的填字遊戲。然而，看見我手上拿著筆就足以使孔哈伯頸子上的血管暴脹。這位身材瘦而結實的年輕紐約佬，蓄了厚厚的小鬍子和下巴上的一片鬚，是搖滾樂手法蘭克・扎帕（Frank Zappa）的樣式，但是他今天上午情緒不甚好。

今天是星期日，是這家位於休士頓希爾克勞夫街上的咖啡館最忙的一天。我十點走進來的時候已經有人在排隊，孔哈伯和藹可親的合夥老闆艾德・賈夫里拉（Ed Gavrila）

卻招手叫我坐上櫃檯旁的凳子。愛談笑的女服務生們就在這兒抽菸閒聊。就在孔哈伯衝過來搶走我的筆記本的時候，一切說笑嘎然而止。

「你不說你一直拿著這個筆記本待在這兒幹什麼嗎？」他問，一面翻著我的筆記本找證據。幸好我的字跡潦草得連我自己都看不大懂。

「對不起，我不能說，」我答。

「你非說不可，要不然你會後悔莫及。」孔哈伯說著便向前倚過來衝著我的臉。

「我的職業道德不允許我說明。」我說。

「你是幹哪一行的？」他問。有大腦的人這時候應該都會想到我是個餐館評論者，可是孔哈伯氣得忘了用大腦。「你自己要開館子，所以跑來抄襲我，對不對？」他憤怒問道。

開餐館成功的人之自大，有時候到了好笑的地步。「紐約咖啡館」的裝潢只是普通的油地氈，難看的七〇年代款式壁紙，塑膠布的座椅，塑膠面的桌子。他們供應的各式煎蛋、烤貝果、三明治，也是紐約市數以百計的熟食店和咖啡館都在供應的。甚至他的店名也是沒有商標註冊保護的。我能抄襲到什麼特別的行業祕密？

我在這兒買貝果現在已有一年多了。通常來了會點一客兩人份的魚什錦，由我和兩個女兒分著吃。這一客包含燻鮭魚、裸蓋魚、白鮭、雄鮭，還有貝果，以及很多番茄片、洋蔥、橄欖、各式辛香料。燻魚肉都不錯，但眞正吸引吃客的是貝果。如果你以爲哪兒賣的貝果都差不多，你就錯了。到這兒來吃吃看。

每次到紐約，我都設法抽空去一趟八十街和百老匯口上的「H與H貝果」。這兒的貝果的發麵香與嚼勁，是快樂似神仙的早餐經驗。這兒的貝果賣得太好，所以你不論什麼時候來買都是剛出爐的。我到孔哈伯的「紐約」來也一樣，不必花時間考慮要買芝麻的、罌粟子的，還是洋蔥的，只照紐約人的樣子：「我要十二個賣得最熱門的，隨便哪一種。」如果運氣好買到剛出爐的，開車回家一路上的麵包香可以送我神遊《歡樂週末派對》。

其實，孔哈伯正像《歡樂週末派對》裡的人物。此刻我點的煎蛋燻鮭魚端來了，他仍舊窮追不捨。我吃了一口，他又在問我跑到這兒來幹什麼。蛋煎得鬆軟，有焦糖的洋蔥甜而脆。我雖然比較喜歡加拿大鮭魚配貝果，但也愛鹹的燻鮭魚配煎蛋洋蔥。所以我吃的是加乳酪的「全料」烤貝果和煎蛋餅。店內其他客人都在往我這邊看，服務生被孔哈伯的脾氣嚇得心神不安，給我的咖啡續杯時手還在發抖。

「紐約咖啡館」是以前曾在《休士頓週報》擔任編輯的巴布・博特曼（Bob Burtman）介紹給我的。他是在波士頓猶太社區長大的。他不喜歡那些模仿東岸著名小館的餐館，卻喜歡這個地方的氣氛。「這只是個普通的咖啡館，就在猶太社區中心的街上。很有看頭。」博特曼說，「有一伙猶太老人常去，你會遇上一些眞正有意思的角色。」

我和孔哈伯初次相遇是一個星期以前，大約是下午三點的時候。「紐約咖啡館」下午三點半停止營業，所以這時候幾乎沒人了。我想趁這個時間溜進來，吃一客魯本三明治（Reuben，黑麵包夾泡菜、鹹牛肉、瑞士乳酪），作一點筆記。不久前我才吃過紐約的「卡內基小店」（Carnegie Deli）和休士頓的「肯尼與齊尼」（Kenny & Ziggy）的魯本三明治。我本來是想寫一篇三家魯本三明治的比較。我正在抄菜單上的項目，孔哈伯就在這當兒跑來把菜單奪走。

「我是這裡的老闆，你不可以在這裡抄我的菜單。」他說。

「你不讓我看菜單嗎？」我問。

「不可以。你要是不高興，你就出去。你要記筆記，就到別的館子去記。」這位好戰的老闆怒吼道。

我的第一個反應當然是憤怒。但是，走在回家的路上，我開始回憶上一次被人從餐館趕出來的時候。那一次是在紐約——當然是在紐約，我和兩個朋友因爲攜帶一個比薩進到「麥克索利老麥酒屋」(McSorley's Old Ale House) 被轟出來，那服務生拉高了嗓門把我們罵出來，外面正在下雨。現在回想覺得很好笑，再想孔哈伯的罵人模樣，忍不住也笑了起來。

我也突然明白過來，「我在『紐約咖啡館』遭遇的，正是休士頓其他紐約式餐館欠缺的那一點純正紐約味：兇巴巴的態度。紐約餐館的老闆應該是蠻不講理的，應該對送貨人員大呼小叫，應該對著電話裡大罵髒話，應該對客人毫不客氣。紐約餐館老闆應該處處表露這個味道：「你不是想要紐約調調嗎？老兄，我他媽的現在就讓你嚐嚐紐約調調！」

「紐約咖啡館」應有盡有，有紐約調調，有貝果，也有非常好吃的魯本三明治。這兒的魯本不是「卡內基小店」和「肯尼與齊吉」那樣的龐然巨物，不是非得用刀叉來吃的。這兒的魯本三明治可以用手抓著吃。「卡內基」的魯本定價十八美元九角五分，夾著雙重的三吋厚醃牛肉、泡菜、瑞士乳酪，相形之下，上下的黑麵包顯得微不足道，兩個人吃都嫌太多。（如果你要店家幫你分成兩人份，就得付二十一元九角五分。）至於「肯尼與齊吉」的魯本三明治，差不多正好是「卡內基」的一半大，價錢也是一半，但牛肉的鹹度遠不及「卡內基」。

「紐約咖啡館」的魯本三明治夾著正好一吋厚的上好醃牛肉、泡菜、瑞士乳酪，黑麵包烤得也正好，定價五元八角五分，一餐正夠飽。就我個人而言，這種注重實際的處理方式値得稱讚。否則，爲了該剩在盤子裡還是帶著沒吃完的那一點走——讓酸泡菜和瑞士乳酪氣味整天如影隨形——而左右爲難，是煩不勝煩的。

不過我最喜歡的「紐約咖啡館」午餐，是菜單上說的午餐客飯，內容包括一團鮪魚沙拉或雞肉沙拉、雞蛋沙拉、碎牛肝、外加番茄、洋葱、生菜，以及一個貝果。上次來我點了碎牛肝，非常滿意。

那一次來，我正拿著筆記本寫東西，艾德·賈夫里拉經過，見我獨自一人便問：「要不要看報紙？」我謝了他，心想眞是個周到的人。他一路走過去，和女性客人親臉打招呼，又逗小孩子玩。

「艾德是大好人，傑伊是不好惹的人，是嗎？」我問幫我續杯的服務生。

「艾德是公關，傑伊是生意人。」她答，「大家寧願有傑伊這樣的老闆。有什麼東西打壞了，他會處理。客人如果拿著吃了一半的漢堡要退錢，傑伊會說：『門都沒有。』艾德對客人只會逆來順受。」

傑伊・孔哈伯當然不會對我逆來順受。不但如此，他還有意下永久的逐客令。我如果不說我拿著筆記本幹什麼，以後就不准我進來。這就是他說的我會「後悔莫及」的意思。以後不能再來吃新出爐的貝果，這豈不茲事體大！但是我也受夠了每次來吃貝果看孔哈伯的臉色。

「你憑什麼不准我在餐館裡寫筆記？」我反問他，「你憑什麼要看我的筆記本？你這樣是不是嚴重侵犯他人隱私？你的菜單牆上也有，爲什麼不准我看？」

「館子是我開的，我就是不准。」他吼道。我料想，他在其他情況下一定是堅決支持民權，支持宗教信仰自由與政教分離等抽象概念的吧。當然他也可能全不支持。

「不准就不准吧。」我挑釁，「你趕我出去呀！你趕嘛！」他氣得發抖，但仍站著沒動。「你要是不趕我，就走開，讓我把東西吃完。」我說。

「我跟你在停車場見。」他以恐嚇的語氣說著，大踏步走了。我吃完東西，付了錢，給那受驚嚇的服務生小費，便走到店外的停車場。我對這好鬥的傢伙擺出迎戰的架勢，他卻撤軍了。

「我自有解決之道」他說，「你只管上你的車。」他跟著我走，並且把我的車牌號碼抄下來。也許他會循車號查出我的地址，然後，某天早上我醒來時就發現床上有一個死馬的頭，或是發現我的貓被放在廚房的爐台上煮。這個人實在有意思。世上有幾個餐館老闆對自己的事這麼在乎？他雖然行爲像個傻瓜，我還是很欣賞他的熱情。

以後我大概進不了「紐約咖啡館」的門了，不過我仍大力推薦他們的加配料貝果。讀者如果有興趣體驗一下怪老頭式的蠻不講理，就帶著筆記本去吧。

原載於《休士頓週報》二〇〇一年八月十六日

速衝新主張

我敢賭一罐啤酒，這個機車騎士會點「速衝」（Squealer）。在這家名叫「多琪的店」（Tookie's）的路邊飲食店裡，我鄰近桌位的這位男士蓄著尾巴長長的八字鬍，頭上包著印花大手帕，身穿哈雷機車運動衫，袖子捲起，展示著他的刺青。他的金髮女友雙手托著下巴，在室內仍戴著太陽眼鏡。這位騎士精心挑選的全套配備，從機車、衣著到心儀的女伴，都在很努力地營造一個時尚告白。所以我才會打賭他不會點一客魚排三明治把這些心血弄得前功盡棄。

「速衝」乃是和他的模樣正搭調的漢堡，可以把他的個性表露無遺。這種終極的培根起司堡用的培根不是單獨炸過再把油瀝乾的，它的培根全攬在漢堡牛肉裡。這厚厚的、手做的、有亮晶晶培根粒的牛肉餅在油鍋裡煎過，疊上起司，再夾上麵包。這種做法的妙處是，在煎的過程中，培根的油化在漢堡肉裡，結果就是煎出一個很鹹的、很油的、脆皮的漢堡，口感特別嫩，就算煎十分熟也不老。

「多琪」位於距離德州一四六號公路半小時車程的希布魯克（Seabrook）。一路上景觀不錯，全是灣區煉油廠在陽光下閃閃發亮，直直的大煙囪和棕櫚樹一樣高。巴沙底那（Pasadena）和拉波特（La Porte）的空氣中都瀰漫著石油的芳香，這一帶的人稱之為「錢的氣味」。在石油工業都市叢林的毒害中心，苜蓿芽和嫩豆腐是你想也不必想的東西。你反而會想投入機械與工業可畏的威力之中——「多琪」的速衝就有這種勁道。

假如你以為這樣做的漢堡是最易堵塞血管、增高膽固醇、危及生命的，那你可搞錯了。我點的「速衝」送來之後，有五個人到我鄰桌坐下，其中一個點了「雙料速衝」。我聽了立刻端起菜單來找，發現它的正式名稱是「疊羅漢」，也就是雙層的速衝漢堡肉；是「速衝」功能的平方。這雙層的漢堡端來時，我是懷著讚歎與驚喜的。這危顫顫高的疊羅漢，油脂順著兩側往下滴。幸好我剛才沒在菜單上看見這個。

謹遵健康要求吃喝了一個月之後，我渴望放肆地吃一頓油脂過量的大餐，所謂「凡事應有節制，但節制也應適可而止」。但因爲顧及我的膽固醇問題，我點了「全料」的速衝漢堡，也就是說，裡面加了有益健康的生菜和番茄。另外我也點了「多琪」著名的油炸洋葱圈。洋葱算是蔬菜，素食主義者可以作證。

收銀台後面牆壁上掛了一幅大油畫，畫中是一位穿著深紫色洋裝的俏麗中年女士。人家說這就是多琪小姐，是本店的創業老闆。以前她每天早上都來店裡，親手做油炸洋葱圈。老實說，我覺得這洋葱圈不怎麼好，不夠脆，而且油炸麵糊一咬就掉下來。鄰桌的這幾位卻爲了洋葱圈在發脾氣。其實他們吵起來不是爲了洋葱圈；而是爲了「牧場醬料」(ranch dressing)。

「本店不供應沙拉，所以沒有任何沾醬料。」女服務生想要解釋，這些客人卻聽不進去。在德州，牧場醬料和沙拉是無關的。有好幾位德州主廚都說，近十年來的牧場醬料消耗量提高的程度令他們驚訝。如今牧場醬料用於沙拉的時候少，反而是當沾醬用的時候多。(在德州西部，有些餐館客人把它視爲一種飲料。) 依我推測，牧場醬取代番茄醬與墨西哥辣醬而成爲美國最普遍的調味料，是早已發生的事實，就出外用餐的人而言，大多數會認爲吃洋葱圈沒有牧場醬是很奇怪的——吃比薩、比司吉，甚至罐頭桃子沒有牧場醬也一樣奇怪。鄰桌的人也是如此，女服務生每次走到他們桌旁，他們就要牧場醬，終於把她弄得煩了：「你們爲什麼不到便利商店去買一瓶來？」

「多琪」的女服務生們都不是怯懦之輩。這一位穿著髒髒的牛仔褲、多琪店的綠色T恤、球鞋。方才我問她推薦哪一種漢堡，她答得直截了當：「我們賣得最好的是『冠軍』漢堡，肉是用沙布里葡萄酒（Chablis）醃過的，外加乾乳酪和洋葱。『速衝』是摻培根的，點速衝漢堡吧。」除此以外，還有豆子漢堡、燒烤漢堡、辣椒起司漢堡，以及一種叫做「史東普冰屋特級」的加辣漢堡，後面還附了一個「特辣」的責任自負條款。

我忍不住想，這一帶也許眞的曾有一個「史東普冰屋」，後來可能因爲什麼原因而消失了。如果眞的曾有這麼一個地方，一定留下了什麼紀念品掛在「多琪」的屋椽上。這兒歪歪斜斜的柱子上全都裝飾著各式雜物。從我坐的這個位置就可以看到一雙冰球鞋、幾盞舊的交通號幟燈、一個「殼牌石油」的加油站招牌、一雙穿了白高跟鞋紅長腿襪的衣架模特兒的腳。

我吃畢起身離去時，鄰桌騎士點的漢堡送來了。是一客雙料速衝，我只能算料對了一半，你請我半罐啤酒吧。

第二次去「多琪」是在晚上。我以為這兒會聚滿了騎重型機車穿皮夾克的「地獄天使」，結果卻發現這兒變成一個闔家休閒的地方。小小孩在爸媽的桌位與洗手間之間來回跑，懶洋洋的高中學生情侶佔了其餘的桌子。

我考慮了一下要不要點一個雙料速衝，後來還是決定一試附註了「特辣」的史東普冰屋特級。這位年輕的女服務生沒弄清楚米勒啤酒（Miller）與米勒淡味（Miller Lite）的差別，經過幾分鐘的解釋修正，終於給我端來一杯冰透杯子的啤酒。這可是享受辣得冒煙的美食的必備良伴。

菜單上說，史東普冰屋特級漢堡是「漢堡肉餅加佩司香辣醬、哈拉佩諾辣椒丁、烤洋蔥丁、美乃滋、生菜、番茄片」。漢堡端來時，這些配料果然一樣不少，但是你能不能全吃到嘴裡，卻大成問題。我每咬一口，餡料就紛紛往盤子裡掉。盤裡附了一隻叉子，以便你邊吃邊往回撿。

對一般德州人而言，這辣度還算不上「特」。但是哈拉佩諾辣椒有一點火上加油的作用，所以必須藉冰啤酒把偶爾冒火的喉嚨澆熄。整體而言，這特級漢堡遠不及速衝漢堡精彩。

這一客漢堡中的溼材料和碎肉的比例，引動我思索「多琪」各式漢堡用料的道理何在。顯而易見，他們是在想方設法使煎得全熟的漢堡肉有嫩的口感。憑這一點就值得我們感激了。自從一九九三年「盒中傑克」(Jack in the Box) 漢堡爆發駭人聽聞的事件，以及美國食品藥物管理局（FDA）隨後的烹調溫度修改措施，食品服務業的責任部門就要求我們只能吃煮到全熟的肉。美國漢堡風俗的這種改變，使我們這些愛吃半熟漢堡的人願望落空。

我若不願遵照規定，就得自己在家裡做半熟的漢堡，或者哀求煎烤漢堡的人手下留情。「多琪」卻找出幾種新方法來提高肉的嫩度，同時卻不踰越餐館新規定的範圍：在碎肉裡摻培根，用酒醃牛肉再加起司，在漢堡肉上面加豆類或熱醬等潤滑劑。

在到處是煉油廠的德州，像這樣的獻藝新招乃是意料中事。畢竟，拿廢棄輸油管改造德州燒烤的象徵符號——雙槽有輪的鋼製移動燻烤灶，也是這兒的人始創的。所以，新時代的漢堡既然遇上有解的油脂擴散難題，德州佬的鑽井長材不怕沒有用武之地。且看「多琪」的速衝漢堡，必是財源不斷的一口好油井。

原載《休士頓週報》二〇〇二年一月三十一日

當傑弗瑞遇到賽爾瑪

「賽爾瑪燒烤」(Thelma's Bar-B-Que) 開在活橡樹街 (Live Oak) 上，她烤的牛胸肉，外面焦而香，裡面卻是滑嫩而軟得像白麵包，怎會如此，令人好奇。賽爾瑪發誓說她沒有用錫箔包著烤。她說她只是在下午五點鐘燃起一條橡樹圓木的灶火，然後就讓肉燻著，一直到第二天上午。烤牛胸肉是配著深褐色的醬汁吃的。如果你點「裡外片」(in and out)，就可以吃到許多帶著裡面嫩肉的焦酥外片。

這烤肉並不是像廣告圖片上切成一列扇形的那種烤肉比賽中最有冠軍相的，而是又燙又油，切得東倒西歪的東德州式大烤肉。我第一次來吃就認定，賽爾瑪烤肉是我在休士頓所吃過的最上品。所以這一次我帶了傑弗瑞・史坦賈登 (Jeffrey Steingarten) 來吃午餐，他乃是《時尚》（*Vogue*）的著名飲食作家，也是《百無禁忌的吃客》（*The Man Who Ate Everything*）的作者。

「賽爾瑪燒烤」位於粗陋的第三區之中，是一棟小小的紅色房子，在「喬治布朗會議中心」以東，周圍鄰居多是一些被丟置廢棄物的空地，以及一些沒窗戶的庫房。走進正門入口之前，先得經過一個裝了紗門窗的前廊和一張破舊的芥末色塑膠皮沙發。

房子裡面是一間舒適的用餐室，樣式不一的桌椅湊成十二個桌位，點唱機裡裝的都是藍調、摩城（Motown）、載迪克音樂（Zydeco）唱片，一台電視老是在播著連續劇。晚餐時候這兒幾乎是空的，烤肉雖然不錯，但不如中午的可口。這是想當然耳的。凡是吃燒烤的行家都知道，好的餐館都有一個尖峰時段。賽爾瑪的尖峰時段是中午，她的午餐客人包括穿制服的警察、下車小憩的卡車司機、她同個教會的教友，以及像我們這樣偶爾出現的烤肉迷。

史坦賈登要求參觀烤灶，並且詢問老闆賽爾瑪燒烤的方法和時間。賽爾瑪大大方方答了他的所有問題，才帶著我們到後面去看她的漂亮設備。燻烤灶的燃燒室在屋外，有一扇加重的門開在廚房裡。這家店的前身是有兩、三張球檯的酒吧，但顯然最初就是一家燒烤店，從烤灶的設計可以看得出來，這是一九五〇年代建的。樣式幾乎與阿爾美達街的「葛林氏」(Green's) 一模一樣。

我們回到用餐室就座，賽爾瑪抽出小本子來記錄我們點的菜。史坦賈登點了雙烤餐，但是不想要配菜。賽爾瑪不准，他只好要了馬鈴薯沙拉和涼拌菜。

「把外套脫了，蜜糖。放鬆自在一點。」賽爾瑪對這位紐約來的客人說。現在是六月的炎熱午後，史坦賈登穿著剛下飛機未換的深藍色西裝外套和牛仔褲。

史坦賈登是哈佛大學法學研究所出身，曾在曼哈頓區擔任法律顧問，以美食寫作結合嚴格的科學懷疑論而聞名。他是終極難纏的客人，作調查研究是以確實的數據爲依據，不是憑一時的感想。(本月份的《時尚》雜誌中，他爲了評鑑牛油的香味，特地向一家工業乳品實驗所訂購了丁酸。) 目前他在鑽研德州的燒烤。他是全美最大規模的烤肉比賽「五月曼斐斯」(Memphis in May) 的常任評審，可不是對燒烤外行的一般紐約佬。

他此行是要參加「南方飲食聯盟」(Southern Foodway Alliance，簡稱ＳＦＡ) 主辦的中德州燒烤實地之旅，應邀的還有七十五位飲食作家和學者。我請他早兩天南下，先來品嚐一下休士頓的東德州式燒烤，再轉往中德州。「賽爾瑪的店」乃是我們的第一站。

賽爾瑪姓威廉斯（Williams），今年五十二歲，從小生長在路易斯安那州鄉下的克里奧爾家庭。這是她平生第一次開館子，以往的烹飪經驗只有在北道（North Wayside）的「好牧人浸信會禮拜堂」給會眾做晚餐。「我就是愛做東西給大家吃。」她說。在她童少時期，她父親是以做外燴維生的。「我做燒烤是跟我爸爸學的。」因爲手藝好，家人和朋友勸她投入餐飲業，她才在三年前開了這家燒烤店。可是，即便燒烤做得一流，生意並不怎麼興隆。

我點的一大盤煎鯰魚排來了。我午餐點魚很令史坦賈登不解。其實我平常也會覺得在烤肉店的地方點魚是很奇怪的，但是明天我要擔任觀光巴士的導遊，要在幾小時之內遊完五家燒烤店。而且，賽爾瑪的煎魚說不定比烤肉還要美味。她的煎鯰魚熟嫩度是按客人指示做的，外面裹了粗玉米粉，煎得很脆，裡面又燙又嫩。這是不需要用叉子的；可以用兩根手指捻著像吃餅乾一樣地品味。

賽爾瑪也把懷疑論美食家點的烤肉端來了。他吃了幾口之後，我從他揚眉的表情看得出他正吃得快活似神仙。我試圖偷嚐他一塊好分享這種感受，卻差點被他往返不停的那隻塑膠叉子扎到手。終於，他遞了一小塊給我。我嚼著嚼著忍不住咧嘴笑了：賽爾瑪今天眞的有水準以上的演出。

傑弗瑞點的雙烤餐除了牛胸肉，還有同樣美味的肋條肉，不過好的肋條肉在很多別的地方一樣能吃到，賽爾瑪那焦燻超嫩的烤牛胸肉卻是僅此一家的。

「我這下算是開了眼界。」傑弗瑞．史坦賈登說，他仍然沒把外套脫下，正以充滿敬意的眼光看著逐漸減少的烤牛肉。「我終於明白德州人這些年來老是吹噓烤肉的原因了。我這一輩子只吃過四、五十次烤牛胸肉吧，賽爾瑪的確出類拔萃。」他也很欣賞脆而無油的煎鯰魚，至於這份馬鈴薯泥沙拉的配菜，是他第一次吃到，也是立刻就愛上。

既然已經嚐過這一家，我以爲可以拉他再去多試幾家。可是不論我怎麼催，他就是不肯動。顯然，這位紐約客一旦憑實驗確認眼前的美食品質不凡，就現出好吃者的原形。他邊吃邊發出滿意的哼聲，而我只好看電視上的連續劇打發時間。反正他一定捨不得擱下那保麗龍盤子裡的肉，我索性耐心等吧。

傑弗瑞會在SFA的中德州燒烤巡禮中參觀到所有已負盛名的地方：燒烤之旅指南上登載的肉品市場、雜誌報導過的著名大烤灶，以及珍與麥可史登合著的幾本書中提到的高明去處。賽爾瑪的店提供的卻是德州燒烤眞正好在哪裡的一個溫馨實例：在孤星之州（Lone Star State），你在道路旁的大樹蔭下、在浸信會教堂的聚餐中、在市中心一個沒人聽過的破舊小店裡，都可能吃到有生以來嚐過的最美味的烤肉。

原載《休士頓週報》二〇〇二年七月十一日

越南的記憶

「東方美食」（Cuisine de L'Orient）今天的午餐客人都是越南人和越南裔美國人，每桌客人都有一客叫作「熱鍋」的全家福大碗盛的湯。我在一個靠窗的位子坐下，問服務生推薦我點什麼熱鍋。他建議我點一個酸辣魚湯，另外又建議我不要點冷春卷，改點熱河粉。我便照他的意思一試。

河粉是糯米做的，一客六條，每條只有兩口的量，有餡，是蒸的。熱河粉上面灑著冷的生菜絲、黃瓜末、脆煎的洋蔥絲。旁邊附了一碟鮮紅的沾醬，看來是米醋和辣椒油調成的，裡面加的碎辣椒之多令人瞠目。

街口的路標寫著「崔維斯」（Travis），下面的一行字即是越南文的街名。在休士頓中心區的這一帶，所有的路標號幟都是越南文和英文並列的。今天大概是什麼節慶日子，因爲這兒的街上都懸掛著淺黃底紅條的旗子。我問服務生那是什麼旗幟，她說是前南越民主共和國的國旗。

我這碗湯既辣又酸，而且有甜味。我可以看出辣的原因是有哈拉佩諾辣椒片，酸味應該是來自米酒醋。但我吃不出是什麼甜味。我舀著魚湯吃，嚼著大塊的鯰魚、芹菜片、軟爛的整顆秋葵莢，終於吃到一粒鳳梨丁。神祕的甜味就是從這兒來的。

湯碗底還有許多小小的白色顆粒。我猜想那應該是米粒，這是越南菜的重要食材之一。

服務生維琪・黃，來給我添水時看見我的一碗白飯只吃了一部分，便問：「您不愛吃米飯嗎？」

「當然愛。」我答，「可是湯裡已經有米飯了。」

「湯裡沒有。要你自己把米飯拌進去。」她說。

「那這是什麼？」我用湯匙舀起碗底的一些白色小方粒。

「是大蒜啦！」她笑著，「是切了小丁煎的。」

我啞然。碗裡大概有三湯匙的蒜粒。我舀起一些吃了，味道有點像堅果。我想是因為煎過，把蒜本來的味道緩和了，烤過的蒜也是這樣。

「越南本地的魚湯也是用鯰魚和秋葵嗎？」我問。我覺得這些都是美國南方菜的食材。

維琪說越南也產秋葵，但越南人燒魚湯不用鯰魚，蔬菜也不用厚莖的芹菜。此外，辣椒也不是用哈拉佩諾，而是比較小而更辣的。

有嚼勁的蒜、哈拉佩諾辣椒、鳳梨丁、去骨的鯰魚肉、整顆的秋葵莢融合成一種特別的味道。休士頓版的酸辣魚湯也許不是和越南的一模一樣，卻有它自己的風味。我不好意思地舀了些米飯到湯裡，完成了它應有的味道。

這是我連續第二天到「東方」來吃午餐。昨天我點的是蝸牛麵線湯。蝸牛肉太有韌性了，讓我想起兒時把玩具車橡膠輪胎揪下來啃的感覺。你記得咬那種會發出尖嘎聲橡膠玩具的感覺嗎？還有咬在口中的那股苦味？這蝸牛肉正是那種感覺。幸好湯麵裡還有很多蝦和好吃的豬肉片。

事前服務生曾經勸我不要點蝸牛湯麵。「吃蝸牛的愛好是要經過學習。」他說著，又做了一個不敢恭維的表情。我以爲他的意思是說他自己不愛吃。但是聽起來這應該又是一道集合法國風味與越南烹飪的新發明，就像法國長條麵做的越南三明治，一定很好吃。所以我起碼該試一次。這位兼經理職的服務生名叫約翰・阮（John Ngynh），是個大學生。他和一夥朋友坐在一起，我想他們大概以旁觀我吃蝸牛的滑稽狀爲樂。不過這兒的情景本身更爲滑稽。

下午三點時分，除了我之外，就只有約翰和他的三位越裔美籍的同窗好友。他們邊玩撲克牌邊吃著一個「約翰老爸」（Papa John）比薩。一個美國白人在吃越南菜，越裔美國人卻在越南館子裡吃比薩。一開始讓我覺得太滑稽了。

我對阮說出這種情狀時，他微笑著說：「這件事說起來的確有點諷刺。可是我們天天吃亞洲菜吃膩了，而比薩是無人不吃的東西。」

這時候，店裡的收音機收聽的老歌電台播放出艾爾頓・強（Elton John）唱的〈告別黃磚道〉（Goodbye Yellow Brick Road），我更感覺出這情景中的弔詭。這首歌把我帶回自己的大學年代，以及越戰的時代。那時候我就和眼前這些越裔美籍的孩子一樣歲數。

我這一天吃的算命餅乾裡夾的字條是：「痛快地笑一場和痛快地哭一場都可以滌淨

心胸。」

前參議員巴布・凱瑞（Bob Kerrey）的創痛經驗（譯註：凱瑞曾於一九六九年二月以中情局身份指揮屠殺三蓬村全體婦孺的暴行）喚起的是我們這一代的共同回憶。在街頭示威中被警方噴催淚瓦斯，大概是我僅有的戰場經驗。我父親是參加過韓戰的陸戰隊軍人，他認爲我的反戰示威是怯懦的行爲。我憑一紙在學緩召幸而躲過了這場戰爭，但一直有很深的內疚和羞愧，覺得自己背叛了趕赴戰場的人和爲此戰犧牲生命的人。

前年夏天我曾帶著孩子們到華盛頓首府一遊。在樹蔭大道上閒逛時走到越戰將士紀念碑，我們便停下來瞻仰。我走到刻滿名字的黑色石壁前，眼淚奪眶而出。女兒們問：「爸，你怎麼哭了？」

「我也不知道。」我老實地回答。

凱瑞參議員引發激盪以來，媒體就不斷播出老套的越戰時候鷹派與鴿派對陣的高分貝叫囂。這些口號和簡化了的大道理，都是我們已經聽夠了的，以前覺得不對，現在聽來依舊不對。

在休士頓，有一群人對越戰的看法是我眞正在意的：那即是越南裔美籍大學生的意見。也就是爲了這個緣故，我今天又跑到「東方」來午餐。

休士頓是美國最大的幾個越南社群之一；目前人數多達四萬六千。自一九七五年西貢淪陷以後，越南移民就陸續到來。其中有前政府高官和企業領袖，也有一般難民。常來「東方美食」的大學生便是他們的子女。

此刻有六名學生坐了一個圓桌，五男一女。其中有幾人是休士頓大學（University of Houston）的「國際越南學生協會」的成員。我確實有問題想問他們，所以就走到他們桌前自我介紹。

我說，三十年前我正值他們這個年紀，曾被征召要上戰場去保衛越南。我問他們：「假如明天越南爆發戰爭，推翻現任共產黨政府的勝算很大，你們會上戰場嗎？」

「不可能的。」他們回答一致。

「爲什麼？」我問，「越南是你們的祖國啊。」

「如果上了戰場，是兄弟自相殘殺。」一位學生說。

「我們應該已經從戰爭中學到教訓，」現年二十四歲的休士頓大學學生安迪‧趙（Andy Chau）說，「戰爭並不能解決問題。」

這些學生是在蘇聯及東歐共黨政權瓦解的時代中成長的。在他們看來，越南的那一場戰爭一定是不合時宜的。安迪學到的歷史教訓很直接：當人民不願再忍受政府，政府就會垮台。戰爭不會造成這種變革；戰爭只會帶來苦難與死亡。

學生們告訴我，四月三十日是西貢淪陷二十六週年紀念日，崔維斯街因此懸掛南越的國旗。這兒的越南社群有人遊行、掛國旗，意在使自由祖國的記憶常存。這與邁阿密的反卡斯楚行動者很相似。但是年輕一代對於這些民主運動者似乎沒有共鳴，他們是務實主義者。

「只要中國維持共產主義，越南就會奉行共產主義。」一位學生坦白地說。

「我們的學生團體要直接援助越南人民而不涉入政治。」安迪說。例如，前不久越南發生水災，學生們在本地越南僑界籌募了兩萬六千美元，交給宗教團體送到受災地區。「讓美國政府去和越南政府打交道，我們只管越南的百姓。」

「美國以前的作爲對越南有益嗎？」我問他們。

「沒有。我想美國在越南是爲了他們自己的政治利益。」二十五歲的露西亞・陳（Lucia Tran）說。

我很想知道，這一代越南美國人的看法和他們父母輩的純正越南人會有什麼不同。越南傳統的酸辣魚湯用了美國南方的鯰魚和德州的哈拉佩諾辣椒，休士頓的越南文化也經歷了美國化的過程。新的一代以做爲越南人爲榮，但是他們的美國氣質也是明顯可見的。

這些年輕人如果仍生活在越南，可能繼承領導南越的大業。他們對越戰的看法才是我最重視的。我走回自己的桌子，付了錢，拿了未吃完的打包食物，有一種釋下重負的感覺。這一次我吃的算命餅乾寫著：「智慧助你遠離險惡。」

休士頓因爲有全國最大的其中一個越南裔社群，連飲食方面也沾了極大的光。這兒的越南餐館水準太高，使得紐約和芝加哥的相同檔次越南餐館像在扮家家酒。而休士頓的越南餐館不但提供了美食，也給休士頓人打開一扇看見東南亞文化的窗口。我愛吃「東方美食」的熱湯和河粉，但是更令我感受良多的是理解東南亞政治現實的全新觀點。

原載《休士頓週報》二〇〇一年五月二十四日

第六卷　斯人而有斯食也

一模兩樣

我走進布萊頓海濱大道(Brighton Beach Boulevard)的「濃縮咖啡小館」(Cafe Espresso)坐下，電視正在收看二十四小時俄語播出的WMNB台，來自莫斯科的新聞抓住了所有人的注意力。女服務生走來，遞給我一份菜單，她原籍烏克蘭，來自海港勝地奧德薩。我點了一客布林茲(blintz，以乳酪、水果或果醬包餡的薄捲餅)和一杯俄式茶。

「包肉的還是乳酪的？」她問。我從未聽過包肉餡的布林茲，就各點了一份。布林茲是用烤的薄餅包了餡之後再油煎的，通常是配著酸奶油吃，我點的肉餡布林茲包的是絞雞肉。兩個布林茲都是既燙又脆，很好吃。

常聽人談起布萊頓海濱，這是紐約的一個俄羅斯移民社區，就在布魯克林區「Q」

地鐵的終點站。這一回來紐約，我空出一天時間來專訪這個地方。我外婆是從盧塞尼亞(Ruthenia) 來到美國的移民，她的故鄉是鄰近烏克蘭的喀爾巴阡山區。我從小就習慣吃俄羅斯風味的飯菜，所以認爲到布萊頓海濱應該可以回味舊時記憶。我的想法雖然沒錯，卻沒料到會因此好好上了族裔文化知識的一課。

我吃完布林茲捲餅，就到一家「布萊頓海濱咖啡店」(Brighton Beach Coffee Shop)。爲我服務的這位妙語不斷的嬌小女士名叫莎莉，我問她能否推薦一家俄羅斯館子。「我從來沒上過俄羅斯館子，」她答，「我是猶太人。」

「猶太館子的東西和俄羅斯的不是差不多嗎？」我問，「都有布林茲、克尼士(Knish，烤或煎的餡餅)、羅宋湯，不是嗎？」

「你要吃布林茲，就到馬路對面的『布萊頓海濱奶品館』(Brighton Beach Dairy Restaurant) 去。」一位正在櫃檯買咖啡的男士說。

「俄羅斯布林茲和猶太布林茲有什麼不一樣？」我問他。

「猶太布林茲是照猶太教規做的。」他答。

這種答覆不能令我滿意，所以我到馬路對面去看個究竟。「布萊頓海濱奶品館」在布萊頓海濱大道四一〇號，是紐約少數僅存的遵照猶太教教規的奶品館子。我在這兒又點了一客乳酪布林茲配酸奶油，卻沒吃出這和俄羅斯布林茲有什麼不一樣。

我起身要離去，老闆麥耶・布藍德萬（Mayer Brandwein）攔住我。他是位英俊而體格結實的男子，戴著花俏的猶太小圓帽。「您的布林茲怎麼沒吃完？」他問。我就老實告訴他，我才剛剛在一家俄羅斯館子吃過一客，此來是要比較兩者的差異。

「噢，」麥耶微笑了，「俄羅斯布林茲和猶太布林茲是完全不一樣的東西。」

「怎麼不一樣？」我眞的糊塗了。

「他們把什麼東西都拿來做餡料。」他說。我覺得他似乎是有偏見的，但聽著他解釋不同之處，我突然想起有一件事正足以證明他的觀點或許有道理。

多年前，我與前妻剛結婚不久，我下廚爲猶太裔的她做了一道盧塞尼亞甘藍菜捲。她也是從小就愛吃甘藍菜捲的，我原以爲兩人共享兒時的喜好應是再美妙不過的事。豈料她只吃了兩、三口就擱到一邊。「怎麼了？」我很納悶。

「你包了酸泡菜！」她頗有反感地說。我當然要包泡菜。我母親、我外婆，我所有的親戚做甘藍菜捲都要放泡菜。沒有泡菜，算什麼甘藍菜捲！

一星期後，前妻照她祖母的方法做了一鍋甘藍菜捲。我覺得難吃得很。「甘藍菜捲裡面怎麼可以放葡萄乾？」我問她。而且番茄醬裡加了紅糖。這不成了糖醋甘藍菜捲？搞什麼嘛。假如我是從來沒吃過甘藍菜捲的，應該會愛吃她做的。可是甘藍菜捲這東西我太熟悉了，她做的根本就不對。

撫慰心靈的食物是難以理喻的。如果味道吃來和母親做的一樣，就能喚起童年的美好回憶。如果味道完全不像你記憶中的那樣，會引起全然相反的反應。你會感到不快，認爲它根本做得不對。假如我前妻最愛吃的東西是壽司，或是墨西哥玉米餅，或任何別的東西，我並不會排斥。可是她愛的是包葡萄乾卻沒有泡菜的甘藍菜捲，這我不能接受。

(不過我們離婚的原因並不只在甘藍菜捲。)

我既是在斯拉夫背景的家族中長大的，這類菜式該是什麼味道，我當然最清楚了。但是，布萊頓海濱之行給了我當頭棍喝。我在咖啡館遇見的一位和藹的烏克蘭男士告訴我，俄羅斯是個非常大的地方。

「我們這兒的人說的俄羅斯，是指『大俄羅斯』。」他說，這要包括前蘇聯的所有地區。因此，我在布萊頓海濱品嚐的「俄羅斯」食品是來自近北極的西伯利亞到信奉伊斯蘭教的烏茲別克之間的各個地方。

而我所說的猶太菜，其實也算是俄羅斯菜。蘇聯解體後，俄羅斯人相繼移民到布萊頓海濱。在此以前，這兒是猶太人居住的地區。至於布萊頓海濱的猶太居民，有很大一部份是俄國來的，紐約其他地區的猶太人亦然。

我一向認爲是猶太食品的拉特克（latke·,馬鈴薯餅）、布林茲、克尼士、羅宋湯，原來都是順應猶太教規改版的俄羅斯食品。如今，布萊頓海濱大街上猶太食品和俄羅斯食品比鄰排列，不是一定都能彼此有別的。有的食品，例如乳酪布林茲餅捲，差別微乎其微。但也有一些的確是天差地別的。

「我來教你辨別，」麥耶說，「這個是猶太的克尼士。」他遞給我一個他店裡著名的乳酪藍莓餡的克尼士。這甜點皮脆而乾，有點像有硬殼的起司蛋糕。美味極了。「好，現在你到馬路對面去買一個俄羅斯克尼士吃。」

我過了馬路，在「M&I國際食品店」（M & I International Foods Store）前的人行道上向小販買了一個吃了。麥耶說得沒錯，兩種克尼士完全不一樣。俄羅斯克尼士看來像個果凍甜甜圈，味道也像，但是內餡是隨你選的，有肉餡的、甘藍菜的、馬鈴薯的。

也非常好吃。但是形狀和「奶品店」切成方形的烤餅完全兩樣。

我決定走進M&I國際食品店裡面去看看在賣些什麼。展現在我面前的俄羅斯食品世界令我目不暇給，肚子也跟著咕嚕咕嚕叫起來。這裡有我兒時常吃的東西：糖醃罌粟子餡的酥餅、粗穀麵包，以及大桶大桶的新鮮泡菜。這兒也有各式猶太熟食，例如燻鮭魚、白鮭、喬麥麥糊、半酸的醃黃瓜，醃番茄等。

另外還有整架整架擺著的我從來沒聽過的俄羅斯食品。有各式各樣形狀大小的香腸（我數到三十種就數不清楚了）。有填了餡料的茄子、包了餡的萵苣葉、塞了餡的紅辣椒。有大堆的拉特克，這是在猶太光明節（Hanukkah）配酸奶油和蘋果醬吃的馬鈴薯煎餅，但這兒是準備配豬肉香腸吃的。還有一大堆農家乳酪。

驚歎不已之餘，我又走進隔了三、四家的另一個俄羅斯食品店「美食喜慶」（Gastronome Jubilee）。店裡的一道長長的櫃檯擺滿配製好的午餐供顧客選購，有包心菜沙拉和磨菇丁醬，多層次的彩色鯡魚沙拉——其中有黑的鯡魚切條、白的馬鈴薯丁、深紫的甜菜丁、剁碎的熟雞蛋。

有用麵粉和雞肉灌的巨大烤香腸「奇士可」（kishke），還有讓我一見就暖在心裡的熱騰騰的甘藍菜捲。有位瘦小的老太太，一頭白髮和寬寬的斯拉夫顴骨都使我想到外婆，她買了兩個甘藍菜捲要充當午餐。我緩緩向她走近時，她報我以微笑。

「侯路普基斯（holupkis）。」我用外婆教我的斯拉夫語說出「甘藍菜捲」。

這位老太太拿著甘藍菜捲，以奇怪的表情看著我。「葛路姆普希斯（golumpshis）。」她用另一種斯拉夫方言矯正我。我往門口走時不禁長嘆。我這才明白，俄羅斯可能有十數種不同的甘藍菜捲做法，每一種可能都有不同的名稱。在俄羅斯食品方面，我有待學習的還多著呢。

我回到麥耶·布藍德萬的店裡，告訴他我的心得。和他再談了一會兒，我漸漸明白，布萊頓海濱的猶太社群對於後到的俄羅斯移民是有相當尊重的。

「他們來的時候除了身上的衣服，什麼也沒帶，和我們的曾祖父輩是同一個模樣。」麥耶說，「幾年前我僱了一個俄羅斯人在這店裡工作，現在他自己在濱海人行道上開了館子了。」

我連糖醋甘藍菜捲都沒法接納，布萊頓海濱猶太人初嚐俄羅斯式克尼士和雞肉布林茲時遭受多大文化震撼，是可想而知的。我在奶品店裡又問了幾個人：對於俄羅斯移民入侵有何感想？

「起初是有一點敵意啦。」一位顧客說，「可是，你曉得嗎，二十年前這個地區等於要完蛋了。現在完全不一樣了，你半夜一點鐘走在布萊頓海濱大街上也覺得很安全。是俄羅斯人把布萊頓海濱的老命救回來的。」

麥耶·布藍德萬介紹了幾家好餐館，午後到晚上我便逛著一一品嚐，用另一種欣賞的眼光看街上的活潑景象。許多店鋪在店門到高架火車道之間掛起一條條裝飾。有人全家大小一起逛街，和友人駐足寒暄。還有許多俄羅斯小販在賣錄音帶、CD、俄國錄影帶，當然也有在賣俄羅斯克尼士的。

如果問我從這次經驗學到了什麼俄羅斯飲食方面的知識，那就是：俄羅斯文化使十數個不同的族裔各有其特色口味。同一個名稱的食品可以有各自巧妙不同的調理。就算我不願意承認，事實是，甘藍菜捲的正確做法不只一種。

外婆的甘藍菜捲

一杯白米

一杯沸水
一茶匙鹽
一大棵甘藍菜
一棵中等大小的洋蔥
四湯匙油
一磅（約四五〇克）碎牛肉（或碎牛肉與豬絞肉各半）
一顆雞蛋
鹽與胡椒適量
一罐泡菜（約十盎斯）
一大罐番茄汁
醋少許

將米、水、鹽放入淺鍋煮沸後再煮一分鐘，蓋上鍋蓋，關火，讓水份被米吸收。

將甘藍菜心切掉，整棵菜放入沸水，關火，讓甘藍菜吸水變軟。

洋葱用油煎軟，將洋葱與油調和碎肉、米、雞蛋，加適量鹽。

取出甘藍，將外層葉片輕輕剝下。如果裡面的葉片仍硬，就放回熱水中再浸。

將大片的甘藍都剝下之後，切除剩餘的中心梗，放進大鍋的底部。

將每片軟了的菜葉包滿米肉的餡，輕輕捲好。將包好的甘藍菜捲鍋內排好，每放一層甘藍菜捲就鋪一層泡菜在上面。將番茄汁倒進鍋內，倒滿到幾乎看不見甘藍菜捲。放少許醋。小火或三五〇度煮一個半到二小時，至米肉餡全熟。趁熱食用。

前妻的甘藍菜捲

材料減去泡菜與醋。另加半杯紅糖，一杯葡萄乾，番茄汁內加少許檸檬汁。

原載《美國風》一九九六年十一月一日

比辣決戰

原本是個很平常的晚上，我在奧哈撒，要向一位名叫勞倫提諾・曼德斯（Laurentino Mendez）的薩波特克人說明我爲什麼跑到這兒來。因爲辣椒專家珍・安德魯斯（Jean Andrews）認爲卡納里歐辣椒（Canario）可能是全北美洲最辣的辣椒，我是來作實地調查研究的。

勞倫提諾覺得我是個呆瓜。他是在奧哈撒以南的山區出生的，看見一個美國白人自以爲是辣椒專家，只會令他覺得可笑。第二天，我們在附近的一個印地安村落艾特拉（Etla）的市場裡，勞倫提諾撿起一根滿是野生小辣椒（chile pequínes）的枝子，對我說：

「這是奧哈撒谷地最辣的辣椒。」

我疑惑地看他一眼。「這個嗎？」我不服地說，「我在德州家裡的後院就有栽種。」之後不久我們便發展到「你騙人」、「誰騙你」之爭。

情況到了當天晚上已經是不可開交了。勞倫提諾把他在市場買的這種野生小辣椒盛在碗裡，把碗放在我和他對坐的桌上。他默不出聲就吃了一枚，向我挑戰。我也跟著吃了一枚。然後他再吃了一枚。

我們進行了一場比辣的決戰。我們一手拿著吃完辣椒剩下的梗子，另一手撚起小辣椒來吃，吃完就把梗子放到這邊手上。我們各吃了十枚之後，我問他是否作好準備要試吃一些眞正夠辣的辣椒。

結果我們一下子就把卡納里歐辣椒都解決。我在想，珍・安德魯斯也許是正好吃到一批特別辣的。我們吃的並不比先前的野生小辣椒辣多少，所以我們再試了眞正夠辣的。也許勞倫提諾在與我對峙之前認爲那小辣椒是全奧哈撒谷最辣的一種，但是我相信我已經教他改變想法了。當晚創下辣紀錄的是一種長形的、瘦尖的、中小體形的辣椒，叫作「帕拉第托」（paradito）。勞倫提諾和我各吃了一顆，是連籽整個吃完的。

起初我們倆都表示這辣椒不是多麼辣。兩、三分鐘後，我們都改口。那股辣越來越教人受不了，沒多久，我們兩人都坐不住了，不停地來回踱步。接下來的三十分鐘裡，我們墮入各自的辣味地獄飽受煎熬。在強悍度較量上，勞倫堤諾勝我一籌，因爲我這外國來的胖子汗如雨下，他外表上看來不像我這麼狼狽。

我因爲頭和臉都在出汗，頭髮全溼了。他和我都張著嘴伸著舌頭，藉喘氣發散熱辣感。我頓時明白馬雅語爲什麼用「赫尼培克」（xnipec·,意指狗喘氣）來形容辣味重的食物了。

勞倫堤諾和我在吃過「帕拉第托」後握手言和。我雖然強悍氣度不如他，卻也使他對我刮目相看。「我從來沒見過眞正敢吃辣的美國佬。」他說。此話令我受寵若驚。這一次吃辣競賽倒像是薩波特克族的一種成年禮，爲我打開一扇窺見新世界的門。

我這次來到墨西哥，是想多認識辣椒以及辣椒的文化基礎。我只覺得這個探索食材的方式很有趣，沒料到其中存有悲劇的一面。勞倫堤諾開了一瓶他家自釀的龍舌蘭酒，我們斟飲到深夜，他講起自己的故事——也揭露了墨西哥的文化精神分裂症。

勞倫堤諾給我看一張照片，是他九十八歲的祖母在用古老的單棍犁耕種她的一小片玉米田。另外一些照片是鄉間的土路，以及他的家族與世隔絕的小村子的動人美景。那便是他生長的地方，哥倫布、西班牙征服者、墨西哥近代歷史對那兒的人未能造成太多衝擊。西班牙語在那兒是外國語，村裡的人只講薩波特克語。

勞倫提諾六歲那年，他父親死於族人的仇殺。他母親逃到洛杉磯，找到一份養家活口的工作，勞倫提諾和兄弟姐妹都寄養在親戚家。

從山居鄉間的生活來到首都墨西哥市，勞倫提諾突然遭遇大都市的夢魘，以及說西班牙語的青少年對 pinche indios（混蛋印地安人）的欺凌。他說他因而體會到當一個被歧視的「黑鬼」是什麼滋味。

十六歲那年，他逃離親戚家到洛杉磯找到母親。他在這兒學會英語——這是他的第二外語了，也受了完整教育。在墨西哥，教育資源很少浪費在無父母的印地安孩子身上。在美國，政府勉強做著讓非法入境的外籍人士子女也能受教育的事，有人認爲這樣做是浪費納稅人的錢。我希望這些人能有機會認識勞倫提諾。

如今勞倫提諾擁有加州州立大學的學位，還有一個頭腦清楚的人大概都不肯做的職業。他現任洛杉磯市中心最惡劣學區的初中老師，他的學生都是混幫派的西班牙裔少年。

勞倫堤諾說這些學生是「網迷」，因爲他們習慣戴著髮網。別的老師卻鎮日提心吊膽，唯恐發生幫派暴行。勞倫堤諾卻微笑以對。有過他那樣的親身經歷，少年幫派惡鬥簡直不夠看。他對學生中最厲害的狠角色說，我不怕「瘸子」（Crips）和「血」（Bloods）——洛杉磯惡鬥最激的兩大幫派，因爲我是薩波特克人，我們薩波特克人是全美洲大陸最老前輩的、人最多的、最狠的一個幫。

勞倫堤諾也是厲害的廚藝高手。我們在奧哈撒共處的幾天裡，他教給我一些薩波特克人烹調鑲餡辣椒和滷汁玉米烤麵的方法，以及一些使用辣椒的竅門。他也教我從完全不同的觀點來看墨西哥文化中的梅斯蒂索（mestizo，指西班牙裔與印地安族混血）迷思。按官方的文宣，梅斯蒂索文化乃是歐洲文化與印地安文化的混合體。如果從印地安人的觀點看，根本沒有「梅斯蒂索」文化。有的只是印地安人，西方人，兩者沒有中間地帶。

勞倫堤諾的看法，以及狄克·雷維斯（Dick J. Reavis）所著的《與蒙泰祖瑪對話》（*Conversation with Montezuma*），都說明了墨西哥存在著文化衝突。理解墨西哥文化的這種個性分裂，乃是領會墨西哥文化奇特現象的第一步。這些議題是食譜書中找不到的。

「墨西哥的主要農作物從來都是玉米，這個作物在西班牙征服者到來時是歐洲人聽都沒聽過的。」雷維斯的書中說，「歐洲的主要農作物卻一直是小麥，這又是美洲人以前從未見過的植物。農業對於文化造成什麼影響，用現代都市中的美洲人的眼睛是看不出來的，也是一個必須從頭細細道來的課題。但由於玉米是墨西哥的主食，人類學家認爲不能將墨西哥納入西方的文明。」

一些墨西哥精英階級喜歡說，墨西哥是歐洲與原住民文化的梅斯蒂索混合體。我卻相信雷維斯和勞倫堤諾所說的：墨西哥文化其實根本不是西班牙式的。「西班牙曾被阿拉伯人征服而統治了四百年。我們會說西班牙是阿拉伯國家嗎？」雷維斯問道。歐洲化了的統治階級雖然壓制墨西哥本土文化，雖然有許多要將墨西哥現代化的舉措，原住民的「玉米文化」仍舊盛行。不幸的是，人民大眾的文化不是精英統治階級的文化。

在墨西哥市最高檔的餐館裡幾乎完全不見辣椒。歐洲化的統治階級都把辣椒視爲印地安族群的粗陋原始文化的殘餘。

因此，我們對辣椒的認識都是非墨西哥籍的辣椒專家黛安娜・甘奈迪和馬克・米勒教的。因此，辣椒專家往往都是美國人。也因此，我們有必要從烹調的人類學中認識墨西哥飲食。古代薩波特克人、馬雅人，以及其他印地安族群的食譜大都未曾公開發表。

這些才是眞正的墨西哥飲食文化，這文化卻在迅速消失當中。

赫尼培克辣味醬

此乃全世界最辣的辣醬之一。

四顆哈瓦那椒切丁，梗與籽除去
四隻萊姆榨汁
一個洋葱切丁，用紅洋葱或紫洋葱較佳
一顆蕃茄切丁

洋葱丁在萊姆汁中浸泡至少三十分鐘。加入其他材料拌好，加少許鹽。加少許水亦可。

原載《奧斯汀記事報》一九九四年七月廿九日

鬼靈麵包

法蘭西斯哥・馬蓋茲（Francisco Marquez）和我坐在農舍的餐桌旁，喝著巧克力熱飲，吃著鬼靈麵包（pan de muerto）。這是「鬼靈節」（Día de los Muertos，十一月一日）的上午。我們坐著閒談，飯廳的露天門廊之外有三隻小火雞在天井光禿禿的土地上啄著。村中別處有幾家收音機在播放著，一群男孩子在河邊高聲叫喊。但是音量最大的是牛群的吽吽叫。「牠們也想吃了。」法蘭西斯哥忍不住笑著說。

他的妻子瑪嘉麗塔（Magarita）帶我參觀了廚房。這是另搭的一間小棚屋，用一根根木條並排圍成，所以泥土的地板上的光景是條紋狀的。「黑醬」（mole negro）是鬼靈節的傳統食品，此刻正在「卡組拉」（cazula，一種陶土鍋）裡，直接放在木柴的炭火上。地上有兩隻殺好的雞，毛還未拔。「雞肉配黑醬吃」瑪嘉麗塔說。最貧窮的人家只能把黑醬像喝湯一樣舀著吃，能有雞肉配算是奢侈的了。

屋內到處都有裝著鬼靈麵包的袋子。我問他們家裡買了多少個麵包。瑪嘉麗塔說，按習俗每戶人家會在鬼靈節的前一星期買好十公斤一袋的麵粉，五打雞蛋，以及其他材料，一起送到麵包房去，請麵包師傅做成甜味的雞蛋麵包。多數家庭還會把紙板的裝飾品也送過去。這些裝飾是一個小橢圓形，上面畫著人臉；鬼靈麵包做成後，每個麵包代表一個亡靈。麵包師傅會把同個人家訂做的麵包一次做好。十公斤的麵粉今年可做一百三十個麵包，其中包括做給「安琪麗多」(angelitos)的袖珍麵包。

「安琪麗多現在都來了。」法蘭西斯哥在帶著我參觀他家的供品時說。供品佔據了客廳的一整面牆，供品檯上有很小的小杯子盛著巧克力，還有那些小麵包。安琪麗多即是夭折嬰兒的亡靈，其中包括流產的與死胎的孩子。

「你們家裡曾有很多孩子夭折嗎？」我問。

「噢，不多。」他說，「這跟多不多沒關係，有些嬰兒亡靈是無家可歸的，所以我們要爲他們擺出吃的喝的。」

供品檯是鬼靈節活動的中心，一般都是安排成三層，由下到上，一層比一層小，好像一座金字塔。三層供品檯都鋪著桌布，檯的上方有一個用甘蔗搭的拱門，裝飾著一種叫作「森波阿霍奇托」的花朵（zempoalxochitl，納瓦特爾語的意思是「鬼靈之花」），看來很像金盞花。

供品檯的最上層通常會放置亡故親友的照片，或是宗教崇拜的塑像。供品檯的大部分其他空間都放滿了各種節日的食品和飲料，鬼靈麵包、水果、巧克力是必備的。

「安琪麗多會在正午離開，之後我們就要擺上給成年鬼靈的食物和飲品。」法蘭西斯哥說。我沒戴手錶，他也沒戴。我看了一下屋內，也沒有鐘。我不知道他怎能把時間抓得這麼準。

屋裡很熱，所以我和法蘭西斯哥走到外面，坐在面向天井的一處前廊上。一位老婦人拿了一捆柴走過，她把木柴先放在廚房外面，然後才走進去。「那是我母親。」法蘭西斯哥說。她的名字是賓森妲（Vincenta），今年七十六歲了。從她鷹一般的鼻樑和高高的顴骨可以看出，她是純正的薩波特克人。

突然，教堂的鐘聲響了，村子裡到處都放起煙火。從屋簷掛下來的一個懸在我們頭頂之上的鳥籠裡，一隻鸚鵡尖聲大叫。我不禁讚歎全村人的合作無間。在十一月一日的聖羅倫佐卡卡歐特佩克村（San Lorenzo Cacaotepec），沒有人會疑惑什麼時候才是正午。

法蘭西斯哥直視著我，面帶平靜的微笑說：「安琪麗多現在都走了。」賓森妲和瑪嘉麗塔從廚房走出來，端著一碗暗色的黑醬，拿著一瓶龍舌蘭酒、玻璃杯、一些鬼靈麵包，一起帶進客廳去安置在供品桌上。法蘭西斯哥和我跟過來旁觀。

「我父親八十五年前在這個農莊出生。」法蘭西斯哥說。克里斯平・馬蓋茲（Crispin Marquez）工作起來非常賣力，所以大家都叫他「艾爾馬欽」（El Machin），也就是「機器」的意思。法蘭西斯哥出生後，大家又叫他「艾爾馬欽奇哥」（El Machin Chico），即「小機器」。

法蘭西斯哥說，他沒有父親的照片，所以供品檯上沒擺出來。但是因爲艾爾馬欽生前愛喝龍舌蘭酒，愛吃黑醬，每年家人都會準備這些東西。法蘭西斯哥爲父親斟了一大杯酒放在檯上。

隨後法蘭西斯哥又帶我回到前廊，一定要我跟他喝一杯。我明白這不只是和艾爾馬欽奇哥同飲，也是和艾爾馬欽老前輩共飲，如果拒絕是很失禮的。我也知道，接受這樣的邀飲我會喝醉，而且會很快就喝到醉。幾杯下肚後，我向主人告辭，往村子中央走去。

農田和鄉野是一片葱綠。相形之下，村子裡的土路佈滿車轍，陰溝沒有加蓋，沒有什麼好看的。但是我愉快地在這兒度過下半天。我參觀了別家的供品檯，送了麵包也接受別人送的麵包，與村裡的人們，以及他們亡故的親友，一同吃喝。

令我意外的是，村中的教堂裡也設有鬼靈節的供品檯。我是在天主教家庭中長大的，我知道十一月一日是萬聖節。萬聖節昔時叫作 Allhallows，萬聖節前夕（Halloween，亦即 Allhallows Eve）的歡鬧也是由此衍生。但是萬聖節前夕絕對不是正式的基督教節慶。在我們的社區裡，有些基本教義派的基督徒頗有微詞，主張公立學校禁止萬聖節前夕的種種裝飾。但是在奧哈撒地區，鬼靈節可以算得上是一年中最重要的天主教節日。

普林斯頓大學的比較宗教學教授大衛・卡拉斯戈（David Carrasco）在鬼靈節這天正好也在奧哈撒。我到他住的旅館去拜望他，談起我們在這一天中看見的供品檯。卡拉斯戈特別感興趣的是，現代的供品檯與古代中美洲文化中的祭典金字塔很像，兩者都是擺滿水果和花朵。按卡拉斯戈撰文指出，天主教未傳入以前墨西哥就有鬼靈節，天主教卻深諳入境隨俗之道，把鬼靈節納爲自己的節日。

我也和其他專精宗教民俗的人士談過鬼靈節背後的觀念意義，例如，陽世遭遇的好壞端看你能否善待亡靈，若不恰當地祭拜亡靈可能招致錢財與健康兩失。我也聽人說，有些村子的人整夜待在墓園裡迎接亡靈，大家都怕孤魂野鬼因爲無人祭拜憤而報復。

鬼靈節的許多重含意都可以溯源到尚未有歷史記載的時代。然而，與艾爾馬欽奇哥一家人共度過鬼靈節之後，我明白了這個節日的簡單道理：這是生者與亡故親友一同歡樂祝宴的時候。

那天晚上我做了一個夢，夢見一張哭泣著的嬰兒臉孔。我醒來之後便想起我的第一個孩子，也是我唯一的兒子，他是死於胎中的嬰兒。當時我與前妻接受醫院創痛輔導者的建議，給孩子取了我祖父的名字：安德魯。我們舉行了追思禮拜，起初幾年都會在他生日那天點上蠟燭。兩個女兒出生後，我幾乎沒再想起過他。

今年我卻要來過一次鬼靈節。我要在三層的供品檯的最上層安置我父親的一張黑白照片，以及安德魯的超音波照片。下面要爲爸爸擺上一杯威士忌和一個火腿沙拉三明治，爲安德魯擺上一小杯巧克力熱飲和一個甜麵包。在十一月一日這一天，我們要三代同桌共享這一餐。

原載《自然史》一九九八年十一月

普世的比薩眞理

烤比薩師傅把長長的木頭托子伸到比薩的下面，從爐中取出熱得冒煙的比薩。這位師傅的頭頂之上掛著一個西班牙文的招牌，寫著：「艾爾瓜蒂多（El Cuartito），一九三四—一九九四，卓越比薩六十週年，感謝您、您的父母親、您的爺爺奶奶。」天花板上的幾個電風扇慢速轉動著，送風給坐在擁擠桌位上的我們。服務生從旁邊走道繞過來送上比薩，我才注意到他走的磨石子地板已經剝落，露出了下面的水泥地。

「艾爾瓜蒂多特餐」的比薩用料有番茄醬、火腿肉、摩札瑞拉乳酪、新鮮番茄片、紅辣椒、綠橄欖，中央還有一個煎荷包蛋，是相當豐盛的一餐。即便用料這麼多，餅皮仍是脆的。這兒的牆壁、地板、老舊的站立用餐櫃檯，都佈滿斑剝痕跡。這些不但能夠爲你吃這一頓比薩的經驗增添風味，也在告訴你，比薩在阿根廷的布宜諾斯艾利斯是有悠久歷史的。

如果按全球各都市路口開比薩店的密度排列，前三名除了那不勒斯、布魯克林，應該還有布宜諾斯艾利斯。「港都人」（porteños，此乃布宜諾斯艾利斯市居民的別號）對於自己鍾愛之美食的忠誠擁護，絲毫無遜於世上任何其他地方的比薩愛好者。他們口口聲聲說布宜諾斯艾利斯的比薩是世界之冠。我自己既是好吃比薩的人，就決定測試一下這種說法的眞實性。

有人會覺得拉丁美洲國家重視比薩傳統是件奇怪的事，其實不妨翻一翻布宜諾斯艾利斯市的電話簿看看，便會發現裡面的義大利姓氏比西班牙姓氏多。義式濃縮咖啡吧、義式餐館、比薩店無所不在，加上聽來有義大利腔的西班牙語，布宜諾斯艾利斯市令人想到「拉丁」（Latin）這個字早先是指「羅馬人」的意思。

我與女友瑪麗恩（Marion）在鬧區大街「公共大道」（Avenida Corrientes）上找尋比薩店時，不難想像眞正的羅馬會是什麼樣子。在著名的「蓋林比薩店」（Pizzería Guerrín）裡，餐廳的某個桌位坐著一個長得和帕華洛蒂（Luciano Pavarotti）一模一樣的男人，正在邊吃比薩邊喝啤酒。一位八十多歲衣著雅緻的嬌小老太太，在亮晶晶的大理石櫃檯上用刀叉吃著一片比薩。出納員正在用有金色店名的華麗紫色包裝紙把一盒盒外帶的比薩包起來。我與女友分別點了有菠菜加白醬汁的蒜味比薩，味道像費城番茄派的鯷魚比薩，兩人交換著吃。

沿著公共大道再往前走，是另一家著名的比薩店「不朽者小館」(Café los Inmortales)，從店外巨大的卡羅斯・嘉戴爾 (Carlos Gardel) 海報便可一眼就認出來。嘉戴爾是二十世紀初期布宜諾斯艾利斯最愛歡迎的探戈舞者。我以前看過一張標註爲一九一〇年代的「不朽者小館」的黑白照片，也一直想到這具有歷史意義的地方來吃上一頓。

「我要點嘉戴以前吃過的。」服務生走到我們桌前時我這麼說。

「嘉戴爾沒有在本店用過餐，」服務生說，「本店是一九五〇年開始營業的。」

「可是老照片上——我以爲這是嘉戴爾常來的地方。」我用不通順的西班牙語絮叨著。他又說，原來的「不朽者小館」早就不在了，現在的這個店是後來才開的。我們翻著菜單，服務生漸漸不耐煩了。菜單有好多頁：原味比薩、綜合比薩、朝鮮薊比薩、茄子比薩、富嘎薩 (fugazza)、富嘎塞塔 (fugazzetta) 等等。我們趕緊點了洛克福乳酪富嘎塞塔、葉棕芽沙拉、一瓶山吉維斯（Sangiovese）。富嘎薩是類似義大利圓餅（focaccia）的餅皮，不同的是要加上摩扎瑞拉乳酪和洋蔥。富嘎塞塔是硬脆餅皮鋪上乳酪。

服務生走後，瑪麗恩故意學我的口吻說：「我要點嘉戴以前吃過的。」我喝著酒生悶氣。富嘎塞塔端上來的時候，我們倆都手足無措。我們都愛吃洛克福乳酪，但是這個太離譜了——烤溶了的乳酪大概有半吋那麼厚。

「這很棒，可是我只吃得下一小片。」我對瑪麗恩說著。於是我們悠閒地喝著酒，寫了幾張明信片，看著「港都人」來來去去。由於洛克福乳酪搭配沙拉和酒太好吃了，我又吃了第二片。等到酒喝完的時候，我們竟然把整個富嘎塞塔吃光了。

我們在那一週又再吃了六次比薩之後，我覺得可以作一番評定了。我在布宜諾斯艾利斯吃到最好吃的比薩，是在一個叫做「卡貝優街的羅馬利歐」(Romario on Calle Cabello)的巷口小館。這兒的比薩是放在燒著猛烈柴火的磚灶裡烤的。比薩餅皮抹了橄欖油，出爐時有油炸的香脆，柴火也使餅上的材料多了質樸的煙燻風味。

「羅馬利歐」的餅皮雖然做得好，但是口感仍不如康乃迪克州紐海文（New Haven）

的「法蘭克培布的店」(Frank Pepe's) 做出來的磚灶烤發麵餅皮。我的這個結論卻引起瑪麗恩和我的例行性比薩大論戰。她認爲我是無可救藥的自以爲是，我若是在布宜諾斯艾利斯長大，會說「羅馬利歐」的比薩才是全世界最好的。我若是在芝加哥長大，一定會說厚餡的水果餅是全世界最好的。只因爲我從小生在康州，就莫名其妙認定「法蘭克培布」的比薩最好。所以她認爲，這樣作的評等是荒謬可笑的。

美食作家在世界各地評比食品，說什麼這一家的巧克力是最好的，那一家的咖啡是最好的，也全是胡扯騙人。我被她說得心虛起來。也許她說的沒錯，也許拿自家的美國標準評比外國食品眞的是南方佬的沙文主義。……可是，她自己從來沒吃過「法蘭克培布」的比薩，怎能數落我的不是？

從布宜諾斯艾利斯回美國的途中，我們在烏拉圭的海灘勝地西灣頭 (Punta del Este) 停留。在當地一家漂亮的義大利式小熟食店「美味大全」(Tutto Sapori) 裡，店老闆法朗哥・辛格葛拉納 (Franco Cinquegrana) 聽出我們的美國口音，就過來自我介紹。他說得一口流利的美國腔英語。

我們閒談了一下世界各地的義大利菜。法朗哥也曾遍嚐布宜諾斯艾利斯比薩、紐約比薩、那不勒斯比薩。「我一年要去義大利四、五趟，我以前住在紐約。」他說，「我兒子還住在康乃迪克州。」聽他說起我的故鄉，我綻開笑顏，把握住這個機會。

「那你覺得什麼地方的比薩是全界最好的？」

「我跟你說實話，我在義大利也這麼說，」他豎起食指不住點著「比薩雖是那不勒斯的發明，可是全世界最棒的比薩是康州紐海文的法蘭克培布店裡做的。」

瑪麗恩無言以對，我則忍不住大笑。

原載《美國風》一九九八年二月十五日

我的盧塞尼亞之歌

我外婆從東歐移民到美國，歷經兩代，斯拉夫文化的遺產在我身上已經完全看不見了。我以前渾然不覺，直到自己做了爸爸才注意到這種情形。之後就感覺這是不對的，每逢節慶這種感受特別深。妻子是猶太裔，她會教導孩子們認識猶太教的光明節和猶太文化。我卻沒有東西可教，除了耶誕節教她們唱人人都會的「Jingle Bells」。這時候，一種想要固守自己部落文化的渴望油然而生。像我母親這樣在僑居地出生的第一代，往往會刻意拋棄上一輩的歐洲母國文化，只求融入美國的主流社會。如今我想要找回我喪失的文化遺產，我要傳給孩子們一些自己族裔的文化意識——尤其是在耶誕節的時候。

我對以往耶誕節的模糊記憶中，有一個慶祝活動是要在外婆家舉行的。我那時候只有五歲，過了三十五年我依稀記得，那一天地板上舖著乾草，燭光閃耀，穿著奇裝異服在門口唱耶誕歌曲的人，大餐桌上擺滿蘑菇和甘藍菜捲，還有難以忘懷的生大蒜味道。

我六歲時就跟父母遷離外婆的社區，很不幸地，以後大家都不記得外婆家的耶誕夜大餐細節了。但是我已經興起爲孩子尋根的決心，就該鍥而不捨才對。我到各個圖書館查找資料，我打電話請教了外婆信奉的拜占庭天主教在賓夕法尼亞州西部的教區神父。終於，我搭飛機到芝加哥去拜望瓦希里‧馬谷斯博士（Vasyl Markus），因爲他說能爲我講解外婆故鄉斯洛伐克的飲食、風俗，以及節日傳統所包含的意義。

馬谷斯博士原任羅耀拉大學（Loyola University）政治學教授，現在已經退休。我走進他辦公室時他問我的第一句話就是：「你確定自己是斯洛伐克人嗎？」因爲他確知我在電話中描述的耶誕夜祝宴不是斯洛伐克的傳統。我則說，我的外婆的確是斯洛伐克來的。

他告訴我，居住在斯洛伐克的並非人人都是斯洛伐克人。再問了我幾個問題之後，馬谷斯博士作的結論是：我外婆的耶誕夜之宴、她的娘家姓氏（即Bender）、她所屬的拜占庭天主教會，都顯示她其實與馬谷斯自己的族裔淵源相同，他們都是盧塞尼亞人（Ruthenian）。他還說，目前在斯洛伐克生活的盧塞尼亞人大約在十四萬上下。

盧塞尼亞人？我對盧塞尼亞毫無概念，但是我想他一定搞錯了。我外婆難道還不清楚自己是什麼籍貫嗎？「哎，那時候的情勢是非常複雜的，」馬谷斯博士說，「表明自己是盧塞尼亞人在那時候是一種政治挑釁的行爲。」

現在大約有一百萬的盧塞尼亞人分布於波蘭、斯洛伐克、烏克蘭、羅馬尼亞、匈牙利的喀爾巴阡山脈地區。（盧塞尼亞人也被稱爲 Rusyns、Carpatho-Rusys 或 Rusnaks。）但是這個族群受到太多壓制，所以許多人已經不確知盧塞尼亞人該如何定義。自從蘇聯共黨政權解體，這個題目就引起熱烈爭辯。有人說盧塞尼亞人有自己的文字，也有人說盧塞尼亞語其實是烏克蘭的一種方言。有些盧塞尼亞人認爲自己是自成一格的民族；也有些盧塞尼亞人會說自己是烏克蘭人，是波蘭人，是斯洛伐克人。

族裔特性是由哪些條件構成？這是難答的問題。我外婆那一輩的盧塞尼亞移民，有很多人也答不上來。因爲近代史上從來沒有盧塞尼亞這麼一個國家，那一輩的移民到了美國後只好把自己的身份報爲烏克蘭人、斯洛伐克人、匈牙利人。我外婆是在第一次世界大戰爆發之前移民美國的，她生長的地方那時候是在奧匈帝國統治之下。捷克於戰後建國，新劃的疆界把她的故鄉也包括進去。（一九四五年，這個地區又變成烏克蘭的領土。）她以前常說她是捷克斯洛伐克人。可是她離鄉的時候還沒有捷克這個國家，所以那種說法不能算數。馬谷斯博士建議：「假如你想確定自己祖上的籍貫，應該先確定你外婆的故鄉是在哪一個村子。」

我走出烏克蘭文化中心（Ukrainian Culture Center）找到的第一個路邊公用電話亭的地點非常吵雜，八十一歲的外婆已經有些重聽，根本聽不出來是我在打電話。好不容易找到一個比較安靜的電話亭再打一次，外婆聽得出是我，卻不明白我爲什麼要從芝加哥市中心打電話問她誕生在哪個村子。我從旁邊走過的人們臉上表情可以斷定，在公用電話上扯大了嗓門和那一頭重聽的外婆問答東歐地理知識，應該是不錯的單口相聲題材。外婆的記憶力大不如前，有關烏克蘭和盧塞尼亞的話題她都是一問三不知，好在她仍記得童年生活的那個村子叫作雅庫比亞尼（Jakubiany）。

我回來向馬谷斯報告了。「雅庫比亞尼，雅庫比亞尼，」他沈思著唸道，「那是在我故鄉地區的一個村子，村裡好像有一座很好的教堂……」他搬過椅子站上去，在檔案櫃最上層的一堆地圖裡翻，找到一張斯洛伐克地圖，下了椅子拿給我看。地圖上有他用筆勾劃出來的喀爾巴阡山脈的盧塞尼亞地區。

「你看，這裡，雅庫比亞尼是一個盧塞尼亞人的村子！」我看著他指的盧塞尼亞區域裡的那一個小點，一時說不出話來。盧塞尼亞人？我活這麼大歲數，今天第一次聽到盧塞尼亞人。而現在，照這位親切的博士所說，我就是盧塞尼亞人。我本來只是想找一些家鄉味的食譜，不料竟找到一個新的籍貫。

「斯維亞塔・維卻里亞（Svjata Vecerja），也就是你打聽的這個聖誕夜慶宴，在美國已經成爲一種社會現象了。」馬谷斯帶我前往文化中心餐廳去用午餐的途中邊走邊說著，「現在是當年移民的孫輩和曾孫輩最重視古老的耶誕節傳統了。共產主義當道的那幾十年裡，移民者的故鄉等於廢除了耶誕節慶。現在美國人紛紛回老家去幫助盧塞尼亞人和烏克蘭人重建自己的固有習俗。這間餐廳裡的人——像你這樣的人，才是延續傳統生命的人。」

文化中心巨大餐廳裡的景象讓我看傻了眼，廳裡的人個個看來都可能是我母親的親戚。雖然還只是十月，我們要坐的那個桌位已經擺好華麗的耶誕夜飾物，這也令我十分感動。

餐廳中央布置著一整條麵包，中間點著蠟燭。瓶花裡插著一束儀式性的小麥。我原來是想趁此品嚐一些節日菜肴，烏克蘭文化中心的女士們卻已經預備好整桌的耶誕夜宴席。

「這一束小麥象徵你的祖先，你的『迪杜赫』(didukh)。」奧麗西亞·哈拉索斯基(Orysia Harasowsky)對我說。她是參加烹調宴席的女士之一，她接過我的盤子時告訴我，這一餐共有十二道素菜，每一道都表現自然界的一面。

「有水裡來的魚。我們做魚餅凍是做整條塞餡的，不是做小小的魚肉丸子。」她說。另外有從菜園來的東西，如甘藍菜捲。她一面解說著，我的盤子裡裝的東西也越來越多。「一定要有田裡來的東西：小麥麵包和麵團。從森林裡來的是蘑菇醬，」奧麗西亞說，「這得用野生的，不能用菜市場裡那種小小的白洋菇！」她說得嚴厲。「果園裡來的是蘋果乾和李子乾做的糖漬什錦水果；從天空來的是蜂蜜。」

「天空來的是蜂蜜？」

「就是從蜜蜂來的啦。」奧麗西亞說著用手指作撲拍狀。

馬谷斯博士說，祭祀乾草和小麥是很古以前就有的習俗，早在基督教尚未傳入斯拉夫世界之前，這種節慶就已經存在了。其起源是一種農業社會的節日，主要爲了慶祝冬至以後陽光重返大地，白晝漸漸變長。到了公元第十世紀，這個節日才併入了耶誕節。

我問他們，耶誕夜餐宴是否像我外婆一樣要吃生的大蒜。一位女士說不吃，但是要把生大蒜放在桌布下面。馬谷斯解釋說，盧塞尼亞和烏克蘭地區的耶誕夜儀式是各個村子都不盡相同的。「在我們那一帶，有用鏈子繞住餐桌腳的風俗，意思是讓全家人團圓在一起。」他還說，有些地區的菜式會與別區不同，有些菜式的象徵意義也有不同。我能知道這些節慶精神已經喜出望外，無暇再追究細節了。況且，這一餐的菜色太美味了。

奧麗西亞得意地遞過來一碗她做的羅宋湯。這牛肉湯裡的蔬菜丁又大又多，一股濃烈的酸味直滲到喉嚨裡。因爲馬谷斯博士爲我找到一本食譜書，裡面包括我在找的所有菜式的做法，另外還有節日儀式的逐步說明，所以我省了作筆記的工夫，大快朵頤甘藍菜捲。

我吃了兩枚甘藍菜捲，又吃了四、五枚飽滿的馬鈴薯餡小麵餅，這小麵餅很像半月形的義大利餃（ravioli），全都浸在濃濃的野菇醬裡。我正努力用厚厚的野菇把盤裡的醬汁抹乾淨吃了，奧麗西亞又端來一整盤的甘藍菜捲。

「這些比較熱。」她說。

我想克制自己不要貪得無厭，可是這是我童年時最愛吃的東西，常常是想吃也吃不到的。小麥、甘藍菜、馬鈴薯是這一餐的主要食材，酸味是每一個人都愛的味道。醋、酸泡菜、發酵的甜菜汁——家鄉話叫 kvas ——是傳統的調味料，而且是濃縮調製的，沒吃過的人乍嚐恐怕會有撇嘴擠眼的反應。

勸我加餐飯的諸位頭髮花白的女士們，看來好像當年我外婆的模樣，她們似乎也和外婆一樣樂於看著我痛快地吃。我被她們餵得差不多飽了，有六個人走到我們桌前圍成一圈，突然唱起一首動人的烏克蘭歌——是一首傳統的耶誕頌歌。

我看著這些人的臉，想著的是我五歲時那個下雪的耶誕夜在外婆家門口的那一群歌者。我從我聽不懂卻又熟悉的外語歌詞中，聽出我曾外祖母說話的口音。罌粟子、甘藍菜、蘑菇、剛烤好的麵包的氣味從我面前的桌上飄送著，失去已久的耶誕節記憶也源源不斷地湧回來。我終於不能自已，一面聽著我的耶誕頌歌一面抹著眼淚。

如今我和女兒們過耶誕節時會遵循古老的盧塞尼亞規矩。女兒們並不多麼喜歡酸的口味。但是我敢打賭，等到我做外公的那一天，她們一定會向我討教這些酸味菜的做法。

外婆的盧塞尼亞蘑菇湯

三分之二杯乾的野生蘑菇
一杯白洋菇，切碎
一小顆洋蔥，切碎
三湯匙油
四分之一杯胡蘿蔔丁
四分之一杯芹菜丁
一湯匙大麥
半杯熟菜豆
一湯匙半麵粉
半茶匙乾的百里香
半茶匙大蒜粉

半茶匙白胡椒
鹽少許
半杯或適量的醋

野生蘑菇洗淨，用五杯熱水泡三十分鐘。撈出野菇，切粗丁，放回水中。用二湯匙油小火煎洋蔥與洋菇，至變黃。

將洋蔥、洋菇、胡蘿蔔、芹菜、大麥放入野菇湯中，煮至變軟。放入豆子。用一湯匙油將麵粉炒黃，加入調味料。舀一大杓野菇湯到麵粉中，攪拌成糊狀，再將稀糊放入湯裡。按口味加入鹽與醋。（盧塞尼亞人可以多多加醋。）小火燉十五分鐘。趁熱上桌。

四人份。

原載《自然史》一九九六年十一月至一九九七年一月

國家圖書館出版品預行編目資料

吃的大冒險／勞勃・沃許
(Robb Walsh) 著； 薛絢譯.
-- 初版-- 臺北市：大塊文化，2004 [民 93]
面：　　公分.-- (mark ； 47)
譯自：Are You Really Going to Eat That?
ISBN　986-7600-76-2 (平裝)

1.飲食 - 文化　2.飲食（風俗）

538.7　　　　　　　　93016874

105 台北市南京東路四段25號11樓

廣告回信
台灣北區郵政管理局登記證
北台字第10227號

大塊文化出版股份有限公司 收

地址：□□□ ＿＿＿＿＿市／縣＿＿＿＿＿鄉／鎮／市／區
＿＿＿＿＿路／街＿＿＿段＿＿＿巷＿＿＿弄＿＿＿號＿＿＿樓
姓名：

請沿虛線撕下後對折裝訂寄回，謝謝！

大塊 LOCUS 文化

編號：MA 047　書名：吃的大冒險

大塊文化 讀者回函卡

謝謝您購買這本書，爲了加強對您的服務，請您詳細填寫本卡各欄，寄回大塊出版 (免附回郵) 即可不定期收到本公司最新的出版資訊。

姓名：________________________ **身分證字號：**________________________

住址：____

聯絡電話：(O)________________________ (H)________________________

出生日期：______年______月______日 E-mail:________________________

學歷：1.□高中及高中以下 2.□專科與大學 3.□研究所以上

職業：1.□學生 2.□資訊業 3.□工 4.□商 5.□服務業 6.□軍警公教 7.□自由業及專業 8.□其他

從何處得知本書：1.□逛書店 2.□報紙廣告 3.□雜誌廣告 4.□新聞報導 5.□親友介紹 6.□公車廣告 7.□廣播節目8.□書訊 9.□廣告信函 10.□其他

您購買過我們那些系列的書：

1.□Touch系列 2.□Mark系列 3.□Smile系列 4.□Catch系列 5.□幾米系列 6.□from系列 7.□to系列 7.□tone系列

閱讀嗜好：

1.□財經 2.□企管 3.□心理 4.□勵志 5.□社會人文 6.□自然科學 7.□傳記 8.□音樂藝術 9.□文學 10.□保健 11.□漫畫 12.□其他

對我們的建議：____

____

____

LOCUS

LOCUS

LOCUS

LOCUS